Para

com votos de paz.

DIVALDO FRANCO
PELO ESPÍRITO
MANOEL PHILOMENO DE MIRANDA

NAS FRONTEIRAS DA LOUCURA

Salvador

16. ed. – 2023

COPYRIGHT © (1982)
CENTRO ESPÍRITA CAMINHO DA REDENÇÃO
Rua Jayme Vieira Lima, 104
Pau da Lima, Salvador, BA.
CEP 412350-000
SITE: https://mansaodocaminho.com.br
EDIÇÃO: 16. ed. (7ª reimpressão) – 2023
TIRAGEM: 3.000 exemplares (milheiro: 107.300)
COORDENAÇÃO EDITORIAL
Lívia Maria C. Sousa

REVISÃO
Christiane Lourenço · Luciano Urpia
CAPA
Cláudio Urpia
MONTAGEM DE CAPA
Ailton Bosco
EDITORAÇÃO ELETRÔNICA
Lívia Maria C. Sousa
COEDIÇÃO E PUBLICAÇÃO
Instituto Beneficente Boa Nova

PRODUÇÃO GRÁFICA
LIVRARIA ESPÍRITA ALVORADA EDITORA – LEAL
E-mail: editora.leal@cecr.com.br

DISTRIBUIÇÃO
INSTITUTO BENEFICENTE BOA NOVA
Av. Porto Ferreira, 1031, Parque Iracema. CEP 15809-020
Catanduva-SP.
Contatos: (17) 3531-4444 | (17) 99777-7413 (WhatsApp)
E-mail: boanova@boanova.net
Vendas on-line: https://www.livrarialeal.com.br

Dados Internacionais de Catalogação na Publicação (CIP)
(Catalogação na fonte)
BIBLIOTECA JOANNA DE ÂNGELIS

F825	FRANCO, Divaldo Pereira. (1927)
	Nas fronteiras da loucura. 16. ed. / Pelo Espírito Manoel Philomeno de Miranda [psicografado por] Divaldo Pereira Franco. Salvador: LEAL, 2023.
	320 p.
	ISBN: 978-85-61879-96-9
	1. Espiritismo 2. Psicografia 3. Obsessão
	I. Franco, Divaldo II. Título
	CDD: 133.93

Bibliotecária responsável: Maria Suely de Castro Martins – CRB-5/509

DIREITOS RESERVADOS: todos os direitos de reprodução, cópia, comunicação ao público e exploração econômica desta obra estão reservados, única e exclusivamente, para o Centro Espírita Caminho da Redenção. Proibida a sua reprodução parcial ou total, por qualquer meio, sem expressa autorização, nos termos da Lei 9.610/98.
Impresso no Brasil | Presita en Brazilo

SUMÁRIO

Nas fronteiras da loucura	7
Explicação – André Luiz – Médium Francisco C. Xavier	11
Análise das obsessões	15
1 Resposta à oração	27
2 A visita à enferma	33
3 Delito oculto	43
4 Programática reencarnacionista	53
5 Primeiras providências	63
6 Lições proveitosas	69
7 O posto central de atendimento	77
8 O caso Ermance	85
9 O problema das drogas	93
10 Morrer e libertar-se	101
11 Efeitos das drogas	111

12 Despertamento em outra realidade	119
13 Experiências novas	129
14 O drama de Noemi	139
15 Recordando vidas passadas	147
16 Considerações sobre sessões mediúnicas	155
17 Apontamentos necessários	161
18 Correspondências do Além	169
19 Convite ao otimismo	175
20 Causas anteriores dos sofrimentos	183
21 Rogativa e socorro	193
22 Atendimento coletivo	201
23 Trama na treva	211
24 Os serviços prosseguem	221
25 Técnica de libertação	229
26 Considerações e preparativos	237
27 Mergulho no passado	249
28 Os trabalhos de recuperação	269
29 Mecanismos de recuperação	279
30 Reencontro feliz	291
31 Retorno ao lar	309

Nas fronteiras
da loucura

É muito diáfana a linha divisória entre a sanidade e o desequilíbrio mental.

Transita-se de um para outro lado com relativa facilidade, sem que haja, inicialmente, uma mudança expressiva no comportamento da criatura.

Ligeira excitação, alguma ocorrência depressiva, uma ansiedade, ou um momento de mágoa, a escassez de recursos financeiros, o impedimento social, a ausência de um trabalho digno, entre muitos outros fatores, podem levar o homem a transferir-se para a outra faixa da saúde mental, alienando-se, temporariamente, e logo podendo retornar à posição regular, à de sanidade.

Problemas de ordem emocional e psicológica, mais costumeiramente conduzem a estados de distonia psíquica, não produzindo maiores danos, quando não se deixa que se enraízem ou que constituam causa de demorado trauma.

Vivendo-se numa sociedade em que as neuroses e as psicoses campeiam desenfreadas, vitimando um número cada vez maior de homens indefesos, as balizas demarcatórias dos distúrbios mentais fazem-se mais amplas.

Há, no entanto, além dos fatores que predispõem à loucura e dentre os quais situamos o carma do Espírito, nos quais se demoram incontáveis criaturas em plena fronteira, a obsessão espiritual, que as impulsiona a darem o passo adiante, *arrojando-as no desfiladeiro da alienação de largo porte e de difícil recuperação...*

São os sexólatras, os violentos, os exagerados, os dependentes de viciações de qualquer natureza, os pessimistas, os invejosos, os amargurados, os suspeitosos incondicionais, os ciumentos, os obsidiados, que mais facilmente transpõem os limites da saúde mental...

Não nos desejamos referir àqueles que são portadores de patogenias mais imperiosas em razão de enfermidades graves, da hereditariedade, de distúrbios glandulares e orgânicos, de traumas cranianos e de sequelas de inúmeras doenças outras...

Queremos deter-nos nas psicopatogêneses espirituais, sejam as de natureza emocional, pelas aptidões e impulsos que procedem das reencarnações transatas, de que os enfermos não se liberam; sejam pelo impositivo das obsessões infelizes, produzidas por encarnados ou por Espíritos que já se despiram da indumentária carnal, permanecendo, no entanto, nos propósitos inferiores a que se aferram...

A obsessão é uma fronteira perigosa para a loucura irreversível.

Sutil e transparente, a princípio, agrava-se em razão da tendência negativa com que a agasalha o infrator dos Soberanos Códigos da vida.

Dando gênese a enfermidades várias, inicialmente imaginárias, que recebe por via telepática, pode transformar-se em males orgânicos de consequências insuspeitadas, ao talante do agente perseguidor que induz a vítima que o hospeda a situações lamentáveis.

Comportamentos que se modificam, assumindo posições e atitudes estranhas, mórbidas, exprimem constrição de mentes obsessoras sobre aqueles que se lhes submetem, mergulhando em fosso de sombras e de penoso trânsito...

Há muito mais obsessão, grassando na Terra, do que se imagina e se crê.

Mundo este que é de intercâmbio mental, vivo e pulsante, cada ser sintoniza com outro equivalente, prevalecendo, por enquanto, os teores mais pesados de vibrações negativas, que perturbam gravemente a economia psíquica, social e moral dos homens que nele habitam.

Não obstante, a vigilância do Amor de Cristo Jesus atua positiva, laborando com eficiência a fim de que se modifiquem os dolorosos quadros da atualidade, dando surgimento a uma fase nova de saúde e paz.

Nesse contexto, o Espiritismo – que é o mais eficaz e fácil tratado de higiene mental – desempenha um relevante papel, qual seja o de prevenir o homem dos males que ele gera para si mesmo e lhe cumpre evitar, como facultar-lhe os recursos para superar a problemática obsessiva, ao mesmo tempo apoiando e enriquecendo os nobres profissionais e missionários da Psicologia, da Psiquiatria, da Psicanálise...

Neste livro, procuramos examinar algumas técnicas obsessivas de Entidades perversas, que ainda se comprazem no mal, estimulando os sentimentos e paixões inferiores, tanto quanto alguns outros métodos e terapias desobsessivas ministrados pelos mentores Espirituais e demais abnegados prepostos de Jesus nesta batalha do bem contra o mal, da luz contra a treva.

Desfilam, nas páginas que se irão ler, vidas e criaturas que se encontravam nas fronteiras da loucura e que foram amparadas, reconduzidas ao equilíbrio, quanto outras que se vitimaram, oferecendo-nos preciosas lições que devem ser incorporadas ao cotidiano de cada um de nós.

Sobretudo, destacamos o esforço e a dedicação dos mensageiros do bem e da paz, na faina infatigável de ajudar, ensinando pelo exemplo a lição da fé viva e da caridade plena...

Guardando a esperança de que a sua leitura possa beneficiar alguém, agradecemos ao Senhor de todos nós pela Sua caridade para conosco, tanto quanto aos Espíritos amigos que nos facultaram o ensejo de estar ao seu lado, nos momentos em que se dedicaram ao socorro e à misericórdia espiritual, movimentando-se através das fronteiras dos dois mundos de vibrações, para amainar a loucura que toma conta de muitos homens.

Salvador, 24 de fevereiro (Quarta-Feira de Cinzas) de 1982.

MANOEL PHILOMENO DE MIRANDA

Nas fronteiras da loucura

Explicação

A desmontagem da observação é trabalho milenar sobre a Terra. Por isso mesmo, não se atribui a um tarefeiro único a obrigação de erradicá-la no caminho dos homens.
de mim, onde Manoel Filomeno é um batalhador que penetra no campo de serviço

[Página psicografada manuscrita]

(Página psicografada pelo médium Francisco Cândido Xavier, na sessão pública da noite de 15 de maio de 1982, em Uberaba, Minas Gerais, no Grupo Espírita da Prece.)

Nas fronteiras da loucura

Transcrição digitada da mensagem de André Luiz:

EXPLICAÇÃO

A desmontagem da obsessão é trabalho milenar sobre a Terra. Por isso mesmo, não se atribui a um tarefeiro único a obrigação de erradicá-la no caminho dos homens. Manoel Philomeno de Miranda é um trabalhador que penetra no campo de serviço criando novos sistemas de trabalho e novos planos de ação para que se nos extinga semelhante flagelo no mundo físico. Que a sua tarefa frutifique em bênção de libertação e que o Senhor a todos nos fortaleça e nos abençoe.

André Luiz

(Página psicografada pelo médium Francisco Cândido Xavier, na sessão pública da noite de 15 de maio de 1982, em Uberaba, Minas Gerais, no Grupo Espírita da Prece.)

ANÁLISE
DAS OBSESSÕES

Atendendo à classificação apresentada por Allan Kardec, em O Livro dos Médiuns, *Capítulo 23, examinemos a patologia das obsessões nos seus três aspectos, a saber: simples, por fascinação e por subjugação.*

OBSESSÃO SIMPLES

O fundamento da vida é o Espírito em torno de cuja realidade tudo gira e se manifesta.

O temperamento de toda criatura, ao lado das injunções que compõem o quadro da sua existência, é uma decorrência natural do somatório dos valores que transitam pelas várias reencarnações, a transferirem-se de uma para outra etapa carnal.

Programado pelo fatalismo da evolução para o progresso que o conduzirá à perfeição relativa, o Espírito cresce sob a claridade do amor, normalmente estimulado pelo aguilhão do sofrimento, que ele se propicia, em razão da rebeldia como da insatisfação que lhe são as relevantes excrescências do egoísmo.

Trazendo em gérmen a Divina presença donde se origina, adquire, através das experiências que lhe apraz viver, os recursos para progredir, estacionar ou retardar o desenvolvimento das funções que lhe são inerentes e de que se não poderá eximir por mais que lhe agrade, caso derrape na alucinação comburente da desdita em que se fixe...

Quando não funcionem os estímulos para o progresso e deseje postergá-lo, imposições da própria Lei jungem-no ao processo de crescimento, mediante as expiações lenificadoras que o depuram, cooperando para a eliminação das sedimentadas mazelas que o martirizam...

A aquisição da paz, por isso mesmo, é uma resultante de lutas e esforços que o disciplinam, condicionando-lhe os hábitos salutares, através dos quais se harmoniza com a vida.

Nesse processo, como em outro qualquer, a mente é o espelho a refletir os estados íntimos, as conquistas logradas e as por conseguir.

Dínamo gerador de recursos psicofísicos, ao comando do Espírito que lhe utiliza da cerebração, nas paisagens mentais facilmente se expressam os estados múltiplos da personalidade, encadeando sucessos ou fracassos, que se exteriorizam em formas depressivas, ansiosas, traumáticas, neurastênicas e outras, dando gênese a enfermidades psíquicas de variada e complexa nomenclatura.

Em face desses estados mórbidos – originados nas existências passadas por desrespeito aos Soberanos Códigos da vida –, abrem-se largas brechas que facultam e estimulam as parasitoses espirituais, *que degeneram em síndromas obsessivas, não raro se prolongando até se converterem em subjugações de curso irreversível.*

a) Recepção da ideia perturbadora

Vivendo num permanente intercâmbio, consciente ou inconsciente, os Espíritos – tanto encarnados quanto desencarnados – participamos das vivências no corpo e fora dele.

Não apenas por processos de desforço pessoal, em que os desafetos se buscam para produzirem-se males e cobranças injustificáveis, como por fatores de variada motivação, assimilam-se ideias e pensamentos pela simples sintonia da onda própria em que se situam as mentes.

Assaltada por vibrações negativas, a mente ociosa ou indisciplinada, viciada ou rebelde, logo registra a interferência e, porque se não ajusta a um programa educativo da vontade, recebe o impulso da ideia, permitindo-se aceitar a sugestão perturbadora, que agasalha e vitaliza sob a natural acomodação dos complexos e recalques, dos comportamentos pessimistas ou exaltados que são peculiares a cada qual.

Aceita a indução, forma-se uma tomada para a ligação com a sombra, em regime de intercâmbio psíquico.

b) Intercâmbio mental

Fixada a ideia infeliz, os porões do inconsciente desbordam as impressões angustiosas que dormem armazenadas, confundindo-se na consciência com as informações atuais, ao mesmo tempo que se encontra em desordem pela influência da parasitose externa que se vai assenhoreando do campo exposto, sem defesas.

Por natural processo seletivo, e tendo em conta as tendências, as preferências emocionais e intelectuais do paciente, a injunção produz melhor aceitação das recordações perniciosas, que servem de veículo e acesso ao pensamento do invasor.

A polivalência mental, em casos desta natureza, tende ao monoideísmo, que produz os quadros da fascinação torturante e, por fim, da subjugação de difícil reversibilidade.

A obsessão simples é parasitose comum em quase todas as criaturas, em se considerando o natural intercurso psíquico vigente em todas as partes do Universo.

Tendo-se em vista a infinita variedade das posições vibratórias em que se demoram os homens, estes sofrem quanto influem em tais faixas, sintonizando, por processo normal, com os outros comensais aí situados.

Se são portadores de aspirações nobilitantes, onde se fixem, haurem maior impulso para o crescimento.

Permanecendo na construção do bem, dificilmente assimilam as induções perversas ou criminosas procedentes dos estagiários das regiões inferiores.

Não ficam, no entanto, indenes à agressão temporária ou permanente, de que se liberam em face dos objetivos morais que perseguem, graças aos quais vibram em mais elevada escala psíquica.

Se interessados, porém, nas colocações da vulgaridade e do prazer, da impiedade ou da preguiça, do vício ou da desordem recebem maior influxo de ondas mentais equivalentes, resvalando para os despenhadeiros da emoção aturdida, do desequilíbrio...

Tais pacientes conduzem ao leito, antes do repouso físico, as apreensões angustiantes, as ambições desenfreadas, as paixões perturbadoras, demorando-se em reflexões que as vitalizam, vivendo-as pela mente, quando não encontram meios de fruí-las fisicamente... Ao se desdobrarem sob a ação do sono, encontram-se com os afins – encarnados ou não –, com os quais se identificam, recebendo mais ampla carga de necessidades falsas, ou dando campo aos estados anelados que mais os turbam e afligem.

Quando despertam, trazem a mente atribulada, tarda, sob incômodo cansaço físico e psíquico, encontrando dificuldade para fixar os compromissos e as lições edificantes da vida.

Nessa posição – a ideia obsidente fixada e a viciação estabelecida – dá-se o intercâmbio mental.

Já não se trata do pensamento que busca acolhida, senão da atividade que tenta intercâmbio, mantendo diálogo, discutindo, analisando as questões em pauta – sempre de natureza prejudicial e que, a uma pessoa sadia, causaria repulsa instintiva, mas que o paciente gosta de cultivar –, do que decorre a predominância do parasita espiritual, *que mais se acerca psiquicamente da casa mental e da vontade do seu consorte.*

c) Reflexos da interferência

Surgem, como efeito natural, as síndromas da inquietação: as desconfianças, os estados de insegurança pessoal, as enfermidades de pequena monta, os insucessos em torno do obsidiado que soma as angústias, dando campo a incertezas, a mais ampla perturbação interior.

Gera uma psicosfera perniciosa à própria volta pela eliminação dos fluidos deletérios de que é vítima e absorve-a mais condensada, por escusar-se ouvir sadias questões, participar de convívios amenos, ler páginas edificantes, auxiliar o próximo, renovar-se pela oração.

Conforme a constituição temperamental, que é um fator de relevante importância, faz-se apático, tende à depressão, adentrando-se pela melancolia, em razão da mensagem telepática deprimente e dos clichês mentais pessimistas que ressumam do arquivo da inconsciência. No sentido oposto, se é dotado de constituição nervosa excitada, torna-se agressivo, violento, em desarmonia de atitudes – explode por nonadas, do que logo se arrepende – expondo a aparelhagem psíquica e os nervos a altas cargas de energias que danificam os sensores e condutores nervosos, com singulares prejuízos para a organização fisiopsíquica.

Nesse período, podem-se perceber os estereótipos da obsessão, que facilmente se revelam pelas atitudes inusitadas, pelo comportamento ambivalente – equilíbrio e distonia, depressão e excitação –, alienando a criatura.

Aos hábitos salutares vão-se sucedendo as reações intempestivas rotuladas como exóticas, a perda dos conceitos de critério e valor, que dão lugar a estranhas quão paradoxais formas de conduta.

A linha do equilíbrio psíquico é muito tênue e delicada.

As interferências de quaisquer naturezas sobre a faixa de movimentação da personalidade, quase sempre produzem distúrbio, por empurrarem o indivíduo a procedimentos irregulares, a princípio, que depois se fixam em delineamentos neuróticos.

A ação fluídica dos desencarnados, em razão da maleabilidade e da pertinácia desses, quando ignorantes, invejosos ou perversos, pela sua insistência interfere no mecanismo do hospedeiro, complicando o quadro com a indução inteligente, em telepatia prejudicial, que facilita a simbiose com o *anfitrião.*

Nessa fase, e antes que o paciente assuma a interferência de que é vítima, a terapia espírita torna-se de resultado positivo, liberador.

Ideal, no entanto, é a atitude nobre diante da vida, que funciona como psicoterapia preventiva e que constitui dieta para o otimismo e a paz.

OBSESSÃO POR FASCINAÇÃO

Estabelecidos os liames da comunicação, o processo continua, no sentido de se firmarem os plugs *do canal obsessivo no recipiendário, que a partir daí comparte as suas com as ideias que lhe são insufladas.*

Na medida em que o campo mental da vítima cede área, essa assimila não apenas a indução telepática, mas também as atitudes e formas de ser do seu hóspede.

Nesse interregno, a pessoa perde a noção do ridículo e das medidas habituais que caracterizam o discernimento, acatando sugestões *que incorporam, aceitando inspirações como diretrizes que a todos se apresentam como disparates e que a ela são perfeitamente lógicas.*

Porque conhecem as imperfeições morais, o caráter e a conduta daqueles aos quais perturbam, os Espíritos inspiram e impõem as ideias absurdas com que objetivam isolar o paciente dos recursos e das pessoas que os podem auxiliar.

Insuflam-lhes o orgulho de missões especiais, camuflado em humildade e passividade errôneas, que os tornam falsamente místicos, ou revoltam-nos quando se sentem desmascarados pela razão e perspicácia das pessoas lúcidas e conhecedoras de tais infelizes técnicas, crendo que são reformadores e apóstolos encarregados de mudarem as estruturas da vida ao talante da irresponsabilidade e presunção.

Enquanto se barafustam no pandemônio da fascinação de que se tornam fáceis presas, desconectam-se as últimas defesas e arriam as comportas dos diques da lógica, dando oportunidade à incidência mais complexa da turbação mental.

Bem se pode depreender das dificuldades que o problema sugere e impõe, por se não poder contar com o auxílio do obsesso.

Em toda obsessão, como em qualquer sofrimento, estão em pauta os recursos débito/crédito do indivíduo. Certamente que a disposição de que esse se revista, muito contribuirá, e decisivamente, para os resultados do tentame, liberativo ou afligente, conforme o empenho que coloque.

A dor resulta do desrespeito à ordem estabelecida, quanto o ódio é fruto do egoísmo, do personalismo magoado.

Ninguém que esteja programado para o sofrimento, a desídia, o mal.

Desarmando-se dos recursos defensivos, tomba o homem na agressão que o sitia ou enfrenta.

Os esforços que empreende, a par das ações que executa, constituem-lhe couraça contra o mal, conquistas para alçá-lo às faixas vibratórias próprias que o defendem e liberam.

A fascinação, por isso mesmo, decorre da indolência moral e mental do paciente, e do exacerbar dos seus valores negativos, que são espicaçados habilmente pelo seu antagonista espiritual.

Em consequência, os tentames para a libertação se apresentam mais complexos, exigindo abnegação, esforço, assistência contínua.

OBSESSÃO POR SUBJUGAÇÃO

Em cada caso de alienação obsessiva encontram-se razões propelentes que caracterizam, especificamente, o processo. Em razão disso, apesar de a gênese ser as faltas morais do enfermo e o agente, a Entidade desencarnada, os móveis predisponentes e preponderantes variam de acordo com cada pessoa.

A terapêutica, embora seja genericamente a mesma, seus resultados variam segundo os pacientes, suas fichas cármicas e *os esforços que empreendem para destrinçarem a trama em que se envolvem.*

No painel das obsessões, à medida que se agrava o quadro da interferência, a vontade do hospedeiro perde os contatos de comando pessoal, na razão direta em que o invasor assume a governança.

É mais grave quando se trata de Espírito mais lúcido, técnica e intelectualmente, que se assenhoreia dos centros cerebrais com a imposição de uma deliberação bem concentrada nos móveis que persegue, manipulando com habilidade os dispositivos mentais e físicos do alienado.

Assim, a subjugação pode ser física, psíquica e simultaneamente fisiopsíquica.

A primeira não implica a perda da lucidez intelectual, porquanto a ação dá-se diretamente sobre os centros motores, obrigando o indivíduo, não obstante se negue à obediência, a ceder à violência que o oprime. Nesse caso, podem irromper enfermidades orgânicas, por se criarem condições celulares próprias para a contaminação por vírus e bactérias, ou mesmo sob a vigorosa e contínua ação fluídica dilacerarem-se os tecidos fisiológicos ou perturbar-se o metabolismo geral, com singulares prejuízos físicos...

No segundo caso, o paciente vai dominado mentalmente, tombando em estado de passividade, não raro sob tortura emocional, chegando a perder por completo a lucidez, o que não afeta o Espírito encarnado propriamente dito, que experimenta a injunção penosa pela qual purga a irresponsabilidade e os delitos passados. Perde temporária ou definitivamente durante a sua atual reencarnação a área da consciência, não se podendo livremente expressar.

Um contínuo aturdimento o toma. A visão, a audição como os demais sentidos confundem a realidade objetiva ao império das vibrações e faixas que regista desordenadamente na esfera física e na espiritual.

O Espírito encarnado movimenta-se num labirinto que o atemoriza, algemado a um adversário que lhe é impenitente, maltratando-o, aterrando-o com ameaças cruéis, em parasitose firme na desconcertada casa mental.

Por fim, assenhoreia-se, simultaneamente, dos centros do comando motor e domina fisicamente a vítima, que lhe fica inerte, subjugada, cometendo atrocidades sem-nome.

Nos processos obsessivos, não deixemos de repeti-lo, estão incursas na Lei as pessoas que constituem o grupo familiar e o social do paciente, aí situado por necessidade evolutiva e de resgate para todos.

Não se podem evadir à responsabilidade os que foram cúmplices ou coautores dos delitos, quando os infratores mais comprometidos são alcançados pela irrefragável justiça. Reunidos ou religados pelo parentesco sanguíneo ou através de conjunturas da afetividade, da afinidade, formam os grupos em que são alcançados pelos recursos reeducativos, no tentame do progresso.

A cruz da obsessão é peso que tomba sempre sobre os ombros das consciências comprometidas.

Terapia desobsessiva

Conforme o quadro da alienação, variam os recursos terapêuticos.

Sabendo-se que o agente é um ser que pensa e age movido por uma razão que lhe parece justa, qualquer política de ilaqueação da honestidade torna-se improfícua, aumentando a hostilidade e a tenacidade do perseguidor.

O principal mister deve ser o de concentrar no enfermo desencarnado as atenções, tratando-o com bondade e respeito, mesmo que se não esteja de acordo com o que faz.

Conquistar para a íntima renovação o agente infeliz, porquanto toda ação má procede sempre de quem não está bem, por mais escamoteie e disfarce os sentimentos e o próprio estado, é o primeiro definitivo passo.

Evitar-se a discussão inoperante, forrado de humildade real, na qual transpareça o interesse amoroso pelo bem-estar do outro, que terminará por envolver-se em ondas de confiança e harmonia, de que se beneficiará, mudando de atitude em relação aos propósitos mantidos até então.

Simultaneamente, educar-se à luz do Evangelho o paciente, insistindo junto a ele, com afabilidade, pela transformação moral e criando em torno de si condições psíquicas harmônicas, com que se refará emocionalmente, estimulando-se a contribuir com a parte que lhe diz respeito.

Atraí-lo a ações dignificantes e de beneficência, com que granjeará simpatias e vibrações positivas, que o fortalecerão, mudando o seu campo psíquico.

Estimular-lhe o hábito da oração e da leitura edificante, ao mesmo tempo trabalhando-lhe o caráter, que se deve tornar maleável ao bem e refratário ao vício.

As mentes viciosas encharcam-se de vibriões e parasitas extravagantes, dementadas pelo desdobrar dos excessos perniciosos.

Ao lado dessa psicoterapia, é necessária a aplicação dos recursos fluídicos, seja através do passe ou da água magnetizada, da oração intercessória com que se vitalizam os núcleos geradores de forças, estimulantes da saúde, com o poder de desconectarem os plugs *das respectivas matrizes, de modo a que o endividado se reabilite perante a Consciência Cósmica pela aplicação dos valores e serviços dignificadores.*

Não ocorrem milagres em misteres que tais como noutros de qualquer natureza. O acontecimento miraculoso, quando parece suceder, é o resultado de uma ação muito bem programada, cujos efeitos são registados e cujas causas não são necessariamente, no momento, conhecidas.

Toda pessoa que deseje contribuir na esfera de socorro desobsessivo, não se descurar da conduta íntima, nem das suas ligações com o Plano espiritual superior, donde fluem os recursos lenificadores, salutares para os cometimentos do amor.

Recordando Jesus, diante dos obsidiados e dos obsessores, busquemos a Sua ajuda e inspiração na condição elevada que Ele ocupa como Senhor dos Espíritos.

1
RESPOSTA À ORAÇÃO

As bátegas sucediam-se em abençoado, desconhecido socorro, espancando e espalhando as densas nuvens psíquicas de baixo teor vibratório que encobriam a cidade imensa e generosa.

Nos intervalos, o ruído atordoante dos instrumentos de percussão incitava ao culto bárbaro do prazer alucinante, misturando-se aos trovões galopantes enquanto os corpos pintados, semidespidos, estorcegavam em desespero e frenesi, acompanhando o cortejo das grandes escolas de samba, no brilho ilusório dos refletores, que se apagariam pelo amanhecer.

Como acontecera nos anos anteriores, aquela segunda-feira de Carnaval convidava ao desaguar de todas as loucuras no delta das paixões da avenida em festa.

Milhares de pessoas improvidentes, estimuladas pela música frenética, pretendendo extravasar as ansiedades represadas, cediam ao império dos desejos, nas torrentes da lubricidade que as enlouquecia.

A delinquência abraçava o vício, urdindo as agressões, em cujas malhas se enredavam as vítimas espontâneas, que se deixavam espoliar.

As mentes, em torpe comércio de interesses subalternos, haviam produzido uma psicosfera pestilenta, na qual se nutriam *vibriões psíquicos*, *formas-pensamento* de mistura com Entidades perversas, viciadas e dependentes, em espetáculo pandemônico, deprimente.

As duas populações – a física e a espiritual, em perfeita sintonia – misturavam-se, sustentando-se, disputando mais largas concessões em simbiose psíquica...

Não obstante, como sempre ocorre em situações dessa natureza, equipes operosas de trabalhadores espirituais em serviços de emergência revezavam-se, infatigáveis, procurando diminuir o índice de desvarios, de suicídios a breve e a largo prazo pelas conexões que então se estabeleciam, para defender os incautos menos maliciosos, enfim, socorrer a grande mole em desequilíbrio ou pronta para sofrer-lhe o impacto.

Desde as vésperas haviam sido instalados diversos postos de socorro, no nosso plano de ação, para serem recolhidos desencarnados que se acumpliciavam na patuscada irresponsável ou aqueles que vieram para auxiliar os seus afetos desatentos ao bem e à vigilância, ao mesmo tempo minimizando a soma de infortúnios que poderiam advir.

O abnegado Bezerra de Menezes, à frente de expressiva equipe de médicos e enfermeiros, de técnicos em socorros especiais, tomava providências, distribuía informações e cuidava, pessoalmente, dos casos mais graves, nos quais aplicava os recursos da sua sabedoria.

As horas avançavam num recrudescer de atividades, fazendo recordar um campo de guerra, em que os litigantes mais se compraziam em ferir, malsinar, destruir... Frente de batalha, sem dúvida, em que se convertia a cidade, naqueles dias, cujo ônus lhe pesava, cada ano, em forma de maior incidência na agressividade, na violência, nos desajustes socioeconômicos lamentáveis...

Nas fronteiras da loucura

Outrossim, o nosso centro de comunicações registava apelos e notícias de vária ordem, donde emanavam as diretrizes para o atendimento dos casos passíveis de ajuda imediata. Os outros ficavam selecionados para ulteriores providências, quando diminuíssem os fatores desagregantes do equilíbrio geral.

Pessoas sinceramente afervoradas ao bem enviavam pedidos de ajuda, intercediam por familiares a um passo de tombarem nos aliciamentos extravagantes e fatais.

Os seletores de preces facultavam as ligações com os Núcleos Superiores da Vida, ao mesmo tempo intercambiando forças de auxílio aos orantes contritos, enquanto aparelhagens específicas acolhiam pensamentos e forças psíquicas que se transformavam em agentes energéticos que irradiavam correntes diluentes das condensações deletérias.

Neste comenos, dedicado auxiliar do benfeitor incansável trouxe-lhe a informação de que fora captada uma solicitação veemente, de urgência, a ele dirigida nominalmente, e que os seletores, pelo tom vibratório com que se fazia emitida, expressavam a necessidade de suas imediatas providências.

Anotado o endereço da requerente, fomos convidado a acompanhá-lo, a fim de aprender e auxiliar conforme a circunstância.

A residência agradável, em área distante do bulício do centro da cidade, donde partia o apelo, apresentava, do *nosso lado*, irradiações mentais equilibradas e parecia erguida sobre os alicerces da honradez e do sacrifício.

Embora o narrador do desfile apresentado nos aparelhos de televisão da vizinhança, ligados em alto volume, se adentrasse pela casa, àquela hora da madrugada, o ambiente ressumava harmonia.

Dirigindo-nos à ampla alcova, deparamos com uma senhora de pouco mais de meio século, ajoelhada, orando.

A ausência de Espíritos malévolos e viciosos deu-me notícia do tesouro das virtudes de que era portadora a suplicante.

Acompanhando a atitude de respeito do amigo e protetor espiritual, ouvi-o dizer-me, a meia-voz:

— *Sintonize na faixa mental da nossa irmã e ouçamo-la.*

Percebi que ela irradiava luz opalina, que variava para o tom azul-violáceo, denotando a sua perfeita consciência espiritual na prece afervorada.

Não me refizera da satisfação de detectar-lhe a luminosidade, quando a ouvi, comovida, expressar:

— *Eu reconheço, meu Senhor, a própria inferioridade, e não ignoro a ausência de méritos para pedir-Vos socorro.*

Não o faço, porém, por mim mesma, senão pela minha filhinha que me confiastes e não tenho sabido amparar.

Ao referir-se à filha e exteriorizar o clichê mental da jovem, foi sacudida pela emoção mais forte de dor e de piedade.

— *Eu sei que Vossas Leis são sábias* – prosseguiu na mesma vibração de humildade – *e submeto-me, resignada, aos impositivos da vida.*

Vosso filho, no entanto, nos ensinou a pedir, a bater, a buscar, porquanto a Vossa magnanimidade jamais deixa de atender, conforme o merecimento de cada um. Porque me escasseiam valor e crédito, apelo para a Vossa misericórdia de acréscimo, na qual espero haurir inspiração e ajuda.

Fez uma pausa oportuna, enquanto as lágrimas de emoção e fé lhe transbordavam dos olhos, sem desespero algum. Ato contínuo, prosseguiu:

Nas fronteiras da loucura

— *Permiti que o Dr. Bezerra de Menezes, de quem tanto tenho ouvido falar, em Vosso nome possa vir em meu socorro. Como Vós, ele também foi pai e experimentou dor equivalente, junto a um filho...*

Observei que a evocação direta ao passado do apóstolo espírita do Brasil sensibilizou-o, sobremaneira.

Vi-o, então, acercar-se mais e aguçar o olhar na respeitável senhora.

Compreendi que lhe rebuscava os arquivos mentais, a fim de assenhorear-se da aflição que a macerava.

Ela prosseguia em murmúrios da alma, contrita, repetindo a solicitação com variação verbal, na mesma tônica, porém, de amor, humildade e submissão.

Envolvendo-a em terna e dúlcida vibração de afeto, ele falou-lhe psiquicamente:

— *A tua oração foi ouvida.*

Confia e espera.

Agora, deita-te e repousa.

O Magnânimo Pai nunca deixa sem resposta o pedido de um filho obediente.

Tranquiliza-te.

Parecendo escutar a voz dulçorosa, a senhora experimentou leve frêmito, silenciou, enxugou as lágrimas e ergueu-se, de imediato, aconchegando-se ao leito para o repouso.

À medida que ela se acomodava e o recinto retomava a condição habitual, pude perceber-lhe o rosto cavo, macerado pelas aflições suportadas durante aquela conjuntura.

Uma onda de simpatia e piedade assomou-me.

Antes de apresentar qualquer questão, o prestimoso benfeitor falou-me:

— *A sua filha única encontra-se alienada e ela teme pela autodestruição da mesma. Internada em sanatório desta cidade, conforme pude detectar-lhe mentalmente, cada vez mais se lhe agrava o quadro, no momento, impossibilitada de receber visitas.*

Após ligeira reflexão, adiu:

– A nossa irmã é portadora de inumeráveis títulos de benemerência, credenciando-se a ter o pedido carinhosamente examinado.

O bem possui uma linguagem universal, nos dicionários de Deus, produzindo valores que se podem utilizar em toda parte, mercê dos câmbios divinos.

A oração, por seu turno, é taxa de luz e força que permite o intercâmbio dos valores a benefício de quem a utiliza com probidade e elevação.

Partamos, antes que a Alva levante o véu de sombras que cobre a cidade e visitemos a paciente.

Saímos gratificado ao Senhor pela oportunidade nova, entre tantos misteres a atender.

2
A VISITA À ENFERMA

Não obstante conhecêssemos as penosas vibrações de desconcerto psíquico em faixas de alto teor pestífero, as condensações que pairavam no ar, pela densidade pastosa, escura, causavam-nos mal-estar.

A aspiração do *nevoeiro* pelos homens, sem dúvida produzia compreensíveis transtornos emocionais, a prazo mais dilatado com efeitos orgânicos.

A população invisível ao olhar humano era acentuadamente maior no tresvariar das fortes sensações, de que se não havia libertado com a morte. Disputava-se, como chacais, a vampirização das vítimas inermes telecomandadas, estimulava a sensibilidade e as libações alcoólicas de que participava, *ingeria* drogas, de que os seus comparsas físicos, verdadeiros intermediários submissos, se auspiciavam.

Dificilmente se poderia distinguir se os homens eram cópia rude das faces aberrantes dos desencarnados ou se esses os imitavam, tal a sintonia e o perfeito intercâmbio sustentado.

Enquanto eu reflexionava sobre a turbamulta, que se entredevorava, enceguecida, o nobre amigo advertiu-me:

— *Miranda, onde a criatura coloque suas aspirações, aí encontra intercâmbio. O homem é o somatório dos seus anelos e realizações. Enquanto não elabore mais altas necessidades íntimas, demorar-se-á nas permutas grosseiras da faixa dos instintos primários. Em razão disso, a Humanidade padece de carências urgentes nas áreas rudimentares da vida... Deixando-se martirizar pelos desejos inconfessáveis, ainda não se resolveu por uma conduta, realmente emocional, que lhe permita o trabalho íntimo de desembaraçar-se das sensações que respondem pelos interesses grosseiros, geradores das lutas pela posse com a predominância do egoísmo.*

Como desejasse examinar a questão, sem enveredar pelo campo da crítica inoperante, acrescentou:

– A fixação das paisagens sombrias desacostuma a percepção estética para as visões harmônicas da Natureza. Da mesma forma, experimentando o homem as impressões do prazer selvagem, desinteressa-se da aquisição dos valores estéticos e liberativos da alma. A transposição de planos e aspirações, enquanto se está na área da sofreguidão e do exagero carnal, somente ocorre a pesado tributo de dor e a fortes aguilhoadas da aflição.

Toda ascensão exige a colaboração do sacrifício, ao lado das renúncias. A visão dos amplos horizontes coloridos somente é lograda após a vitória sobre as baixadas sombrias e as veredas tortuosas.

O fatalismo da vida é para o bem, e a destinação é para a felicidade. Consegui-los ao impulso do amor ou conquistá-los a penas de sofrimentos são as escolhas únicas que se terão para fazer.

Até agora a conquista do belo e a liberação dos vícios têm sido desafios para os Espíritos fortes, que marcham à frente, despertando os da retaguarda, anestesiados na ilusão e agrilhoados aos prazeres aliciantes, venenosos.

Não nos cabe, todavia, duvidar da vitória do amor e do êxito que todos conseguirão hoje ou mais tarde. Auxiliá-los a desvencilhar-se das fortes amarras que os infelicitam e convidá-los à experiência da renovação constituem os nossos deveres de agora. Em consequência, o nosso céu tem seus limites nas aberturas dos sofredores à vida, ensejando-nos ampliá-lo ao infinito, no qual eles também desfrutem de esperança e paz.

Silenciou o comentário, quando nos acercamos de área ajardinada, onde árvores vetustas derramavam beleza em contraste com os blocos frios de concreto armado. Não tive dificuldade em identificar o nosocômio psiquiátrico.

A movimentação dos Espíritos era acentuada. *Vítimas* e *algozes* de hoje, renovando os dramas do passado, em que as personagens mudaram de posição, mas não de sentimento nem de objetivos, estarreciam à primeira vista.

As descrições mais fortes, as pinturas com as cores mais vivas da ficção literária não conseguiriam retratar a tormentosa realidade.

Como em parte alguma a criatura humana se encontra sem o paternal auxílio de Deus, notava-se, igualmente, a presença de Entidades benfeitoras, que se especializaram no socorro aos alienados de ambos os planos da vida, participando dos misteres da caridade fraternal, ungidos de amor e profundo respeito às vítimas dos próprios infelizes engodos.

Chegando à entrada do pavilhão central, de linhas austeras e construção mais velha, fomos recebidos por gentil enfermeiro que já conhecia o benfeitor, habituado àquelas incursões de auxílio especializado, levando-nos, imediatamente, à presença de nobre Entidade, que externou um sorriso jovial, em saudação de alegria.

Fui apresentado, na condição de participante da experiência caridosa, vindo a saber que aquele Espírito fora, na Terra, nobre discípulo das teorias freudianas, a que se aferrava, tentando explicar a patogênese da grande maioria das alienações mentais conforme o esquema do ilustre médico austríaco.

Ignorando, ou esforçando-se por desconsiderar a problemática da imortalidade da alma, foi, no entanto, excelente trabalhador da saúde mental, naquela mesma cidade.

Ao desencarnar e constatar *de visu* a realidade que o fascinou, ofereceu-se a prosseguir laborando na Casa onde antes trabalhara com afinco e abnegação.

No momento, era o responsável direto pelos serviços espirituais que ali se movimentavam, dirigindo uma expressiva equipe de antigos médicos, enfermeiros e futuros estudantes das *ciências da alma*, que se reencarnariam com tarefas específicas neste campo, objetivando estes atuais e futuros dias que se assinalariam pela complexidade afligente dos distúrbios mentais, emocionais, de comportamento.

O nosocômio não se destinava apenas, como de supor-se, ao tratamento dos pacientes encarnados.

Na mole que se agitava, numa comunidade viva, pulsante e especial, as soberanas leis haviam estabelecido um programa de lapidação íntima para a quase generalidade dos seus membros; organizara uma escola de bênçãos, onde se aprendia mediante as lições vivas da dor; erguera-se um templo à caridade e à oração, em forma de trabalho contínuo em socorro aos colhidos pelas vicissitudes purificadoras.

Para uns – encarnados ou não –, fazia-se um *purgatório*, no qual as aflições selecionavam os mais aptos ao progresso, em razão da humildade, da resignação ante os imperiosos resgates de que se faziam devedores pela intemperança e desequilíbrio em que delinquiram.

Outros tantos defrontavam a oportunidade de aprender servindo e de amar o próximo, na contingência das amargas e rudes reparações.

Expressivo número deles, no intercâmbio das desditas, tornava-se, inconscientemente, instrumento da Vida, fomentando o próprio e o crescimento dos a quem afligia...

Podia-se dizer que era uma estranha cidade, com seus Estatutos legais, suas características, sua população e governança dentro de outra cidade...

Espírito mui perverso, atribuía-se o dever e o direito de administrar os corretivos que se aplicavam na "comunidade", inteirando-se das ocorrências que ali sucediam e tentando combater a interferência do bem.

Ganhara o posto, como *conquista* natural, em se considerando a sua *folha de serviços*, assinalada pela impiedade e crueza dos métodos que se permitia aplicar naqueles a quem tomava como adversários ou vítimas da sua imensa alucinação.

Era natural, portanto, que os enfermos encarnados sofressem sevícias cruéis de seres impenitentes de ambas as esferas de ação: do corpo — funcionários inescrupulosos em sintonia com os Espíritos ultores – e fora dele...

Os emaranhados nas teias da alienação mental e da obsessão expungiam os delitos, sob a dureza dos aficionados doutrora ou *instrumentos* irresponsáveis do curso da Vida, que a ninguém deixa órfão da oportunidade de crescer e evoluir.

Desencarnados, igualmente alienados, sofriam, por sua vez, subjugações cruéis sob tormentos inenarráveis, nas mãos dos seus sicários dos quais a morte não os libertava.

Não obstante, como nos referimos, fulgurava, divina, ali, a luz da caridade, auxiliando uns e outros, ao mesmo tempo clarificando as mentes e apontando rumos para os lutadores futuros das desobsessões e terapias psiquiátricas.

Laboratório vivo e pulsante, oferecia o resultado das experiências humanas na ambivalência do bem e do mal que a si mesmas se fazem as criaturas, mediante o livre-arbítrio de que dispõem no processo evolutivo.

Transitava-se, desse modo, em faixas de vibrações especiais correspondentes às finalidades dos misteres, e consoante o estado espiritual de cada grupo em ação.

O doutor Artur Figueiredo recebeu-nos afetuosamente, prontificando-se a auxiliar-nos no ministério da caridade, logo se inteirou do móvel da nossa visita.

Mantendo uma atitude de respeito à dor que ali se apresentava em multiface atordoante, vencemos a distância que nos separava da enferma.

Encontramo-la em um apartamento especial, adormecida sob a alta dose de um antidepressivo.

O ambiente, em razão da psicosfera geral, era irrespirável. Podia-se notar, à primeira vista, a presença de Espíritos perturbados e irresponsáveis, que enxameavam naqueles sítios, não necessariamente vinculados à paciente.

Solicitado pelo olhar percuciente do caroável Bezerra, o diretor espiritual elucidou, paciente:

– *Trata-se de jovem senhora de 25 anos, vitimada pela irresponsabilidade moral. Apesar de haver renascido por intermédio de abnegada genitora, que se comprometeu ampará-la no cometimento atual, quando deveria elevar-se pelo amor e pela abnegação, ela preferiu derrapar, invigilante, assumindo mais graves compromissos negativos.*

Após uma breve pausa, acentuou:

Nas fronteiras da loucura

– *Nenhuma censura de nossa parte. A falta de visão a respeito da vida, como um todo harmonioso, responde por muitas insânias a que se entregam os homens. Quando se compreenda que o corpo é efeito, e não causa da vida, no qual se estabelecem as bases da elevação; quando se conscientizem os seres de que o berço é porta que se descerra para o corpo quanto o túmulo é a que se fecha, sem que ninguém entre ou saia da vida; quando se estabeleçam metas que transponham os limites de uma breve existência corporal, será diversa a atitude a assumir-se ante as ocorrências e circunstâncias do dia a dia.*

Somente a visão reencarnacionista responde pela forma de uma perfeita integração do Espírito no processo da ascensão.

Nossa irmã Julinda é uma prova disso.

O seu drama atual tem raízes muito profundas, que se encontram fixadas nas existências passadas...

Sintetizando a anamnese da enferma, esclareceu prestativo:

– *Do ponto de vista psiquiátrico, ela fez um quadro de psicose maníaco-depressiva, que se apresenta com gravidade crescente. Da euforia inicial passou à depressão angustiante, armando um esquema de autodestruição.*

Inicialmente, foram-lhe aplicados os recursos da balneoterapia, buscando-se produzir uma melhor circulação sanguínea periférica, através das duchas rápidas, ligeiramente tépidas. Logo após, foram aplicados opiáceos e agora se associam os derivados barbitúricos e o eletrochoque, sem resultados favoráveis mais expressivos.

Graças aos recursos financeiros de que dispõe, é possível mantê-la isolada sob regular assistência. Ao lado desses, o concurso moral da mãezinha e o devotamento do esposo têm-lhe sido de grandes benefícios, evitando-se males maiores.

No entanto...

Bezerra acercou-se da paciente e, após um exame mais acurado, expôs:

– *É lamentável que persista a distância entre a terapia psiquiátrica e a psicoterapêutica espiritual. No caso em tela, têm redundado infrutíferos, senão perniciosos, os tratamentos à base dos derivados de barbitúricos, quanto do eletrochoque.*

Do ponto de vista psiquiátrico discute-se que a PMD quanto a esquizofrenia são uma psicose endógena, cuja causa se encontra nos genes, transmitida hereditariamente de uma para outra geração, sendo, em consequência, uma fatalidade inditosa e irremissível para os descendentes de portadores da mesma enfermidade, especialmente nas vítimas da chamada convergência hereditária.

Afirma-se, dentro dessa colocação, que o desvio patológico exagerado da forma de ser cicloide, somado a uma formação física pícnica, no qual estão presentes as forças predominantes das glândulas viscerais encarregadas da determinação do humor, faz-se responsável pelo quadro da psicose maníaco-depressiva. É exatamente, dizem, esta constituição cicloide que oferece os meios próprios para a irrupção da psicose maníaco-depressiva, tornando-se, dessa forma, o indutor hereditário.

Asseveram outros estudiosos, que a PMD resulta das alterações endócrinas, particularmente nos quadros das manias e melancolias.

Ainda diversos psiquiatras acreditam como fatores predominantes as variações do quimismo orgânico...

São relevantes, também, as contribuições psicológicas, que procuram as causas desta alienação na prevalência das reações do êxito e do insucesso e, ao amparo do conceito psicanalítico, os traumatismos morais, já constatados antes, responderiam pelos choques impostos ao narcisismo de cada um, facultando o eclodir da distonia.

O amorável benfeitor silenciou, como se coordenasse uma síntese conclusiva da breve informação, afirmando:

— *Embora alguns desses fatores estejam presentes no quadro da nossa Julinda, como estudaremos, são eles consequências de causas remotas que os produziram ao império da atual reencarnação.*

3
DELITO OCULTO

Na patogênese da alienação mental, sob qualquer aspecto em que se apresente, sempre defrontaremos um Espírito falido em si mesmo, excruciando-se sob a injunção reparadora, de que se não pode deslindar, senão mediante o cumprimento da justa pena a que se submete pelo processo da evolução.

As Soberanas Leis, que mantêm o equilíbrio da vida, não podem, em hipótese alguma, sofrer defraudações, sem que se estabeleçam critérios automáticos de recomposição, em cujo mister se envolvem os que agem com desregramento ou imprevidência.

Sintetizadas na *Lei de Amor*, que é a lei natural fomentadora da própria vida, toda criatura traz o gérmen, a noção do bem e do mal, em cuja vivência programa o *céu* ou o *inferno* e aos quais se vincula, nascendo as matrizes das alegrias ou das dores, que passam a constituir-lhe o *modus vivendi* do futuro, atividade essa pela qual ascende ou recupera os prejuízos que se impôs.

Não há, nesse estatuto, nenhum regime de exceção, em que alguém goze de bênção especial, tampouco de qualquer premeditada punição.

Programado para a ventura, o Espírito não prescinde das experiências que o promovem, nele modelando o querubim, embora, quando tomba nos gravames da marcha, possa parecer um malfadado satanás, que a luta desvestirá da armadura perniciosa que o estrangula, fazendo que liberte a essência divina que nele vige, inalterada.

Quem elege a paisagem pestilencial, nela encontra motivos de êxtase, tanto quanto aquele que ama a estesia penetra-se de beleza, na contemplação de um raio de Sol ou de uma flor, inundando-se de silêncio íntimo para escutar a musicalidade sublime da vida.

Não existe, portanto, uma dor única, na alma humana, que não proceda do próprio comportamento, sendo mais grave o deslize que se apoia na razão, no discernimento capaz de distinguir, na escala de valores, as balizas demarcatórias da responsabilidade que elege a ação edificante ou a comprometedora...

Só Jesus viveu a problemática da aflição imerecida, a fim de lecionar coragem, resignação, humildade e valor ante o sofrimento, Ele que era Justo, de modo que ninguém se exacerbe ou desvarie ao expungir as penas a que faz jus.

Apesar disso, a paisagem torpe e angustiante da alienação mental, por distúrbios psíquicos como por obsessões espirituais, não deixa de ser profundamente constrangedora, acompanhando-se o entorpecer do raciocínio com o decorrente mergulho nas águas turvas do primitivismo animal, de que se deve liberar o Espírito.

Reflexionávamos a esse respeito, no pequeno apartamento de Julinda, contemplando-a sob a alta dose de sedativo, enquanto ouvíamos o baldoar do desespero na circunvizinhança, em que duas populações, a de encarnados e a de desencarnados, se engalfinhavam na tremenda batalha da loucura desenfreada.

As cenas, sem dúvida, dantescas confrangiam.

Embora relativamente acostumado à visão do tresvariar das criaturas, e pensando nos que jornadeiam descuidados, malbaratando o patrimônio do corpo, não pude sopitar as lágrimas de sincera compunção pelos que se encontravam na escola disciplinadora da dor, como pelos que avançavam sorrindo, embriagados, para afogar-se no rio escuro da desesperação, que se impunham desde então...

Percebendo-me a perigosa área de raciocínios em que me engolfava, o bondoso mentor advertiu-me com sabedoria:

— *Miranda, convém não esquecermos a vigilância educativa do Todo Amor.*

Confrange-nos acompanhar o padecimento dos nossos irmãos em desalinho, no entanto, a nenhum deles tem faltado a bênção do socorro de maneira direta ou não, da mesma forma que lhes não foram escassas a inspiração divina, as diretrizes para uma vida reta, nem os exemplos de comportamento digno, nos quais pautassem a própria conduta.

Havendo a opção com a qual cada um afina, derrapando na ação em que se compraz, a presença da justiça torna-se irrefragável para hoje ou mais tarde.

Fazendo uma reflexão, como a coordenar e sintetizar o raciocínio, aduziu com justeza:

— *Antes mesmo de Jesus, os romanos haviam estabelecido no seu código de Direito as bases da felicidade humana, condensando, inconscientemente, o Decálogo em três princípios fundamentais: "Viver honestamente. Dar a cada um o que é seu. Não lesar ninguém".*

Jesus, na condição de Supremo Legislador da Terra, formulou um princípio conciso e incisivo, no qual se encontram todas as leis e profetas da justiça e do bem: Amar a Deus sobre todas as coisas e o próximo como a si mesmo, *reunindo os conceitos romanos e o Decálogo, no amor, mediante o desdobramento do não* fazer ao próximo o que não desejar que este lhe faça.

Aqueles que se atribuem direitos e privilégios especiais – como se a vida, em si mesma, já nos não fosse um privilégio especial –, na má usança a que se permitem, aliciam os verdugos que os submeterão, como consequência do comportamento ingrato e pernicioso de que se utilizam, vindo a experimentar o corretivo que os despertará para o respeito ao seu irmão e aos quadros educadores da escola terrena.

Isso, naturalmente, não nos libera do dever de os ajudar, considerando que, a nosso turno, já atravessamos situações penosas, idênticas, nas quais fomos socorridos. Outrossim, ajuda-nos a vigiar os próprios pensamentos e atos, com que nos impediremos os devaneios e as futilidades que, não raro, induzem ao tombo nas urdiduras do erro e da criminalidade, facultando-nos a convivência com a dor que aqui ferreteia as almas, exercita-nos a compaixão, o amor e a caridade.

Mantenhamos a nossa solidariedade e participemos das suas emoções, sem nos deixarmos contaminar pelos miasmas do desânimo, do medo ou das ideoplastias fantasmagóricas, vitalizadas pela rebeldia e ingratidão ao Pai Criador e ao Cristo Amor.

A oportuna advertência trouxe-me à realidade da justiça divina que, não obstante sendo amorosa, é também reta, a ninguém poupando da reparação dos delitos, mediante os quais se comprometeu consigo mesmo e com a Consciência Cósmica...

Dr. Figueiredo, que nos acompanhava a experiência, anuiu com a argumentação do nobre benfeitor e, solicitando licença, ofereceu a sua preciosa parcela de esclarecimento:

– Vivendo, desde alguns anos, o drama dos nossos irmãos aqui domiciliados – acrescentou com expressiva fraternidade *–, vimos aprendendo que o nosso maior inimigo está dentro de nós; é o egoísmo, que se credita somente méritos sem conceder ao próximo uma quota, mínima sequer, de direito equivalente.*

Graças a essa conduta infeliz, tal visão, distorcida da realidade, fomenta o ódio, gera a discriminação tormentosa, envenena-se com os tóxicos da insatisfação e da revolta. Como efeito, todo infrator imprime na consciência, na qual se inscrevem as divinas leis, os critérios de resgates em que se fixam os erros...

Cada criatura, embora inconscientemente, sabe a razão do seu sofrimento, porquanto nas paisagens mentais se encontram os clichês das suas infrações, revoltando-se ou fazendo-se crer injustiçada, por mecanismo de evasão ou preguiça, largamente cultivada, que se transforma em anestésico da alma.

Desejando completar o raciocínio lógico, concluiu:

– O Espírito é o responsável por si mesmo, embora mergulhado no contexto da Excelsa Misericórdia de Deus, fomentando o próprio crescimento através da utilização dos recursos pedagógicos com os quais sintoniza espontaneamente.

Nesse comenos, o caridoso Bezerra acercou-se da paciente e penetrou-a com um profundo olhar, percuciente e lúcido, após o qual nos convidou a examinar a causa da alienação de Julinda, esclarecendo:

– Com o respeito que nos merecem as observações dos honrados estudiosos da psique humana, que estabeleceram características definidas nos quadros da anamnese de uma PMD, a gênese real da alienação da nossa enferma se encontra num desforço espiritual, formando uma problemática obsessiva, conforme poderemos constatar.

Busquemos-lhe a sede da consciência e procuremos detectar a região dos folículos cerebrais, no córtex do encéfalo, escutando os conflitos que lhe assomam dos arquivos mentais em desconcerto.

Fixei a atenção na região indicada, sintonizando o pensamento na sua faixa psíquica.

Imediatamente passei a ver e a ouvir confusos *quadros* e ruídos que se misturavam em verdadeira miscelânea de perturbação.

A pouco e pouco se foram definindo as cenas e acompanhamos uma altercação entre a enferma e o esposo, que melhor definia a conjuntura do momento provacional.

Um jovem de menos de trinta anos, com ótima aparência, tentava convencê-la da necessidade que ele sentia de completar a felicidade doméstica, tornando-se pai.

Anelava por um rebento com o qual se sentiria realizado – instava, emocionado.

A jovem esposa, porém, exigente e caprichosa, retrucava:

– *Não aquiescerei a esta exigência descabida. Não é justo que nos amarremos, em plena juventude, a compromissos com filhos, malbaratando as nossas oportunidades de prazer e gozo. Não me permitirei deformar, mediante uma gestação ingrata e não desejada, para atulhar o meu ambiente doméstico com a algazarra infantil que, convenhamos, eu detesto.*

Denotando o amuo, num temperamento irascível, que se procurava impor, desejou encerrar o diálogo.

O marido, que se mantinha ponderado, volveu à argumentação:

– *O melhor período para a construção da família é a juventude dos cônjuges, que se encontram no apogeu das forças e das faculdades, propiciando uma educação em bases de paciência e disciplina à prole em formação. Nessa fase da idade, os perigos da délivrance são menores e a recuperação mais rápida, reservando-se para a velhice o justo repouso, em razão de a família estar formada, e vivendo os filhos, já adultos, as suas próprias experiências.*

Além disso, hoje, mesmo as estrelas do cinema e da televisão exibem a gestação, que mais lhes dá status, *não havendo qualquer perigo de deformação da silhueta, ainda mais em se considerando tratar-se você de uma mulher já casada...*

– Não abdico, no entanto – redarguiu, encolerizada –, *ao direito sobre o meu corpo... Não aceito a maternidade, em hipótese alguma.*

O clima da conversação acalorada degenerou em discussão dissolvente, gerando a primeira fissura emocional na aliança conjugal.

Após alguns minutos, podíamos identificar, no exame dos clichês mentais de Julinda, um sonho, no qual, acompanhada pelo esposo e veneranda Entidade do nosso plano de ação, era-lhe apresentado um Espírito, que lhe requeria oportunidade para renascer, prometendo-lhe carinho e ajuda.

– Eu te perdoarei – suplicava o candidato, em lágrimas – *todo o mal que me fizeste, recebendo-me nos teus braços, como parte de ti, a fim de que eu recomece ao teu lado. Ajuda-me, hoje, a fim de que eu te socorra mais tarde...*

Parecendo identificá-lo pelos delicados fios das recordações, ela recuou com expressão alucinada, afirmando estar sendo vítima de um pesadelo que a arrojara aos Infernos.

A Entidade benfeitora, conciliando a situação calamitosa, aclarou:

– Acalma-te, filha. Estás na esfera dos sonhos e te reencontras com uma alma à tua vinculada, que te implora ensejo

de retorno ao corpo, para fruírem juntos a felicidade de refazimento do caminho, intempestivamente interrompido...

És devedora, em relação a ela. Todavia, te desculpará o deslize pretérito, desde que lhe concedas a ensancha futura. A vida física é breve, demorando o curto prazo de uma experiência... Aproveita-a, a benefício da tua imortalidade. Não recalcitres ao aguilhão beneficente... Juventude e aparência são de muito curta duração. Ouve-a e aquiesce.

A moça, no entanto, estampando na face uma máscara de horror, tentava recuar e, vinculada às figurações perniciosas da sua crença religiosa, bradava:

— *Estou no Inferno; os satanases me perseguem. Sou inocente! Deixem-me em paz. Odeio filhos! Não os quero, não os aceitarei!*

O esposo, que se apresentava portador de melhores recursos espirituais e de mais ampla lucidez, abraçou-a, intentando tranquilizá-la:

— *Acalma-te, Julinda. Sou eu, Roberto, teu marido. Raciocina, por Deus, e ouve. Asserena-te e recebe a dádiva que o Pai nos propiciará...*

— *Socorre-me* — interrompeu-o em pranto e desespero. — *Não desejo a maternidade e tu o sabes... Tira-me daqui, ajuda-me. Fujamos, antes que eu enlouqueça...*

As cenas se apagaram, para ressurgirem outras, não menos graves.

Nelas, a paciente experimentava os sinais da gravidez, por ocasião do fluxo catamênio e, desesperada, no segundo mês, solicitara um exame de urina, constatando-se a presença do feto.

Sem notificar o esposo, concertou o aborto delituoso, numa clínica que se dedicava ao monstruoso cometimento.

Na noite da véspera, sem dizer nada a ninguém, psiquicamente preparada para o crime, sonhou que alguém a segurava, fortemente, suplicando-lhe amparo.

– *Não me mates o corpo, minha mãe* – imprecava o reencarnante. – *Necessito volver, precisamos estar juntos. Ajuda-me... Se não me atenderes...*

– *Prefiro a morte* – sentenciou a infeliz mulher – *a ser mãe. Odeio-te. Nunca te receberei, nunca!*

– *Verás, então...*

A *fácies* do Espírito fez-se tão terrificante que ela despertou, aos gritos, banhada por álgido suor.

O esposo atendeu-a, solícito, e voltou a dormir, ante a explicação de que se tratava de mais um injustificável pesadelo.

Alegando-se enferma, preparou a cena para o repouso que deveria manter, após a liberação do feto, pelo abominável método que escolhera.

Durante as horas que antecederam ao crime, ouvia o apelo, recordava-se do sonho.

Resolvida à ação cruel, justificava-se, tentando repouso mental impossível, como tensão nervosa, descontrole emocional.

– *Afinal* – pensava –, *o aborto é uma coisa tão corriqueira...*

O médico a tranquilizara, informando da rapidez e do êxito da interrupção da gravidez...

Apesar disso, não se conseguia se acalmar.

A cena, fortemente gravada, levava-a à recordação, e aquela voz impossível de identificar, se fora ou dentro dela, suplicante, atormentava-a.

No momento aprazado, compareceu à clínica e, duas horas depois, indisposta e *livre*, retornou ao lar.

Nos minutos precedentes ao aborto, por pouco não recuou, em razão de sentir-se louca, tal o desespero que dela se apossou em face do que *escutava:*

– *Se me matares, eu te desgraçarei. Salva-me, infame! É tempo, ou, do contrário, rolarão os séculos na fúria da minha vingança, sem que tenhas paz...*

Julinda fora até o extremo paroxístico da demência: matou o corpo do filhinho, que já se agasalhava, esperançoso, na vida intrauterina.

O esposo nunca tomou conhecimento da ação nefanda, destruidora.

Exceto os cúmplices *profissionais* da morte, o infanticídio ficou ignorado por todos. Menos, é certo, pela vítima e pelo algoz, que ora se entrelaçavam mais rigorosamente os destinos, no rumo da dor, sombra e loucura grave...

4
PROGRAMÁTICA REENCARNACIONISTA

A pugna que se travava além dos olhos físicos fazia-se constrangedora.

O Espírito, que fora expulso violentamente do corpo, não se desligara da matriz uterina, influenciando com a mente vigorosa e revoltada o organismo que se negara a sustentá-lo.

Utilizando-se do motivo, sentia-se injustamente repudiado, não obstante as reiteradas súplicas que fizera à futura mãe, na ânsia de progredir através das engrenagens do corpo físico.

Assenhoreando-se, lentamente, da criminosa, pela incidência telepática, foi-se-lhe desenhando na tela mental, por cujo comportamento, ao longo dos meses, conseguiu desarticular-lhe o equilíbrio da razão.

Nesse particular, a consciência culpada foi rompendo a couraça da falsa justificativa para o crime hediondo, gerando os pródromos do arrependimento, que se transformaria no fio mágico para o intercâmbio mental.

Atada ao Espírito de quem se desejara libertar, nos parciais desprendimentos pelo sono, Julinda passou a defrontá-lo em metamorfoses dolorosas e apavorantes.

Via-o deformado, agressivo, subitamente se diluindo, como se acionado por estranho mecanismo oculto se desagregasse desaparecendo em pó, para logo ressurgir na aparência fetal, despedaçando-se e rebolcando-se em sangue.

As cenas vivas passaram a afligi-la cruelmente, impossibilitando-lhe o necessário repouso.

Nesses momentos agônicos, despertava assustada, vencida por suores álgidos e angustiada.

O esposo desdobrava-se em cuidados, sem conseguir identificar a causa dos pesadelos que se agravavam, ameaçando o equilíbrio mental da companheira.

Caracterizada a síndroma obsessiva, estabelecida a ligação entre os dois litigantes, a paciente foi mergulhando no ensimesmamento, em cuja intimidade psíquica a luta fazia-se mais obstinada.

O desenfreado desejo de vingança, do então adversário, obrigava-o a permanecer ao lado de quem lhe deveria ser devotada mãe, enclausurando-a nas teias dos propósitos inconfessáveis de que ora se encontrava dominado, para levá-la ao suicídio por qualquer processo que lhe estivesse ao alcance.

Indagar-se-ia se a Providência Divina, que por todos zela, não poderia interromper o lamentável processo?

É certo que sim! No entanto, a negação de Julinda ao amor e à oportunidade de ajudar tornava-se o epílogo de uma larga história, como constataremos depois, que agora abria um ciclo novo de acontecimentos, cuja responsabilidade assumira, pela usança do livre-arbítrio, em atitude rebelde e orgulhosa.

Justo, portanto, que experimentasse o resultado da invigilância, aprendendo pelo sofrimento o que se negara conseguir pelo bem, através do serviço do amor a si mesma e ao próximo.

Entretecia estas e outras considerações íntimas, quando o estrênuo Bezerra chamou-nos a atenção, em torno de um processo psiquiátrico decorrente de problemas posteriores ao parto, denominado de psicose puerperal.

– *Tecnicamente* – elucidou o mentor amigo –, *a produção dos hormônios, que se faz normalmente, torna-se fator do desequilíbrio, em razão de os mesmos se transformarem em toxinas que, atuando no complexo cerebral, terminam por desarranjar a estabilidade psíquica. Mesmo em fenômeno de tal ordem, meramente fisiológico, defrontamos o Espírito devedor, que volve à forma feminina sob a injunção do distúrbio para recuperar-se do mau uso passado das funções genésicas.*

Observa-se, igualmente, que o desarranjo hormonal sucede em jovens e senhoras durante o período catamênio, alterando o comportamento, que tende à excitação psíquica para posterior queda depressiva.

O Espírito é sempre responsável pelo corpo de que se utiliza, suas funções físicas e psíquicas que decorrem das realizações pretéritas e do uso nobre ou vulgar, elevado ou pervertido que lhe atribuiu.

Nessa condição de devedor, mais facilmente sintoniza com outros Espíritos, na mesma faixa de evolução ou em condição inferior, perante os quais se encontra em débito, facilitando o quadro genérico das obsessões.

Após uma oportuna pausa, prosseguiu:

– *No caso em tela, a nossa paciente somou às antigas uma nova e grave ação infeliz, que a jugula por natural processo de reparação, àquele a quem novamente prejudicou, quando poderia auxiliá-lo.*

Quando os homens compreenderem que o amor é sempre mais benéfico para quem ama, muitos males desaparecerão da

Terra e a etiopatogenia de inúmeras enfermidades diluir-se-á, sustando-se a erupção delas.

Enquanto, porém, o egoísmo governar o comportamento, a dor se atrelará às criaturas, realizando o mister de conduzi--las para o equilíbrio, a ordem, o bem que são as fatalidades da evolução.

Dr. Bezerra terminara de considerar a questão, quando se adentrou pelo quarto a genitora da enferma, desdobrada pelo sono fisiológico, demonstrando profunda preocupação e ansiedade.

Vimo-la acercar-se da filha e, embora sem a encontrar, em Espírito, afagou o corpo agitado sob a ação medicamentosa, não sopitando as lágrimas.

Podíamos notar-lhe a procedência superior, em considerando a boa quota de lucidez espiritual, no desdobramento de que se fazia objeto.

Habituada à comunhão com o Alto através da oração, começou a sintonizar com as Forças do Bem em muda rogativa.

Sinceramente tocado pela cena, o diretor espiritual comentou:

– *Disse Jesus, que* onde estivesse o tesouro aí estaria o coração. *É o que temos diante dos nossos olhos. Para Angélica, o tesouro maior da sua vida é Julinda, e como o amor é um elo inquebrável da corrente da vida, ei-la ao lado da alma querida, sustentando-a e interferindo favoravelmente com os recursos preciosos de que é dotada.*

Nossa irmã Angélica procede de abençoadas experiências pretéritas, havendo-se reencarnado com a finalidade precípua e imediata de auxiliar a filha, Espírito rebelde, que desde há muito tempo se uniu a um grupo de Entidades irresponsáveis, que lhe vampirizam as forças e de que, em razão da própria preguiça mental e desinteresse pelo progresso moral, não se consegue liberar.

Coordenando as ideias em uma síntese que melhor aclarasse o drama daqueles corações, prosseguiu:

– Nossa Julinda provém de proximidades, de região infeliz da vida espiritual inferior, onde estagiou por largos anos... Ali se precipitou, em razão de abusos de sexualidade equivocada, mediante a qual cometeu graves delitos que a emaranharam numa rede de ódio e vinditas.

O nosso Ricardo, a quem parece detestar, assoma do mundo de sombras como personagem viva da sua existência passada, debatendo-se num naufrágio emocional para o qual lhe solicitava salvação, mas de cujo desfecho temos conhecimento...

Conhecendo, porém, a fragilidade da filha, a devotada mãezinha, que desfruta de justos merecimentos, intercedeu a favor da pupila equivocada, empenhando afetos e esforços com que a recambiou dos sítios expiatórios, por intermédio de visitadores espirituais, para uma Colônia socorrista onde foi preparada para o futuro berço.

Conseguiu asserenar-lhe a mente, que fixou as cenas mais dolorosas da província onde esteve internada, não podendo impedir que tais condicionamentos, a par dos seus graves delitos, atuassem poderosamente nas engrenagens sutis do perispírito, tornando-se matrizes dos futuros comportamentos...

Assegurada a reencarnação da protegida, mergulhou no corpo físico, seguindo o amado companheiro, Juvêncio, que lhe deveria compartir a existência, contribuindo para o ministério de lutas e bênçãos que encetava...

O narrador silenciou por breve momento, adindo, sereno:

– O irmão Juvêncio granjeara muita simpatia em nosso plano de ação, por ser portador de excelente folha de serviços, aos enfermos, na Terra, em existências passadas, ao lado de Angélica, aqui prosseguindo à frente de um nosocômio dedicado ao tratamento de graves ulcerações perispirituais, em suicidas diretos e naqueloutros que dilaceram o corpo, alcançando os tecidos sutis da alma, pelo absoluto desprezo à forma física, por excessos criminosos em que comprometeram as energias e o corpo...

Sensibilizado pelos apelos da alma amiga e apiedado da situação da enferma, solicitou e conseguiu permissão para uma breve jornada corpórea, no plano físico, a fim de que se consumasse o programa em favor da invigilante.

Interrompendo a história, o sábio instrutor considerou:

– Uma reencarnação, por mais dolorosa, e uma situação corporal por menos expressiva, para observadores apressados, resultam de cuidadoso labor em que se programam diretrizes e tomam-se providências várias com objetivos superiores. Os resultados, porém, porque a violência não está inscrita nos Códigos Divinos, dependem de cada candidato ao cometimento.

Aqueles que se consideram e se afirmam abandonados pelo Senhor, invariavelmente refletem a ignorância ou a ingratidão que os intumesce com o vapor venenoso do orgulho.

Uma programação de tal natureza – e elas são inumeráveis – movimenta expressivo número de criaturas em ambos os lados da vida, recorrendo-se a providências diversas para que logre êxito. No entanto, as paixões inferiores muito arraigadas nos Espíritos, que não lutam afanosamente pelo desobrigar-se das suas injunções, põem a perder, não raro, todo esse grande esforço, complicando a própria situação, para reclamarem posteriormente, lamentando a sorte.

Nas fronteiras da loucura

Novamente silenciando, como a encerrar a breve digressão, volveu à narrativa:

– *O irmão Juvêncio renasceu em família abastada com a qual mantinha alguns vínculos de afetividade, a fim de que pudesse fruir de comodidades financeiras, que o liberassem dos compromissos com o corpo, deixando a esposa e a filha amparadas, sem maiores preocupações na esfera econômica.*

Não devendo interromper os seus deveres em nossa esfera por muitas décadas, volveu à forma física com vitalidade para menos de quarenta janeiros...

Angélica renasceu um lustro depois, em família digna e trabalhadora, exercitando, nos deveres domésticos, as tarefas futuras.

Consorciaram-se mais tarde, quando ela contava vinte e dois e ele vinte e sete anos, de cuja comunhão, dois anos mais tarde, renasceu a filhinha.

Os pais envolveram-na em dúlcida ternura, em proteção espiritual de alto porte, a fim de que se amoldasse à situação nova, retirando os valiosos proveitos para a libertação.

Desnecessário informar, que a recém-nata, porque estivesse muito afetada pelos equívocos que se permitira e em decorrência do largo estágio nas regiões primitivas, não obstante o tratamento a que fora submetida, mantinha profundas marcas, que se lhe incorporariam à vida nova.

Fez-se, como era natural, um instrumento de dor para os pais, em razão das próprias aflições.

A adaptação no corpo foi penosa. Em decorrência, a primeira infância passou entre insônias, pesadelos e distúrbios de comportamento acentuados.

A partir dos três anos, foram-lhe detectadas disritmias cerebrais, que eram resultado dos seus graves deslizes, impressos pelo perispírito no corpo, passando a receber cuidadoso trata-mento neurológico desde então.

Não lhe faltaram testemunhos de amor e de dignificação humana, orientação religiosa enobrecida, assistência educacio-nal correta.

Quando o nosso Juvêncio retornou, vitimado por uma parada cardíaca, aos 39 anos, deixou-a desabrochando em pleno vigor da adolescência.

A mãezinha desvelou-se mais e lutou contra as tendên-cias inditosas da mocinha, conseguindo, a contributo de uma vontade firme e muita decisão, encaminhá-la a um matrimônio digno com antigo afeto, que viera para partilhar do mecanismo redentor, no qual, também, expungiria suas próprias máculas...

O mais é do nosso conhecimento.

O benfeitor calou-se. Acercando-se de Angélica, em oração, tocou-lhe o *centro cerebral,* como despertando-a para a percepção mais ampla.

A nobre senhora, carinhosamente chamada pelo nome, recobrou a plenitude da lucidez e percebeu-nos ao seu lado.

Não teve dificuldade em identificar o venerando "mé-dico dos pobres" e sofredores, abraçando-o com respeito e crescente emoção.

— *Tenho-o chamado tanto!* — exclamou, em lágrimas. — *A filhinha sofrida e sofredora necessita de ajuda que só Jesus e os bons Espíritos podem oferecer, não eu...*

— *Confiemos, Angélica* — ripostou, bondoso —, *em Jesus, e entreguemos-Lhe nossos destinos, embora sem paralisarmos as mãos na ociosidade, nem o coração no enregelar dos sentimentos.*

O Senhor nunca nos abandona. Não desfaleçamos na luta, permanecendo em integral sintonia com Ele.

A senhora acalmou-se e deixou transparecer a confiança que infunde ânimo e restaura a paz.

5

PRIMEIRAS
PROVIDÊNCIAS

O abortamento provocado sem justa causa é crime grave de que o Espírito, somente a contributo de muita aflição, predispõe-se a reparar, facultando que a vítima renteie-lhe ao lado, em renascimento que ocorrerá futuramente, sob densas cargas de ressentimento e amargura.

Enfermidades de largo porte se encarregam de corrigir a atitude mental do delinquente que aborta, a fim de que os tecidos sutis do perispírito se recomponham para porvindouros cometimentos na área da maternidade.

Infecundidade e frigidez, qual ocorre com outros problemas femininos, decorrem, naturalmente, da usança irregular da sexualidade em encarnação passada, bem como de abortos perpetrados pela irresponsabilidade e requintes de egoísmo, que se fazem gênese de neoplasias malignas, logo depois, ou em processos próximos de renascimentos, que exigem ablação dos órgãos genésicos, quando não arrebatam a vida física de maneira fulminante, maceradora.

Não sendo o autor da vida, o homem dela não pode dispor ao talante das paixões primitivas, sem rude comprometimento para si próprio.

Emprestando elementos que corporificam o ser, torna-se instrumento das Leis da Criação que o honram com a oportunidade de cooperar no processo da evolução, não lhe facultando interrompê-la sem que incida em delito de alta importância.

Por isso que, a sexualidade somente deve ser exercida quando responsável, sob as bênçãos do amor e o amparo da legislação em vigor, representativa, no momento, do grau evolutivo de cada povo.

Em todo renascimento há razões propelentes que conduzem um a outro Espírito, seja pelos automatismos vigentes no Cosmo, seja pelas programações de elaboração cuidadosa, objetivando-se sempre o aperfeiçoamento de cada um, dentro dos impositivos das necessidades que os entrelaçam e seguram.

Desse modo, cada qual renasce, nem sempre onde merece, mas onde os fatores, as condições são-lhe mais propícias para o avanço.

As ingerências precipitadas, nas programáticas das vidas, por este ou aquele motivo redundam, quase sempre, em decepções, desastres ou perturbações que poderiam ser evitados.

Julinda, imatura e desequilibrada, com viciações que a retinham em malhas de obsessões sutis, porque temesse, embora inconscientemente, a presença do antigo companheiro, agora na condição de filho, não tergiversou em interromper-lhe o processo fetal, tombando em fundo fosso de desequilíbrio psíquico.

O Espírito, sentindo-se frustrado e porque anelasse pela ocasião que sabia de incalculável proveito, por ser ainda rebelde, deixou-se comburir pelo ódio, persistindo na vingança injustificável, convertida em luta feroz, com o objetivo de eliminar o corpo da inditosa, para aguardá-la depois do túmulo, onde prosseguem desforços de largo porte...

As altas doses de sonífero aplicadas na paciente provocavam-lhe o entorpecimento espiritual, em cujo estado, graças à invigilância a que se entregara, deixava-se arrebatar pelo Espírito, agora, por sua vez, convertido em seu algoz.

Semidesprendida do corpo, era conduzida à presença de Entidades perversas residentes no hospital, que obedeciam ao cruel dirigente do famigerado clã, encarregado de punir os caídos nas teias da alienação mental, como se a Justiça Divina necessitasse de delinquentes para corrigir infratores.

Não obstante, porque padecendo de cegueira da razão e obstinados na crueza dos propósitos inferiores, tornavam-se instrumentos necessários, complicando a própria situação, que deveriam recompor mais tarde...

Quando Julinda foi internada, informantes desencarnados apresentaram a sua ficha com o delito perpetrado ao cruel dirigente espiritual, que se arrogava poderes e domínio sobre os que ali transitavam em ambas as faixas vibratórias: da carne e fora dela.

Tratava-se de antigo sexólatra, que se caracterizara, na Terra, por distúrbios de comportamento, portador de grande perversidade, desencarnado há mais de meio século.

Ao desvencilhar-se do corpo, fora conduzido por comparsas antigos a núcleos inferiores, nos quais se adestrara para dar curso aos sentimentos nefastos que possuía, sendo alojado, posteriormente, naquele reduto de dores, verdadeiro purgatório espiritual para os incursos nos Códigos Soberanos da Vida.

Vinculado a outros grupos espirituais infelizes, que se interligam, assumindo posições combativas contra o bem e o amor, que detestam, fazem-se crer forças controladoras do Além-túmulo, personificando, iludidos, as mitológicas figuras satânicas residentes nas geenas...

Padecendo de auto-hipnose pelo prolongado período em que cultivam as ideias maléficas, deformam as matrizes perispirituais, assomando diante dos que lhes tombam, inconsequentes nos círculos da aflição, em formas temerosas, horripilantes, com as quais aparvalham as futuras vítimas, acostumadas a imagens mentais perniciosos pelos eitos do remorso que impõe justiça.

Outras vezes, são vítimas de mais vigorosas mentes que submetem, deles utilizam-se para o mesmo indébito fim.

Naquele hospital, Elvídio exercia a administração negativa, atribuindo-se a tarefa de justiçoso, em regime de crueldade.

Visitou a paciente e convocou Ricardo à sua presença, inteirando-se do interesse do abortado e prometendo-lhe cooperação.

Em sucessivas oportunidades, a paciente era levada a simulacros de julgamento pelo crime, quando se tornava ameaçada por aqueles impiedosos, retornando ao corpo, semi-hebetada pelas drogas, com os tecidos sutis da mente em contínuo comprometimento a caminho da irreversibilidade.

No momento em que visitávamos o seu apartamento, não a tínhamos presente, tampouco ao seu sicário.

O nobre Bezerra, depois de auscultar o psiquismo de Julinda e reflexionar por um pouco, concertou o Dr. Figueiredo a respeito de um labor para daí a duas noites, quando seriam tomadas providências para mais cuidadoso atendimento aos incursos no drama ali apresentado.

Ele próprio aplicou recursos magnéticos na obsidiada, fazendo a dispersão dos fluídos tóxicos que a asfixiavam, mediante movimentos longitudinais, rítmicos, logo após insuflando energias restauradoras de forças.

Todo o amigo espiritual, ante a prece espontânea que lhe brotou do coração nos lábios e durante a aplicação do passe aureolou-se de opalina claridade, que se irradiava da região do epigástrio, qual tivesse uma estrela fulgurante entre os hipocôndrios.

A energia que lhe escorria dos dedos venceu as resistências da carapaça de sombras que envolvia a doente, que estorcegou, atingida pelas ondas vibratórias que a alcançavam, para logo depois acalmar-se.

O corpo relaxou os músculos antes retesados e vimos, repentinamente, Julinda (Espírito) ser atraída e tombar, adormecida, no casulo carnal.

— Ela terá um sono reparador — esclareceu, gentil *— pela primeira vez desde o delito, momentaneamente liberada da agressão de Ricardo.*

Os fluidos salutares decorrentes da oração e do amor fraterno de todos nós, anestesiar-lhe-ão os centros psíquicos, de alguma forma atenuando a aflição que a golpeia, contínua. O Senhor não deseja a punição do infrator, mas sua reeducação com vitória sobre a infração. Como os impositivos da vida são amor e justiça, a misericórdia e a caridade jamais se afastam dos que necessitam de renovação e paz, sem que as suas vítimas fiquem em esquecimento. Surge o auxílio ao delinquente com concomitante socorro ao defraudado. Logo Ricardo será também auxiliado, quando se iniciem os labores em favor de ambos.

Voltando-se para a genitora comovida, asserenou-a, esclarecendo:

– *O amor, em qualquer expressão, é bênção de Deus, vitalizando o mundo. O de mãe, todavia, em razão das energias superiores de que se reveste, é portador de mais forças, encontrando ressonância no Amor de Deus, Nosso Pai, que rege a vida em todas as suas dimensões.*

Agora, tranquilize-se, irmã Angélica, aguardando o futuro e prosseguindo, confiante, nas suas orações e atividades de amor ao próximo. O bem nunca falha.

Depois de breve pausa, esclareceu:

– *Temos de ir-nos. Há serviço de urgência aguardando por nós.*

Despedimo-nos do Dr. Figueiredo e da senhora Angélica sob o compromisso de retornarmos em próximos dias.

6
LIÇÕES PROVEITOSAS

A cidade, regurgitante, era um pandemônio. A multidão de desencarnados, que se misturava à mole humana em excitação dos sentidos físicos, dominava a paisagem sombria das avenidas, ruas e praças feericamente iluminadas, mas cujas luzes não venciam a psicosfera carregada de vibrações de baixo teor. Parecia que as milhares de lâmpadas coloridas apenas bruxuleavam na noite, como ocorre quando desabam fortes tempestades.

Os grupos mascarados eram acolitados por frenéticas massas de seres espirituais voluptuosos, que se entregavam a desmandos e orgias lamentáveis, inconcebíveis do ponto de vista terreno.

Uns magotes desenfreados atacavam os burlescos transeuntes, tentando prejudicá-los com as induções nefastas que se permitiam transmitir.

Outros, compostos de verdugos que não disfarçavam as intenções, buscavam as vítimas em potencial para alijá-las do equilíbrio, dando início a processos nefandos de obsessões demoradas.

Podíamos registar que muitos fantasiados haviam obtido inspiração para as suas expressões grotescas, em visitas a regiões inferiores do Além, onde encontravam larga cópia de deformidades e fantasias do horror de que padeciam os seus habitantes em punição redentora, a que se arrojavam espontaneamente.

As incursões aos sítios de desespero e loucura são muito comuns pelos homens que se vinculam aos ali residentes pelos fios invisíveis do pensamento, em razão das preferências que acolhem e dos prazeres que se facultam no mundo íntimo.

Fixados como clichês mentais, ressurgem na consciência e são recopiados pelos que lhes estão habituados, recompondo, na extravagância do prazer exacerbado, a paisagem donde procedem e à qual se vinculam.

A sucessão de cenas, deprimentes umas, selvagens outras, era constrangedora.

Sempre atento, o mentor, com delicadeza, advertiu-me:

– *Miranda, de nossa parte, nenhuma censura ao comportamento dos nossos irmãos. Grande, expressiva faixa da humanidade terrena transita entre os limites do instinto e os pródromos da razão, mais sequiosos de sensações do que ansiosos pelas emoções superiores. Natural que se permitam, nestes dias, os excessos que reprimem por todo o ano, sintonizados com as Entidades que lhes são afins. É de lamentar, porém, que muitos se apresentam, nos dias normais, como discípulos de Jesus, preferindo, agora, Baco e os seus assessores de orgia ao Amigo afetuoso...*

Perdendo-se nos períodos mais recuados, as origens do Carnaval podem ser encontradas nas bacanálias, *da Grécia, quando era homenageado o deus Dionísio. Anteriormente, os trácios entregavam-se aos prazeres coletivos, como quase todos os povos antigos. Mais tarde, apresentavam-se estas festas, em Roma, como* saturnália, *quando se imolava uma vítima humana, adredemente escolhida, no seu infeliz caráter pagão.*

Depois, na Idade Média, aceitava-se com naturalidade: Uma vez por ano é lícito enlouquecer, *tomando corpo, nos tempos modernos, em três ou mais dias de loucura, sob a denominação, antes, de tríduo momesco, em homenagem ao rei da alegria...*

Há estudiosos do comportamento e da psique, sinceramente convencidos da necessidade de descarregarem-se as tensões e recalques nesses dias em que a carne nada vale, *cuja primeira sílaba de cada palavra compôs o verbete carnaval.*

Sem dúvida, porém, a festa é o vestígio da barbárie e do primitivismo ainda reinantes, e que um dia desaparecerão da Terra, quando a alegria pura, a jovialidade, a satisfação, o júbilo real substituírem as paixões do prazer violento e o homem houver despertado para a beleza, a arte, sem agressão nem promiscuidade.

Depois de breve reflexão, concluiu:

— *Por enquanto, auxiliemos sem qualquer reproche, unindo o amor à compaixão, enfermos que somos quase todos nós, em trânsito para a superação das deficiências que nos tisnam a claridade e o discernimento sobre a vida.*

O posto de socorro central localizava-se em praça arborizada, no coração da grande metrópole, com diversos subpostos espalhados em pontos diferentes, estrategicamente mais próximos dos lugares reservados aos grandes desfiles e às mais expressivas aglomerações de carnavalescos.

Providências especiais haviam sido tomadas pelos abnegados mentores da população brasileira, que arregimentaram peritos em atendimentos de emergência e voluntários que se prontificaram a auxiliar nos cometimentos.

Anteriormente, foram ministrados orientações e informes de importância, estabelecendo-se um programa para mais eficiente socorro e providências preventivas com que se pudessem poupar quantos sintonizassem com os cooperadores da vilegiatura da paz.

Muitos convocados e voluntários do nosso plano continuavam ligados a familiares que estagiavam no corpo, assim interessados em auxiliá-los, ao mesmo tempo que se predispunham a atender a todos quantos lhes estivessem ao alcance.

Estabelecera-se que o socorro somente seria concedido a quem o solicitasse, ampliando-o a todas as vítimas que padecessem ultrajes e agressões, violências e tragédias. De nossa parte, nenhuma insistência ou interferência indébita deveria ser assumida.

Desde a sexta-feira que as equipes arregimentadas tomavam postos, completando-se as providências, na noite de sábado, quando os primeiros foliões surgiram e os bailes ruidosos, carregados de bebidas, drogas e permissividades tiveram início.

À medida que nos acercávamos do posto central, a movimentação no local fazia-se maior.

Trabalhadores do nosso plano diligenciavam atendimentos a pessoas encarnadas que, em parcial desprendimento pelo sono, rogavam ajuda para os familiares inexperientes, que se arrojavam à folia enlouquecedora; afetos que se preocupavam com a alucinação de pessoas queridas, que se desvincularam dos compromissos assumidos, a fim de mais se atirarem no dédalo das paixões; Espíritos que pretendiam volver à carne e pediam oportunidade, nos lances dos encontros irresponsáveis; desencarnados que solicitavam apoio para pessoas amadas com problemas de saúde; urgências para recém-desencarnados em pugnas decorrentes da ingestão de bebidas alcoólicas, de desvarios sexuais, das interferências subjugadoras de seres obsidentes...

Mais se parecia o local com uma praça de guerra, burlescamente apresentada, em que o ridículo e a dor se ajustavam em pantomima de aflição.

A máscara do sofrimento, no entanto, fazia-se presente, convidando à compaixão, à solidariedade.

– *Não se creia* – advertiu-me o benfeitor, com discrição – *que todos quantos desfilam nos carros do prazer, se encontrem em festa. Incontáveis têm a mente subjugada por problemas de que procuram fugir, usando o corredor enganoso que leva à loucura; diversos suicidam-se, propositalmente, pensando escapar às frustrações que os atormentam em longo* curso; *numerosos anseiam por alianças de felicidade que os momentos de sonho parecem prometer, despertando, depois, cansados e desiludidos...*

Moçoilas-objeto e rapazes-negociáveis são vítimas de hábeis exploradores que os aliciam e empurram no pantanal, extorquindo dinheiro de vítimas imprevidentes, enquanto os afogam no lodo, sem possibilidade de salvação. Pessoas responsáveis, portadoras de inquietações que fazem parte do processo de evolução, deixam-se mergulhar na bacanal inconsequente, sem pensarem no dia seguinte...

Raros divertem-se, descontraem-se sadiamente, desde que os apelos fortes se dirigem à consunção de todas as reservas de dignidade e respeito nas fornalhas dos vícios e embriaguez dos sentidos.

Silenciou e olhou em derredor, abarcando o espaço arborizado e a movimentação socorrista, logo concluindo:

– Por isso, os benfeitores da Humanidade assinalaram a Allan Kardec, que a Terra é um planeta de provas e expiações, onde programamos o crescimento para Deus.

Saturado pelo sofrimento e cansado das experiências inditosas, o homem, por fim, regenerar-se-á ao influxo da própria dor, e buscará sôfrego fruir o amor que lhe lenificará as íntimas inspirações da alma.

Chegamos ao núcleo diretor onde eram tomadas as providências de importância, as decisões para questões de emergência.

Porque o emérito Bezerra se aproximasse dos assessores diretos, deambulei pelos arredores, procurando melhor identificação com os operosos servidores e seus auxiliares.

Subitamente fui colhido por uma surpresa, que me tomou de emoção feliz.

Vislumbrei um diligente cooperador que me fazia recordar célebre poeta e compositor, cujas músicas populares foram-me familiares quando na Terra.

Circunspecto, atendia, gentil, sem alarde nem afetação, ao trabalho que lhe fora confiado.

Acerquei-me e indaguei-lhe o nome, confirmando a suspeita quanto à sua personalidade.

Sem qualquer indelicadeza inquiri, para a minha própria aprendizagem, como conciliava a sua atitude de ex-sambista, vinculado às ações do Carnaval, com a atual, longe do bulício festivo em trabalhos de socorro ao próximo.

O amigo assumiu uma posição meditativa e, sem ressentimento, respondeu:

– Enquanto na Terra, sentindo muitas carências e conflitos, compreendi a alma, as dores, as aspirações do povo, *colocando em música de samba e outras, os dramas e tragédias do* bas-fond, *as angústias dos desamados, no entanto, amorosos.*

Sem resistências morais, resvalei, não poucas vezes, carpindo, na soledade e na fuga pelos alcoólicos e drogas outras, o tormento que me não deixava.

Amei muito, certamente que um amor desconcertante, aturdido, que passeava pelos bares de má fama e cabarets, *sorvendo toda a taça de aflições. Sob a sua ação tentei falar, em música, das ansiedades e dores lancinantes que vergastam a alma sensível dos infelizes, erroneamente considerados párias sociais. Eles, nós, tombáramos, sem que houvéssemos perdido o sentimento, as emoções...*

A desencarnação colheu-me a vida física ainda jovem.

Despertei sob maior soma de amarguras, com fortes vinculações aos ambientes sórdidos, pelos quais transitara em largas aflições.

Eu houvera sido mais um fracassado do que um infelicitador... As minhas composições pessoais e aquelas em parceria, no entanto, inspiravam e despertavam ternura, retratando situações e acontecimentos do coração, que provocam emoções positivas...

Embora eu não fosse um herói, nem mesmo um homem que se desincumbira corretamente do dever, a minha memória gerou simpatias e a mensagem das músicas provocou amizades, graças a cujo recurso fui alcançado pela Misericórdia Divina, que me recambiou para outros sítios de tratamento e renovação, onde despertei para realidades novas.

Passei a compreender as finalidades superiores da vida, que eu malbaratara, descobrindo, porém, que é sempre tempo de recomeçar e de agir, iniciando, desde então, a composição de outros sambas ao compasso do bem, com as melodias da esperança e os ritmos da paz, numa vila de amor infinito...

O Carnaval, para mim, é passado de dor, e a caridade, hoje, é-me festa de todo dia, qual primavera que surge após inverno demorado, sombrio.

Calou-se e sorriu algo triste, para logo concluir:

– Apesar da noite vitoriosa, o dia de luz sempre triunfa e o bem soberano tudo conquista...

Abracei-o, reconhecido, e fui-me adiante a meditar nos apontamentos vivos que acabara de recolher.

7
O POSTO CENTRAL DE ATENDIMENTO[1]

Pervagando pela área reservada ao posto central, pude observar que o acampamento de emergência socorrista ocupava quase toda a área da praça, ampla e agradável.

Antes de serem instaladas as dependências que abrigariam os pacientes espirituais durante aqueles dias, engenheiros de nossa esfera de ação haviam tomado providências defensivas, para que o ministério da caridade não sofresse danos decorrentes das invasões que se atrevem a fazer os Espíritos perniciosos, opositores sistemáticos de quaisquer tentames de consolação e caridade para com as criaturas humanas.

Como não há improviso nas tarefas superiores, que a abnegação dos mensageiros espirituais programa, estabeleceram-se planos e traçaram-se diretrizes para a construção do núcleo transitório, utilizando-se de recursos compatíveis para o mister.

Substância ectoplásmica, retirada das pessoas residentes nas cercanias, como da Natureza, foi movimentada para a edificação do conjunto e das muralhas defensivas que

---

[1] Utilizar-nos-emos de palavras que definem edificações e outras formas terrestres, por falta de termos compatíveis, que expressem as realidades do nosso plano de ação, ficando, assim, compreendido o pensamento por semelhança das imagens, o que não implica uma representação perfeita da ideia do que desejamos expor (nota do autor espiritual).

renteavam, internamente, com as grades que resguardam o parque aprazível.

Duas largas entradas, situadas em posição oposta, facultavam a movimentação dos que ali se sediavam.

Voluntários adestrados, premunidos de recursos magnéticos, postavam-se em vigília nos portões de acesso, enquanto outros rondavam pelas fronteiras da construção, significando proteção e resistência pacífica contra o mal...

Amplos barracões, à semelhança de tendas revestidas de lona, espalhavam-se interligados num conjunto harmonioso, com equipamentos especiais para os diversos tipos de atendimento que ali seriam processados.

Camas colocadas em filas duplas recebiam os desencarnados enfermos, que foram arrebanhados nos três últimos dias antes de serem transferidos para o nosso plano de ação definitiva.

Desde o sábado, as ocorrências inditosas tomaram corpo mais volumoso.

Homicídios tresvariados, suicídios alucinados, paradas cardíacas por excesso de movimentação e exaustão de forças, desencarnação por abuso de drogas ofereciam um índice elevado de vítimas de si mesmas, pela imprevidência, nos dias tormentosos da patuscada irrefreável...

Além desses, diversos encarnados, em transe demorado, recebiam socorro de urgência antes de retomarem os corpos em hospitais ou nos lares, sob a carinhosa e vigilante assistência do bem desconhecido.

A noite apresentava-se com ar morno, abafada, embora o céu límpido e estrelado, lavado pelas pancadas de chuva, que caíam com certa frequência.

Nas fronteiras da loucura

O centro de comunicações do posto registrava apelos e tomava decisões, encaminhando assistentes hábeis para cada tipo de necessidade.

Eu reflexionava sobre o amor e a sabedoria do Pai, no que concernia, entre outras misericórdias, àquelas ações destinadas ao amparo das criaturas, sem que estas pudessem, ao menos, ter ideia dos recursos que eram movimentados a favor da sua paz e do seu equilíbrio.

O véu da carne, não obstante o *milagre* da oportunidade de progresso que ao Espírito propicia, não deixa de ser uma barreira, um impedimento à mais ampla percepção, mais claro entendimento da realidade.

Os encarnados transitavam por aqueles sítios, sem dar-se conta do que ocorria, entre aquelas árvores vetustas, acontecendo noutra dimensão vibratória.

Um sistema de alarme funcionava, prevenindo as invasões ou intromissões indébitas de hordas violentas, que desejassem dar curso aos seus planos destrutivos, enquanto veículos especiais, trazendo os recém-colhidos para atendimento mais imediato, trafegavam com frequência, adentrando-se na área protetora.

Acerquei-me da entrada, por onde chegara havia pouco, quando defrontei, além da barreira defensiva, uma volumosa massa escura, na qual se rebolcavam Entidades levianas e vingadoras.

Ameaçavam os vigilantes e atiravam petardos que, felizmente, não ultrapassavam as ondas repelentes que se elevavam acima dos muros, exteriorizadas por aparelhagem própria, que fazia recordar os transformadores terrestres, colocada sobre colunas espalhadas, em distância regular umas das outras, que circundavam toda a área.

Trazendo Espíritos, que se apresentavam sob ultores padecimentos, blasfemavam e, zombando, agrediam com verrumas verbais os trabalhadores diligentes.

– *Venham socorrer a pobre infeliz que chora entre nós* – rosnavam ácidos, uns, exibindo uma mulher que se debatia, agônica.

– *Acudam-nos em nossa desesperação* – gritavam, sarcásticos, mais outros.

– *Onde a caridade?* – estridulavam diversos. – *Seremos odientos a ponto de não recebermos compaixão? Também somos mortos, esquecidos de Deus e dos Seus ministros. Onde a piedade?*

Misturavam-se a acrimônia e o sofrimento urdido pela própria leviandade, produzindo mal-estar e compaixão.

Percebi que os atendentes da vigilância, porque acostumados a cenas desse porte, não se deixavam sensibilizar, seja pela revolta ou pela compaixão momentânea.

Porque eu me mantivesse em perplexidade, o irmão Genézio, encarregado do serviço, acercou-se, esclarecendo-me, afável:

– *São grupos de desordeiros desencarnados, muito perigosos. Alguns são técnicos nos processos da chacota e da ironia, com que sabem insuflar desequilíbrio, a fim de colherem sintonia mental.*

A acidez resultante do sarcasmo é sinal permanente de inferioridade. Quantos exercem a atitude irônica encontram-se em grave distúrbio de comportamento emocional, agindo por vingança, para provocarem reações semelhantes e darem curso às pugnas, aos duelos de forças em que se comprazem, por levarem, quase sempre, a palma da vitória.

Na Terra, é muito comum defrontarmos o mau competidor, disfarçando a falta de valor e a ausência de recursos, apelando para as assertivas agressivas, recheadas de maldade com que ferem os rivais, esperando a reação, com que se reforçam para prosseguirem em perseguição obstinada, sórdida quanto covarde.

Depois de breve silêncio, no qual observava a malta de malfeitores, asseverou:

— Em nosso campo de ação, pululam companheiros infelizes, que se sentem propelidos às atitudes de revolta após o fracasso pessoal, afivelando na alma as máscaras do cinismo e da rebeldia, derrapando na vala das reações escarnecedoras, com as quais se imunizam, momentaneamente, contra os sentimentos superiores, únicos a abrirem portas à renovação e caminhos à paz.

Ei-los mais doentes do que se supõem, na extravagância em que se comprazem. Não são insistentes, porque, irrequietos e ansiosos, passam a vampirizar psiquicamente os grupos com os quais se ajustam e se afinam, permanecendo com eles em demorado comércio de forças fluídicas desgastantes.

Convidado a observar melhor o quadro ali com as suas expressões vivas, notei criaturas espirituais de aspecto horrendo, ultrajadas, que se faziam arrastar em correntes umas, em cordas outras. O grupo grotesco estava acompanhado por cães que ladravam, em atitude de perturbadora agressividade selvagem.

O amigo Genézio não se fez interrogado, vindo, de imediato, em meu auxílio:

— Trata-se de Espíritos profundamente sofredores, que lhes caíram nas mãos desde quando se encontravam encarnados. Eram vítimas e comensais da súcia, embora transitassem

em situação relevante, trajando roupas de alto preço e ocupando situações invejáveis. Demais, controlavam destinos, manipulando recursos alheios, que subtraíam documentos que falsificavam para atender a interesses inconfessáveis; regulamentos e leis que menoscabavam, sofismando sobre eles, de modo a atenderem às paixões inferiores.

Triunfaram sobre os fracassos dos outros; sorriram no mar das lágrimas dos a quem defraudavam; campeavam nos lugares de projeção, enquanto os dilapidados pela sua argúcia carpiam desespero e miséria; sentiam-se inatingidos...

A morte, que a todos desvela, alcançou-os e trouxe-os para a submissão de mentes mais impiedosas do que as suas e sentimentos mais impermeáveis do que aqueles que os caracterizavam, dependentes dos mesmos que já eram, quando na insânia moral em que se regalavam.

Sofrem o que fizeram sofrer...

Indaguei, então, contristado:

– E o auxílio divino não os alcança?

– Sim – respondeu-me atencioso –, ninguém que se encontre ao desamparo. Necessário, todavia, que se predisponham a recebê-lo. Por enquanto, expungem na dor, é certo, mais vitimados pela revolta do que sob a ação do arrependimento honesto; pelo desespero do que através da sincera aceitação do que lhes ocorre.

Logo se abram ao desejo de reparar e serem felizes, de reconhecerem a incúria e recomeçarem, mudam de faixa vibratória, sendo resgatados pela Bondade Excelsa nunca distante de ninguém.

Por algum tempo a consciência sabe que necessitam da lapidação rude a que se submetem, prosseguindo nos enleios que os prendem ao grupo afim.

Nas fronteiras da loucura

Nesse ínterim, ouvimos uma sirene de veículo que se acercava do acesso principal.

O grupo ruidoso, colhido de surpresa, disparou em volumosa nuvem sombria, dando entrada uma ambulância de socorro.

Minutos depois fomos chamado nominalmente para comparecer ao alojamento em que deixáramos o abnegado Bezerra de Menezes.

8
O CASO ERMANCE

O irmão Genézio, encarregado da vigilância ao portão principal, participava da equipe do venerável Bezerra, a quem se vinculava, afetuosamente, desde os dias da última encarnação, naquela cidade.

Fora espírita militante, havendo trabalhado com afinco e abnegação cristã, numa sociedade que mantinha o nome do apóstolo da pobreza no Brasil e que, por sua vez, amparava e dirigia as atividades espirituais da Casa.

A instituição fora erguida por antigos companheiros do batalhador desencarnado e era toda dedicada ao estudo da doutrina como à sua prática através da caridade.

Genézio Duarte ali chegara, macerado pelos conceitos materialistas, sob injunção de enfermidade pertinaz, após experimentar a terapêutica acadêmica da época. Céptico, porém necessitado, recebeu orientação de tratamento homeopático de natureza mediúnica e submeteu-se à fluidoterapia, resultando no restabelecimento pleno da saúde orgânica e, posteriormente, da saúde espiritual.

Afeiçoou-se ao infatigável mentor, cuja vida modelar sensibilizava-o, ao mesmo tempo que mergulhou a mente no estudo da Codificação apresentada por Allan Kardec e nas obras complementares, verdadeiros clássicos da investigação mediúnica, como legítimos tratados da filosofia espírita.

Enriqueceu-se de discernimento e conhecimento, passando à militância no movimento doutrinário e à sua vivência, quanto lhe permitiam as circunstâncias.

Tão habitual se lhe tornou o comportamento espírita, que granjeou amigos devotados, atraindo simpatizantes e estudiosos para a Causa.

Nesse período, experimentou a prova da viuvez, que soube suportar com elevada resignação e coragem, padecendo vicissitudes outras, perfeitamente naturais, que fazem parte da ficha evolutiva de todos nós.

À medida que o sofrimento lapidava-o, mais sintonizava com o amigo espiritual, de quem recebia inspiração e ajuda.

Antes da desencarnação tornou-se, graças ao desejo de todos, responsável pela Agremiação Espírita, à qual doou os melhores esforços.

Palavra segura e portadora de conceitos elevados, as suas palestras de estudo e consolação doutrinários sensibilizavam os ouvintes, que renovavam os clichês mentais ante a meridiana luz emanada de *O Livro dos Espíritos* e de *O Evangelho segundo o Espiritismo*, de Allan Kardec, por ele interpretados com beleza e correção.

Quando retornou, após enfermidade persistente e demorada, em cujo curso demonstrou a excelência da convicção, foi recebido pela Entidade generosa e familiares afetuosos, que o aguardavam em júbilo.

Era o triunfador de retorno ao Lar sob a expectação feliz dos amigos.

A Doutrina, para ele, fora alento e vida, descerrando os painéis da Imortalidade e armando-o da sabedoria que propicia forças para a superação de si mesmo e vitória sobre as conjunturas difíceis.

Nas fronteiras da loucura

Lamentavelmente, não são poucas as pessoas que se acercam do Movimento Espírita desinformadas e pretendem submeter a Doutrina ao talante das suas opiniões, teimando por fazê-la parecer equacionador mágico de problemas secundários, que a cada um cumpre solucionar, ou à cata de prodígios, ou sustentado por superstições e quejandos... Negam-se ao estudo sistemático do Espiritismo, preferindo leituras rápidas, nas quais não se aprofundam, mesmo quando leem, dizendo-se decepcionadas com facilidade leviana, apressadas apenas pelas cogitações socioeconômicas e materiais de outros gêneros.

O Espiritismo, graças ao seu tríplice aspecto, atende a todos os tipos de necessidade do homem terreno, oferecendo campo de reflexões e respostas em todas as áreas do conhecimento.

Numa síntese perfeita, as facetas, sob as quais se revela, abrangem o campo da investigação científica, projetando luz nas causas das problemáticas e dirimindo suposições e sofismas em torno do milagre, do desconhecido, do sobrenatural, que passam a ocupar os lugares próprios.

Sua sonda vem sendo aprofundada, desde Allan Kardec, na gênese das realidades humanas e nas causas espirituais da vida, contribuindo eficazmente para a eliminação dos mitos e tabus contra os quais luta a ciência, verdadeiro coadjutor desta, que nele encontra a razão fundamental de que necessita.

Ao mesmo tempo, o seu conteúdo filosófico sustenta o edifício de uma lógica irretorquível, decorrência natural dos fatos examinados, em proposições vigorosas, possuindo conteúdo idealista insuperável.

Como efeito imediato, a sua ética se estrutura na moral do Cristo e dos Seus apóstolos, sendo religião de amor e caridade, que a fé racional sustenta e conduz.

Separá-lo de qualquer uma das suas faces é o mesmo que o desfigurar, não obstante possa ser vivenciado conforme a capacidade e evolução de cada um, que afina com este ou aquele ângulo, sem prejuízo das demais partes, que lhe formam o corpo doutrinal, harmônico e completo.

O irmão Genézio Duarte passou pela experiência correta, investigando, conscientemente, as bases da Doutrina, não obstante o motivo que o levou à Casa Espírita. Constatada a legitimidade da sobrevivência da alma, adentrou-se pelo estudo da sua filosofia, enquanto prosseguiram as experiências no campo da mediunidade para incorporar à vivência pessoal o comportamento ético-religioso de que se reveste.

Habituado à fé responsável e ao clima de trabalho, logo se refez da grande cirurgia da morte e ajustou-se à Esfera definitiva, pediu e obteve do instrutor permissão para engajar-se na ação profícua do bem, sendo convidado a assessorá-lo, seu amigo e benfeitor que era.

Nos últimos dois decênios tem mourejado com estranhável dedicação nos serviços da verdade, lidando, do nosso plano, em ministérios aqui, quanto ao lado dos companheiros encarnados, na benemérita sociedade onde laborou e noutras atividades para as quais vai convocado ou apresenta-se como voluntário a benefício da comunidade.

A sua função, no posto central, é de relevância, considerando-se a significação de que a mesma se reveste.

Chegando ao pavilhão em que se encontrava o dinâmico mentor, fui convidado a acompanhá-lo no atendimento de urgência a uma jovem mulher em estado de coma.

Ao lado da enferma encontrava-se veneranda anciã, que me parecia ser sua avó, apresentando grande ansiedade na face, embora resignada, confiante.

Os padioleiros que a retiraram da ambulância, porque estivessem informados da delicadeza do quadro, depuseram-na em mesa especial, reservada a certo tipo cirúrgico.

Dois outros Espíritos compareceram, na condição de enfermeiros prestimosos para a intervenção, quando fui informado da terapia cirúrgica a que iriam submetê-la.

Desencarnara há pouco mais de quatro horas, auxiliada na liberação dos vínculos e liames carnais pela avozinha e especialistas no processo.

Somente agora, quando havia cessado o intercâmbio do fluido vital com o corpo, é que fora retirada do local onde o mesmo permanecia, extinguindo-se nele os últimos vestígios de manutenção da vida orgânica, lentamente vencido pela decomposição celular que se instalava.

– *A pequena cirurgia* – esclareceu Dr. Bezerra – *objetiva drenar as cargas de energia venenosa geradas pelo medo e que poderiam trazer demorada perturbação ao Espírito recém-liberto.*

A nossa Ermance era portadora de deficiência cardíaca, resultante de fatores cármicos, quando, em vida pregressa, acionara uma arma de fogo contra o peito, suicidando-se, método de fuga impensado, numa conjuntura afetiva afligente. Os tecidos sutis do perispírito, lesados pela violência, impuseram ao corpo, nesta última romagem da qual se libertava, a modelagem de uma bomba cardíaca deficiente.

De organização física frágil, aos 18 anos, era portadora de uma beleza lirial e enternecedora.

Educada em rígidos princípios religiosos soubera manter-se com dignidade, residindo em zona suburbana próxima da cidade.

Aquiescendo a insistentes convites de amigos, veio observar o Carnaval e passear, sem dar-se conta dos perigos a que se expunha.

O seu grupo, jovial e comunicativo, não passou despercebido de rapazes de conduta viciosa, que lograram imiscuir-se e participar do programa inocente que movimentava.

O médico fez uma pausa, fitando a desencarnada, de semblante marmóreo, imóvel, e prosseguiu:

— Em razão do débito para com a vida, quando subtraiu vários anos, graças à fuga espetacular pelo autocídio, não seria longa a sua atual reencarnação. Poderia lograr alguma moratória, caso estivesse engajada em qualquer atividade de elevado teor, que a necessitasse por mais tempo...

Habilmente convencida por estulto gozador a ouvir-lhe as propostas sedutoras, permitiu-se caminhar um pouco em animada palestra, quando o mesmo a convidou a descansar em casa de pessoa amiga, próxima à larga avenida, onde, dissera, convencionara aguardar os demais membros do grupo. Embora relutasse, foi vencida pelos argumentos melíferos do conquistador.

Em verdade, o local era de frequentadores atormentados, que não despertaram maior suspeita na jovem inexperiente.

Chegados a casa, Ermance deu-se conta da cilada em que caíra, não tendo resistência para lutar com o ágil e perverso escravizador. O medo aterrou-a; a respiração fez-se-lhe difícil e a alta carga de tensão produziu-lhe um choque fatal.

Na leviandade costumeira, o criminoso, que outra coisa não era, senão aliciador de jovens para o comércio carnal, de trato com a encarregada do bordel, aplicou-lhe um lenço umedecido com clorofórmio, cuja dose forte produziu-lhe uma parada cardíaca.

No desespero em que antes se debatia, recordou dos pais e da afetuosa avó que dela cuidara na primeira infância, e da Mãe de Jesus a quem muito amava. O seu apelo de imediato encontrou ressonância, estando a avozinha ao lado, dando-lhe assistência.

A irmã Melide, que já a acompanhava, prevendo o desenlace, em razão das intenções que detectara no jovem de conduta perniciosa, conhecendo, também, o breve trâmite da netinha, no mundo, manteve-se em vigilância. No momento azado, rogou socorro, sendo atendida pelos assessores do nosso campo para a liberação plena do Espírito, após a cessação da vida física...

Quando os infelizes corruptores deram-se conta da desencarnação da jovem, interditaram a recâmara onde ainda lhe retêm o corpo, ora planejando arrojá-lo em algum matagal, depois que a bulha e a movimentação diminuam, ocultando o crime que lhes passará a pesar na consciência culpada doravante.

O narrador silenciou novamente, concatenando raciocínios e premonições.

– Pode-se imaginar – prosseguiu, sinceramente compungido *– a angústia dos amigos que não a levarão de volta ao lar, dos pais e irmãos, a esta altura e no dia seguinte, até que a polícia localize o corpo, prosseguindo o desespero, dia após dia.*

O insucesso amargo, porém, sendo bem suportado, será convertido pelas Leis Divinas em futura paz e renovação da família, que reencontrará nossa Ermance, mais tarde, em situação feliz. O grande choque, fator da desencarnação, num atentado ao seu pudor de moça é o capítulo final da tragédia afetiva, culminada, antes, no suicídio. Pena à ingerência indébita dos criminosos, de que a vida não necessitava!

Tudo, porém, transcorre sob controle superior, obedecendo ao equilíbrio universal, de que somente se tem uma visão mais clara e mais completa deste para o plano terreno.

Logo terminemos a terapia que lhe iremos aplicar e a irmã Melide será destacada para acompanhar a família e sustentá-la, no período em que Ermance aqui ficará em repouso para oportuna transferência e despertamento posterior.

Explicando a técnica da cirurgia a ser realizada, o orientador deu início à mesma, na parte superior do cérebro, na região do *centro coronário,* deslindando tenuíssimos filamentos escuros e retirando-os, ao mesmo tempo que, utilizando-se de um aspirador de pequeno porte, fazia sugar resíduos do centro cerebral, que haviam bloqueado a área da consciência.

À medida que a equipe recorria a instrumentos muito delicados para aquela microcirurgia diante dos meus olhos, a cor retornou à face da jovem e a respiração foi, a pouco e pouco, sendo percebida, em face dos estímulos aplicados na área cardíaca.

Aproximadamente, vinte minutos depois, a paciente, em sono reparador, foi removida para a enfermaria contígua sob cuidadosa assistência, enquanto o dedicado médico pontificou:

– Morrer é fácil. Liberar-se da morte, após ela, é que se faz difícil. Encerrando-se um capítulo da vida, outro se inicia em plenitude de forças. Acabar, jamais!

9

O PROBLEMA
DAS DROGAS

Estava programada, para aquela madrugada, uma reunião, na qual o Dr. Bezerra de Menezes deveria proferir uma palestra, abordando o problema das drogas, que afetava a economia social e moral da comunidade brasileira, numa expansão surpreendente entre os jovens.

O relógio, no edifício da Central, marcava dez minutos para as três.

Um dos módulos do posto fora reservado para o cometimento, que se destinava a trabalhadores do nosso grupo, em fase de adestramento para socorro às vítimas da toxicomania, como a estudiosos do comportamento, que se interessavam pelo magno assunto, tentando auxiliar, na condição de encarnados, com base nas informações e técnicas espíritas.

Fomos convidado a seguir ao local próximo, acompanhando o expositor e alguns outros amigos.

Em lá chegando, observamos a ordeira movimentação.

O espaço comportava cinquenta pessoas bem acomodadas onde, além dos assentos, se encontrava pequena mesa com três lugares reservados e destinados ao palestrante e dois assessores.

Os pequenos grupos de amigos conversavam à entrada e no recinto, recebendo os que foram trazidos do plano físico, portadores de uma boa lucidez para a participação no evento, em desdobramento parcial pelo sono.

Tratava-se de Espíritos habituados a incursões de tal porte, que se deixavam conduzir por seus benfeitores Espirituais, que os preparavam para melhor atividade socorrista em labor desta natureza.

Pude identificar alguns espiritistas que se dedicavam à prática psiquiátrica e à terapia psicológica, pregadores e médiuns, assim como terapeutas não vinculados ao Espiritismo, sociólogos e religiosos em número não superior a vinte. Os demais, desencarnados, eram os responsáveis pela sua movimentação e presença naquele lugar, bem como alguns cooperadores de nossa área de ação, naquele cometimento, durante o período de Carnaval.

O missionário do bem foi saudado com carinho, e muitos encarnados que o viram entrar não sopitaram as exclamações de júbilo ante o acontecimento.

Adentrando-se todos e tomando os lugares, foi iniciada a reunião, exatamente às 3 horas.

Proferida a prece, por um dos assessores que rogava a inspiração superior para o orador, sem qualquer delonga ou inútil apresentação laudatória, o amigo levantou-se e deu início à sua mensagem.

Com a voz modulada em tom harmônico, agradável, que alcançava o reduzido auditório sem maior esforço, passou a examinar a problemática dos tóxicos, após haver-nos saudado com a delicada colocação evangélica dos termos tradicionais, quando a utilizavam os cristãos primitivos: *Paz seja convosco!*

Com segurança e tranquilidade considerou:

– As causas básicas das evasões humanas à responsabilidade jazem nos conflitos espirituais do ser, que ainda transita pelas expressões do primarismo da razão.

Espiritualmente atrasado, sem as fixações dos valores morais que dão resistência para a luta, o homem moderno, que conquistou a lua e avança no estudo das origens do Sistema Solar que lhe serve de berço, incursionando pelos outros planetas, não conseguiu conquistar a si mesmo. Logrou expressivas vitórias, sem alcançar a paz íntima, padecendo os efeitos dos tentames tecnológicos sem os correspondentes valores de suporte moral. Cresceu na horizontal da inteligência sem desenvolver a vertical do sentimento elevado. Como efeito, não resiste às pressões, desequilibra-se com facilidade e foge, na busca de alcoólicos, de tabacos, de drogas alucinógenas de natureza tóxica...

Atado à retaguarda donde procede, mantém-se psiquicamente em sintonia com os sítios, nem sempre felizes, onde estagiou no Além-túmulo, antes de ser recambiado à reencarnação compulsória.

Em face da necessidade de promover o progresso moral do planeta, milhões de Espíritos foram transferidos das regiões pungitivas onde se demoravam para a inadiável investidura carnal, por cujo recurso podem recompor-se e mudar a paisagem mental, aprendendo, na convivência social, os processos que os promovam a situações menos torpes. Dependências viciosas, no entanto, decorrentes da situação em que viviam, dão-lhes a estereotipia que assumem, tombando nas urdiduras da toxicomania.

O palestrante fez uma pausa oportuna, a fim de facultar aos ouvintes o necessário entendimento das colocações expostas, em análises rápidas, logo prosseguindo:

— *O uso de drogas é muito antigo, variando as justificações de acordo com o estágio da evolução de cada povo, sempre, porém, de resultados negativos. Religiosos e ascetas, guerreiros e filósofos, pobres e ricos em variados períodos da*

História utilizaram-se de substâncias vegetais e emanações químicas, de resinas e raízes para alcançar os desejos emocionais que não conseguiam pelos métodos normais, ou para abrir as comportas do entendimento para as viagens místicas, o aumento da coragem, o esquecimento...

No mundo ocidental da atualidade, é indiscriminado o uso de substâncias e vegetais tóxicos, em caráter quase generalizado. Ora para fins terapêuticos sob controle competente, ora para misteres injustificáveis sob direção dos infelizes manipuladores mafiosos da conduta das massas.

Em razão da franquia de informações que a todos alcançam, encontrem-se preparados ou não, os meios de comunicação têm estereotipado as linhas da conduta moral e social de que todos tomam conhecimento e seguem com precipitação. Após, especialmente, a Segunda Guerra Mundial e, mais recentemente, as lamentáveis lutas no sudeste asiático, o consumo de drogas tomou conta do ocidente, em particular, da imatura juventude.

O desprezo pela vida, a busca do aniquilamento resultantes de filosofias apressadas, sem estruturação lógica nem ética respondem pelo progressivo consumo de tóxicos de toda natureza.

Os valores ético-morais que devem sustentar a sociedade vêm sofrendo aguerrido combate e desestruturando-se sob os camartelos do cinismo que gera a violência e conduz à corrupção, minimizando o significado dos ideais da beleza, das artes, das ciências. Vive-se apressadamente, e rapidamente se deseja a consunção.

A incompreensão grassa dominadora, sem que os homens encontrem um denominador comum para o entendimento que deve viger entre todos. O egoísmo responde pelo inconformismo e pela prepotência, pela volúpia dos sentidos e pela indiferença em relação ao próximo. O homem sofre perplexidades que o atemorizam, desconfiando de tudo e de todos, entregando-se a excessos, fugindo à responsabilidade através das drogas.

Faltando lideranças nobres, com expressivas exceções, tomba nas redes bem entretecidas por falsos líderes carismáticos de natureza meramente passional. Escasseiam inteligências voltadas para o bem geral e dedicadas aos valores mais nobres da vida, que polarizem as atenções, fazendo-se exemplos dignos de imitados, em face das justas alegrias e venturas que propiciem e fruam. Esses indivíduos trabalhariam com afinco para a cura dos cânceres sociais, enobrecendo as entidades educacionais e domésticas responsáveis pela preparação e cultivo das mentes em formação.

O ambiente estava magnetizado pelo verbo fluente do expositor, que se deteve numa pausa mais demorada.

Todos os olhares nele se fixavam, denotando a atenção e o respeito.

De imediato, deu curso ao tema:

– *São dias de luta, em que as contestações, mais perturbadoras que saneadoras, tomam o lugar do trabalho são, edificante. Contestam-se os valores da anterior para a atual geração, o trabalho, a ética, a vida, exigindo elevadas doses de tolerância e compreensão, a fim de se evitarem radicalismos de parte a parte.*

O progresso tecnológico torna-se, de certo modo, uma ameaça, um monstro devorador, se não for moderado nos seus limites e no tempo próprio. A automação substitui o homem em muitos misteres e a ociosidade, o desemprego neurotizam os que param e atormentam os que se esforçam no trabalho.

Os homens separam-se, distanciados pela luta que empreendem; unem-se pelas necessidades dos jogos dos prazeres, e nesse dualismo comportamental, a carência afetiva, a solidão instalam seus arsenais de medo, de revolta e dor, propelindo para a fuga, para as drogas. Em realidade, foge-se de um estado ou situação, inconscientemente buscando algo, alguma coisa, segurança, apoio, amizade que os tóxicos não podem dar.

Indispensável valorizar-se o homem, arrancando dele os valores que lhe jazem latentes, manifestação de Deus que ele não tem sabido compreender, nem buscar, por estarem guardados no mundo íntimo, como desafio final para a sua salvação do caos.

Muita falta faz a presença da vida sadia, conforme a moral do Cristo. Fala-se demasiadamente sobre o Evangelho, situando a vivência dos seus postulados em faixas quase inalcançáveis, ou mediante abordagens místicas, que dificultam a racionalização do comportamento dentro das suas diretrizes.

Como terapia para o grave problema das drogas, inicialmente apresentamos a educação em liberdade com responsabilidade; a valorização do trabalho como método digno de afirmação da criatura; orientação moral segura, no lar e na escola, mediante exemplos dos educadores e pais; a necessidade de viver-se com comedimento, ensinando-se que ninguém se encontra em plenitude e demonstrando essa verdade através dos fatos de todos os dias, com que se evitarão sonhos e curiosidades, luxo e anseio de dissipações por parte de crianças e jovens; orientação adequada às personalidades psicopatas desde cedo; ambientes sadios e leituras de conteúdo edificante, considerando-se que nem toda a humanidade pode ser enquadrada na literatura sórdida da "contracultura", dos livros de apelação e escritos com fins mercenários, em razão das altas doses de extravagância e vulgaridade de que se fazem portadores. A estas terapias basilares adir o exercício da disciplina dos hábitos, melhor entrosamento entre pais e mestres, maior convivência destes com filhos e alunos, despertamento e cultivo de ideais entre os jovens...

E conhecimento espiritual da vida, demonstrando a anterioridade da alma ao corpo e a sua sobrevivência após a destruição deste. Quanto mais for materialista a comunidade, mais se apresenta consumida, desequilibrada e seus membros consumidores de droga e sexo em desalinho, sofrendo mais altas cargas de violência, de agressividade, que conduzem aos elevados índices de homicídio, de suicídio e de corrupção.

Nesse ponto, interrompeu a narração por breves instantes, para logo concluir:

– O Espiritismo possui recursos psicoterápicos valiosos como profilaxia e tratamento no uso de drogas e de outras viciações. Estruturada a sua filosofia na realidade do Espírito, a educação tem primazia em todos os tentames e as técnicas do conhecimento das causas da vida oferecem resistência e dão força para uma conduta sadia. Além disso, as informações sobre os valiosos bens mediúnicos aplicáveis ao comportamento constituem terapêutica de fácil destinação e resultado positivo. Aqui nos referimos à oração, ao passe, à magnetização da água, à doutrinação do indivíduo, à desobsessão...

Invariavelmente, defrontamos nas panorâmicas da toxicomania, da sexolatria, dos vícios em geral a sutil presença de obsessões, como causa remota ou como efeito do comportamento que o homem se permite, sintonizando com mentes irresponsáveis e enfermas desembaraçadas do corpo.

Em todo e qualquer cometimento de socorro a dependentes de vícios, recordemo-nos do respeito que nós devemos a esses enfermos, atendendo-os com carinho e dignificando-os, instando com eles pela recuperação, ao mesmo tempo que lhes apliquemos os recursos espíritas e evangélicos, na certeza de resultados finais salutares.

Que o Senhor nos abençoe!

Após sentar-se, o assessor franqueou a palavra aos ouvintes que desejassem propor questões que pudessem redundar em benefício geral e, porque ninguém as fizesse, foi encerrada a reunião.

O benfeitor permaneceu em caráter mais íntimo, cercado pelo interesse de todos, que o ouviam agregar alguns comentários e considerações oportunos, dissolvendo-se a assembleia, minutos depois, quando cada qual volveu aos seus compromissos.

O amanhecer anunciava-se lentamente.

10
MORRER E LIBERTAR-SE

A movimentação prosseguia mais intensa nas atividades do posto central, à medida que a madrugava avançava.

Chegavam os socorridos de emergência dos subpostos, para o conveniente repouso que os prepararia para a transferência definitiva rumo aos núcleos espirituais, ao mesmo tempo que outros necessitados eram recambiados para assistência competente.

Logo chegáramos ao módulo central e um cooperador veio informar o mentor sobre dolorosa ocorrência, que exigia a sua presença, generosa e sábia. Depois de registar o local do acontecimento, esse nos convidou e partimos.

Os desfiles das escolas de samba continuavam pelo amanhecer e os foliões permaneciam excitados, na disputa de lugares de primazia para suas agremiações. As arquibancadas estavam repletas; os refletores de televisão, as equipes de imagem e de rádio agitavam-se, colhendo *takes* e acontecimentos mais ruidosos para os seus aficionados sempre ávidos das impressões fortes.

A regular distância do local para onde nos dirigíamos, vimos a agitação do aglomerado espiritual de características inferiores. A psicosfera densa tresandava, com odores carregados e desagradáveis.

A turbamulta discutia, acaloradamente, e alguns truculentos marginais desencarnados se disputavam direitos sobre as pessoas que tombaram no lutuoso acontecimento.

A menos de cem metros fomos recebidos pelo irmão Agenor, encarregado do atendimento naquela área com um grupo de servidores, que de pronto sintetizou a tragédia.

Eram cinco jovens que pareciam embriagados e trafegavam com velocidade, quando outro veículo fez uma ultrapassagem rápida. O mesmo não concluíra o lance, quando freou violentamente em razão de um obstáculo à frente. Como também desenvolvesse alta velocidade e colhido pelo imprevisto, o jovem que vinha atrás tentou desviar-se, subindo ao passeio e chocando-se contra a balaustrada. O golpe muito forte rompeu a proteção, indo o carro cair nas águas lodosas do mangue, perecendo os seus ocupantes.

Já nos encontrávamos próximos do local, quando veio ao instrutor uma veneranda mulher, desencarnada, que nos saudou e minudenciou, comovida:

– *A par da compaixão que me inspiram os jovens, ora tombados neste trágico insucesso, por imprevidência, sofro o drama que ora se inicia com o meu neto, rapazote de 17 anos, cujo corpo jaz no fundo do pântano entre os ferros retorcidos do veículo destroçado. Na leviandade juvenil, deixou-se arrastar por companheiros igualmente irresponsáveis, vindo a ser colhido pelo infausto desfecho que presenciamos.*

Porque me encontrasse de serviço em local próximo, senti a mente do netinho tresvariando no excesso das alegrias dissolventes. Fui atraída pelo impositivo dos vínculos que nos mantêm unidos, minutos antes, e percebi o que sucederia. Tentei induzi-lo a interferir com o amigo para que diminuísse a velocidade e não consegui. Inspirei-o a que mandasse parar, sob a justificativa de alguma razão, porque estivesse indisposto, e não logrei resultado. A sua mente parecia entorpecida, não me registando o pensamento...

Acompanhei a tragédia, sem nada poder fazer. Receio agora, que ele e os outros venham a cair nas mãos dos irmãos, infelizes vampirizadores das últimas energias orgânicas, que se preparam para os assaltar.

Dr. Bezerra tranquilizou-a com breves apontamentos.

Quando fomos vistos pelos Espíritos estúrdios, doestos, imprecações absurdas choveram sobre nós. Éramos quatro servidores em nome do bem, enquanto os agressores formavam uma horda expressiva, ruidosa e agressiva.

O amigo induziu-nos, mentalmente, à harmonia íntima e à confiança integral, de que nos revestimos, evitando qualquer sintonia com os rebeldes, que nos incitavam a reações indevidas.

— *Chegaram os salvadores!* — baldoou atrevido perseguidor de fácies patibular, retratando todo o infortúnio que fingia não sofrer. — *Vêm em nome do Crucificado, que a Si mesmo nem sequer se salvou.*

Um coro de blasfêmias estrugiu no ar. Punhos se levantaram cerrados e as agressões verbais sucederam-se, ameaçadoras.

— *Formemos uma muralha em torno deles* — rosnou ímpio verdugo, que se aproximou de nós, denotando as suas intenções maléficas — *e impeçamos que se intrometam em nossos direitos. Esmaguemos os impostores, não convidados.*

Percebi o semblante do instrutor, que orava, quanto fazíamos nós outros e, subitamente, ele se transfigurou. Uma luz irradiante dele se exteriorizou, débil a princípio e forte a seguir, envolvendo-nos aos quatro, enquanto começaram a cair leves flocos de delicadíssima substância, igualmente luminosa, que parecia provocar *choques* na malta irreverente, graças às desencontradas reações que eclodiam, no desespero que os assaltou de repente.

– *São feiticeiros perigosos* – pontificaram alguns, que se afastaram assustados –, *desencadeiam o fogo do céu, que nos está a queimar. Fujamos daqui!*

– *São anjos de Deus, que nos podem socorrer* – expressaram os mais infelizes, caindo de joelhos e mãos postas, recordando as atitudes dos seus cultos antigos –, *socorrei-nos e retirai-nos desta vida purgatorial!*

– *São apenas mágicos, utilizando-se de forças mentais que nos não intimidam* – exclamaram os mais pertinazes malfeitores, que teimavam em permanecer. – *Os desgraçados que acabam de morrer são nossos e daqui não arredaremos pé...*

As sentenças acrimoniosas, ensurdecedoras, prosseguiam, enquanto se intensificava a divina resposta à prece ungida de amor.

Um clarão mais forte fez-se de inopino, que atemorizou a súcia furibunda, que se dispersou em verdadeira alucinação.

Rapidamente diluiu a treva densa e desapareceram os comensais da maldade, vítimas de si mesmos que eram, ficando o ambiente respirável.

Permaneciam-me, porém, as impressões fortes da cena de disputa que vira. Eram vagabundos e seres fesceninos, animalescos, lupinos e simiescos, enquanto os que preservavam as formas, embora com anomalias, estavam andrajosos e sujos, formando um quadro dantesco, realmente apavorante.

Eu já possuía alguma experiência nas regiões inferiores e em outras tarefas de assistência, não obstante, aqueles grupos, vitalizados pelas emanações humanas no desenfreio da orgia, pareceram-me mais horripilantes e temerosos.

O benfeitor percebeu-me a perplexidade ao anotar o pedido de socorro dos mais tímidos sofredores, e veio em meu esclarecimento:

— *Não estranhe, irmão Miranda, a nossa atitude de silêncio, nem a interprete como indiferença à dor do próximo. Nossos irmãos doentes não se encontram em desvalimento. O auxílio do Alto nunca falta. Este não é o momento de socorrê-los. A nossa tarefa aqui tem outra finalidade, que devemos atender com presteza.*

O apelo de ajuda resulta-lhes, no momento, do medo e não de um sincero desejo de renovação. Todos respiramos o clima dos interesses que sustentamos. Logo os necessitados se voltem na direção da misericórdia, a terão. Equipes especializadas para esse mister assistem os padecentes, sem que estes se deem conta, apenas aguardando oportunidades que lhes sejam propiciadas pelos enfermos, a fim de ministrar-lhes ajuda.

Confiemos em Deus, sem muitas interrogações de nossa parte.

A palavra, advertência e esclarecimento, alcançou-me no momento próprio, liberando-me e fazendo-me fixar o pensamento no Pai.

Quanto mais violentos e vulgares os comportamentos humanos, mais fáceis presas fazem-se as criaturas, submetidas aos seus algozes desencarnados. Sofrendo-lhes as injunções penosas, sustentam-lhes as forças mediante as densas emanações mentais e exteriorizações fluídicas, nas quais aqueles se locupletam, formando grupos de obsidiados em larga subjugação de refazimento improvável. Exploram-lhes as energias os Espíritos que, por sua vez, passam a depender das vítimas em parasitose inditosa, desequilibrada.

Não havia tempo, porém, para mais demoradas reflexões. A prece do benfeitor atraíra cooperadores das cercanias, que se aproximaram. Na balaustrada, aglomeravam-se algumas pessoas contristadas, comentando a ocorrência. O tráfego se interrompera e as buzinas soavam, inclementes. A polícia fora informada por transeunte prestimoso, mas ainda não chegara.

Os cooperadores que vieram em auxílio, alguns enviados do posto central que captara a oração superior, eram adestrados em diversos tipos de salvamento, inclusive naquele gênero de acidentes.

Os que chegaram do posto haviam-se munido antes de uma rede especial e apresentaram-se.

O mentor convidou-nos à concentração e descemos ao fundo do mangue repleto de resíduos negros, densamente pastosos. Betume e restos de solventes, hulha, petróleo bruto misturavam-se no solo pestilento do canal onde o veículo mergulhara, no qual pereceram, asfixiados, os moços.

Quatro cooperadores distenderam a rede que se fez luminosa, à medida que descia suavemente, sobre os despojos, superando a escuridão compacta.

Observei o mentor acercar-se dos corpos, alguns deles lacerados, com fraturas internas e externas, estampando no rosto as marcas dos últimos momentos físicos. Fortemente imantados aos corpos, os Espíritos lutavam, em desespero frenético, em tentativas inúteis de sobrevivência.

Morriam e ressuscitavam, remorrendo em contínuos estertores... Se gritavam por socorro, experimentavam a água pútrida dominar-lhes as vias respiratórias, desmaiando, em angústias lancinantes.

O motorista falecera no momento do choque, quando golpeara a cabeça, sofrendo imediata concussão cerebral.

A avozinha, que imergira conosco, procurou cooperar no deslinde dos Espíritos em aturdimento, auxiliando com imensa ternura os recém-desencarnados, por fim cuidando carinhosamente do netinho em agonia indescritível.

Sob o comando seguro, os lidadores destrinçaram os laços mais vigorosos, enquanto colocavam os Espíritos na rede protetora, que foi erguida à superfície do mangue, donde foram transferidos para as padiolas que já os aguardavam.

A equipe de *salvamento* prosseguiu liberando os condutos que mantiveram os corpos vivos sob a energia vital do Espírito.

Interrompida a comunicação física, permaneciam poderosos liames que se desfaziam somente à medida que se iniciasse o processo de decomposição cadavérica, em tempo nunca inferior a cinquenta horas, e considerando-se as circunstâncias em que se dera a desencarnação, no caso muito violenta, em período bem mais largo.

Não há mortes iguais. Tendo-se em conta as conquistas morais de cada pessoa, os requisitos espirituais que a cada qual tipificam, os apegos ou não à matéria, as fixações e jogos de interesse, as dependências físicas e mentais, a desencarnação varia de um a outro homem, que experimenta perturbação correspondente, em tempo, ao estado íntimo em que se situa.

Morrer nem sempre significa libertar-se. A morte é orgânica, mas a libertação é de natureza espiritual.

Por isso, essa turbação espiritual pode demorar breves minutos, nos Espíritos nobres, como decorrência da *grande cirurgia* e até séculos, nos mais embrutecidos, que se não dão conta do que lhes sucede...

Nas desencarnações violentas, o período e intensidade de desajuste espiritual correspondem à responsabilidade que envolveu o processo fatal.

Acidentes de que se não têm uma culpa atual, passado o brusco choque, sempre tornam de menor duração o período perturbador do que ocorrendo em condições de intemperança moral, quando o descomedido passa a ser incurso na condição de suicida indireto.

O mesmo sucede nos casos de homicídio, em que a culpa ou não de quem tomba responde pelos efeitos, em aflições, que prossegue experimentando.

Já os suicidas, pela gravidade do gesto de rebeldia contra os Divinos Códigos, carpem, sofrem por anos a fio a desdita, enfrentando, em estado lastimável e complicado, o problema de que pretendem fugir, não raro experimentando a perseguição de impiedosos adversários que reencontram no Além-túmulo, que os submetem a processos cruciais de lapidação em dores morais e físicas, em face da destruição do organismo que fora equipado para mais largo período, na Terra...

A operação de desintegração dos laços fluídicos com os despojos físicos, que ali se realizava, demorou por meia hora, aproximadamente.

Emergimos ao terminá-lo e comovi-me com a ternura com que a avó envolvia o neto adormecido, que estremecia, de momento a momento, sob o efeito das reações venenosas remanescentes do corpo de que se despojara.

Nas fronteiras da loucura

A polícia estava chegando ao local, trazendo um carro-guincho para a operação de retirada do veículo submerso.

Curiosos de um lado e doutro da vida confabulavam, enquanto alguns apresentavam informes e explicações.

– *Partamos daqui* – determinou o orientador –, *pois nada mais há a fazer.*

O Sol brilhava sobre a cidade em meio rebuliço, apesar da música bulhenta em algumas avenidas e o desfile que prosseguia, interminável.

11
EFEITOS DAS DROGAS

Os pacientes foram colocados em recinto especial para o atendimento sonoterápico de algumas horas. Assim que as famílias tomassem conhecimento do infortúnio que as alcançava, a falta de preparo espiritual para as realidades da breve existência corporal desataria o superlativo das aflições, provocando a atração, ao lar, de alguns daqueles seres queridos, ora em condição delicada.

A lamentação e os impropérios, que a ausência de segurança religiosa, a par da angústia enlouquecedora e da revolta, promovendo cenas que poderiam ser evitadas, produzem, no Espírito recém-liberto, maior soma de desconforto, porquanto, atravessando momentos de alta sensibilidade psíquica, automática vinculação ao corpo sem vida e a família, as atitudes referidas transformam-se em chuvas de fagulhas comburentes que os atingem, ferindo-os ou dando-lhes a sensação de ácidos que os corroem por dentro.

Nominalmente chamados, desejam atender, sem poder fazê-lo, experimentando as dores que os vergastam, adicionadas pelos desesperos morais que os dominam.

A misericórdia divina fá-los adormecer, naqueles primeiros períodos, em tentativas de pô-los a repousar, o que dificilmente conseguem, em face dos apelos exagerados dos familiares. E quando logram adormecer, não raro, porque não souberam dignificar os tesouros da vida com a consequente preparação para a viagem inadiável, estando com a mente em desalinho pelo choque da desencarnação, debatem-se em pesadelos afligentes, que são liberação de imagens perturbadoras das zonas profundas do inconsciente...

Para uma reencarnação completar-se, desde o primeiro instante quando da fecundação, transcorrem anos que se alargam pela primeira infância. É natural que a desencarnação necessite de tempo suficiente para que o Espírito se desimpregne dos fluidos mais grosseiros, nos quais esteve mergulhado...

A violência da forma como ocorre mata somente os despojos físicos, nunca significando libertação do ser espiritual.

Enfermidades de longo curso, suportadas com resignação, liberam da matéria, porque o Espírito tem tempo de pensar nas lídimas realidades da vida, desapegar-se das pessoas, paixões e coisas, pensar com mais propriedade no que o aguarda, depois do corpo, movimentando o pensamento em círculos superiores de aspirações.

Recorda os familiares que já partiram e a eles se revincula pelos fios delicados das lembranças, deles recebendo inspiração e ajuda para o desprendimento do organismo fisiológico.

As dores morais bem-aceitas facultam aspirações e anseios de paz noutras dimensões, diluindo as forças constritoras que o atam ao mundo das formas.

O conhecimento dos objetivos da reencarnação, o comportamento correto no exercício das funções físicas contribuem, também, para a desimantação, quando do fenômeno da morte.

Com essas colocações não se pretende transformar a vida num sofrer sem esperanças, num renunciar sem limites, longe da alegria e do concurso da paz.

Ocorre que o tempo, no corpo, tem finalidade educativa, expurgadora de mazelas, para o aprimoramento de ideais, em vez de constituir uma viagem ao país do sonho, com o prazer e a inutilidade de mãos dadas.

Como ninguém que se encontre na investidura carnal passará indene sem despojar-se dela, muito justo se torna um treinamento correto para enfrentar o instante da morte que virá.

O Espírito é, no Além, o somatório das suas experiências vividas.

Desse modo, era de esperar-se que aquelas providências atenuassem a situação dos rapazes recolhidos ao amparo em nossa área de serviço.

A providência inicial de evitar que caíssem sob o guante dos usurpadores de força, por si só, constituía uma grande conquista de que se beneficiavam desde já.

Acercando-me de D. Ruth, a atenciosa avó de Fábio, o jovem por cujo amor a devotada trabalhadora rogara ajuda para todos, informei-me do mecanismo pelo qual o nosso benfeitor fora cientificado da ocorrência.

Quando ela intentou desviar o curso do desastre e não obteve resultados, pôs-se a orar, desligando-se, mentalmente, do que presenciava e recorreu, pelo pensamento, à ajuda do posto central, dedicado a essas emergências. Os aparelhos seletores de preces e rogativas registaram o apelo, e um sinal, na sala de controle, deu notícia da gravidade e urgência da solicitação. Decodificado, imediatamente, pelos encarregados de tradução das mensagens, o que se faz com muita prontidão, um assistente comunicou o fato, conforme eu ouvira, ao incansável instrutor.

Não me houvera dado conta antes de como o Centro de Comunicações captava as notícias e selecionava aquelas que mereciam ou necessitavam deste ou daquele tipo de atendimento.

No caso de Julinda, eu soubera da prece de D. Angélica, ali captada, que dera início à visita e às outras tarefas que se iriam processar posteriormente. Não tinha ideia, porém, de como funcionava o mecanismo delicado, que era dentro dos mesmos moldes em relação aos desencarnados.

Compreendi, a partir de então, que o intercâmbio mental, lúcido, não é tão corriqueiro, especialmente em campo de ação do porte em que nos movimentávamos sob as fortes descargas psíquicas do mais baixo teor.

Dentre muitos outros, este fora um dos fatores que impuseram a edificação do complexo de atendimento, nos moldes em que se apresentava, utilizando-se de recursos compatíveis com a faixa de vibrações terrenas...

D. Ruth relacionou, sucintamente, a sua última viagem carnal e os vínculos que a mantinham presa ao neto adormecido. Fora seu filho em etapa anterior, que exorbitara da posição social e política a que se vinculava, responsabilizando-se por graves quão desditosos acontecimentos.

Despertara ódios, quando pudera haver estimulado o amor; semeara dores, possuindo meios de facultar bênçãos; servira-se de muitos, sem haver servido como devia.

Seus conselhos de mãe não lhe encontravam ressonância e ela não se exculpava da educação que lhe dera, sem a disciplina que o formaria melhor para as funções que lhe estavam reservadas...

Ela desencarnara aos quarenta anos, por abusos que cometera, na condição de autocida indireto, indo estagiar em redutos de sombra e dor, na Erraticidade inferior.

Terminada a tarefa, suportada com estoicismo e lenificada pelas ações de benemerência a que se entregava, ela pôde fruir de paz, não sem experimentar compreensíveis penas pelo que sucedia ao filho.

Esforçou-se e trabalhou, com denodo, conseguindo, a sacrifício, resgatá-lo dos dédalos em que ele se depurava e encaminhá-lo a local de tratamento, em que ele se exercitou, predispondo-se ao trabalho edificante.

A reencarnação fazia-se indispensável para atenuarlhe as faltas e amortecer as impressões mais duradouras, remanescentes dos sítios em que se detivera por quase uma trintena de anos.

Os títulos morais que a exornavam favoreceram-na com o renascimento anelado, oferecendo os meios que propiciassem ao filho o retorno ao campo de lutas, o que se daria um pouco mais de quarto de século depois, na condição de neto querido.

Recebeu-o com inexcedível júbilo, no seio de pais afetuosos que participaram das ocorrências antigas, de algum modo corresponsáveis pelos deslizes de quem agora, volvia, dependente, necessitando de crescimento, quanto eles próprios.

Por sua vez, cumprida a tarefa essencial para a qual comparecera à reencarnação, volveu, há quase dez anos, deixando o ser querido, que também a amava, em infância plena de promessas.

A amiga, após narrar os fatos, enxugou algumas lágrimas e concluiu:

– A morte, nestas circunstâncias, constitui impositivo da Lei, que ele não soube evitar, significando imperioso resgate das antigas faltas que culminaram no suicídio indireto.

A dor que os pais experimentarão a partir de agora significa a presença da justiça alcançando-os, em razão da conivência passada, de alguma forma responsáveis que foram nos erros que ele perpetrara e nos quais também se comprometeram.

Ninguém dilapida os dons de Deus, permanecendo livre da reparação.

Calou-se, no momento em que Dr. Bezerra chegava para visitar os jovens em repouso.

O abnegado médico examinou o motorista e não teve dúvidas em afirmar:

– O nosso amigo buscava o acidente, em razão da ingestão de drogas que se permitira.

Detendo-se no exame do Espírito, apontou a área dos reflexos e ações motoras, referindo-se:

– Ei-la praticamente bloqueada, após a excitação provocada pelas anfetaminas que foram usadas, sob forte dose venenosa, que terminaria, ao longo do tempo, por afetar os movimentos, provocando paralisia irreversível.

As drogas liberam componentes tóxicos que impregnam as delicadas engrenagens do perispírito, atingindo-o por largo tempo. Muitas vezes, esse modelador de formas imprime nas futuras organizações fisiológicas lesões e mutilações que são o resultado dos tóxicos de que se encharcou em existência pregressa.

De ação prolongada, a dependência que gera desarticula o discernimento e interrompe os comandos do centro da vontade, tornando os seus usuários verdadeiros farrapos humanos, que abdicam de tudo por uma dose, até a consumpção total, que prossegue, entretanto, depois da morte...

Além de facilitar obsessões cruéis, atingem os mecanismos da memória, bloqueando os seus arquivos e se imiscuem nas sinapses cerebrais, respondendo por danos irreparáveis.

Por seu turno, o Espírito regista as suas emanações, através da organização perispiritual, dementando-se sob a sua ação corrosiva. Quando isto ocorre, somente através de futuras reencarnações consegue restabelecer, a contributo de dores acerbas e alucinações demoradas, o equilíbrio que malbaratou.

Após ligeira pausa, afirmou:

— *Nosso jovem amigo já se habituara ao uso de substâncias fortes, que lhe danificaram a organização espiritual.*

Prosseguindo, examinou os demais, fazendo referências semelhantes para comentar:

— *O nosso Fábio estava sendo iniciado. Já passara pelas experiências do uso da maconha, experimentando agora as anfetaminas perigosas. Pode-se perceber-lhe o efeito vasoconstritor, particularmente na área cerebral, que lhe produziu, a princípio, estímulo e, logo depois, entorpecimento.*

Eis por que não sintonizou com a interferência psíquica da irmã Ruth.

Felizmente, não teve tempo de afetar-se mais profundamente, facultando, de algum modo, retornar com menos responsabilidade negativa, em condições de ser ajudado.

Confiemos em Deus e mantenhamo-los em psicosfera repousante, repetindo, de hora em hora, o recurso do passe anestesiante, com que se vitalizarão para os embates próximos, que os aguardam.

Silenciando, convidou-nos depois para a oração coletiva no posto central com irradiação pelos subpostos.

Eram 6 horas da manhã de terça-feira de Carnaval.

12
DESPERTAMENTO EM OUTRA REALIDADE

Do Centro de Comunicação, acompanhado pelos assessores e auxiliares investidos de mais alta responsabilidade, como fizera desde quando foi instalado o posto, Dr. Bezerra, comovidamente, orou, saudando a oportunidade nova e agradecendo ao Senhor da vida as dádivas concedidas pelo Seu amor, através do trabalho da caridade, junto aos sofredores do mundo.

Enquanto o Sol lá fora brilhava em ouro, anunciando um dia em temperatura elevada, no posto de socorro, na unção da prece, diamantina claridade envolvente irradiava-se do Mensageiro incansável, restaurando-nos as forças, vitalizando-nos para os cometimentos porvindouros.

Algumas horas depois, o nosso diretor foi procurado pela irmã Melide, que retornava do antigo lar onde a angústia se instalara.

Como os amigos de Ermance não voltassem a encontrá-la – ela havia sido propositalmente desviada do grupo pelo pérfido sedutor – após procurá-la por largo tempo, volveram a casa e cientificaram aos pais da jovem o ocorrido, tentando tranquilizá-los com a alegação de que ela não se encontrava a sós, no momento de distração, quando se separaram na multidão.

O argumento, porém, ao invés de acalmar os genitores mais os inquietou, considerando que a filha era de hábitos morigerados, não se permitindo sequer leviandades próprias à sua idade.

— *Naquele momento* — esclareceu a avozinha —, *tentei interferir junto à mãe aflita, induzindo-a a comunicar-se com a polícia.*

Já era dia, quando essa providência foi tomada e o genitor veio à cidade, recorrendo à Delegacia Central, na expectativa de colher quaisquer resultados.

Às 9 horas, o cadáver foi encontrado e encaminhado ao necrotério para a necropsia e posterior identificação. Logo informado, o genitor encaminhou-se para lá, deparando-se com o quadro que o dominou com superlativa aflição. Tratava-se da filhinha morta que, após necropsiada seria o corpo liberado para sepultamento.

A irmã Melide não ficou insensível ao sofrimento do genro, que chegou ao lar transido de dor, que não pôde ocultar à esposa, apesar do esforço envidado para diminuir-lhe o choque da notícia.

Após enxugar as lágrimas, ungidas de resignação e confiança nos desígnios superiores, continuou:

— *A filha, surpresa, foi acometida de pânico, deixando-se abater em terrível desespero. Logo vencida por um vágado, providenciou-se um médico que vela, à sua cabeceira, ministrando assistência especializada.*

Nos breves momentos em que a síncope a acometeu, procurei falar-lhe, imprimindo ânimo e submissão ante o infortúnio. Agora dorme sob a ação de um sedativo.

Dr. Bezerra escutou em silêncio e propôs:

— *Vejamos como passa Ermance.*

Quando chegamos próximos ao seu leito, o enfermeiro notificou-nos que, subitamente, a paciente começou a dar sinais de inquietação, como se experimentando forte pesadelo.

O mentor aplicou-lhe recursos fluídicos e informou à irmã Melide que era todo conveniente despertá-la para o primeiro encontro com a realidade, de modo a interromper a comunicação com o lar, donde chegavam os pungentes apelos, quais dardos que a alcançavam, dilacerando as fibras íntimas e fazendo-a reviver as cenas que culminaram com a desencarnação.

Esta era a razão por que se encontrava agitada.

A avó, algo ansiosa, aguardou o momento, em recolhimento mental, enquanto se ministravam recursos que dispersavam os fluidos soníferos.

Gemendo, Ermance despertou, um tanto aturdida, com sinais de disritmia cardíaca, muito pálida e com a respiração ofegante.

Ao tentar assenhorear-se da enfermaria, distinguiu, na tênue névoa que lhe imprecisava a visão, a querida avozinha acercando-se do leito.

A surpresa se lhe estampou na face e, sem qualquer receio, embora a fraqueza orgânica de que dava mostra, distendeu os braços e falou, vagarosamente:

– *Deus meu!... Estou sonhando... Vovó querida, ajude-me!...*

O nobre Espírito acercou-se quanto pôde e enlaçou-a com indescritível ternura, em silêncio. Ergueu-lhe a cabeça e o tórax e os apoiou no regaço que brilhava tenuamente.

A moça, dando-se conta da presença inconfundível da familiar amada, queixou-se, em tom de súplica:

– *Fui raptada e querem matar-me. Tenho muito medo. Quero voltar para casa...*

E prorrompeu em dorido pranto.

Sem se perturbar de forma alguma, a estrênua Melide pareceu niná-la e respondeu, pausadamente, a fim de facultar-lhe um registro lúcido:

– *O rapto não se consumou, meu bem. Tudo está bem. Estamos juntas. Você voltará para casa logo mais. Agora se acalme e lembre-se da oração.*

Denotando menos pavor sob a indução magnética da palavra e da irradiação calmante que recebia, inquiriu:

– *Estou sonhando com você, vovó? Que bom!*

– *De certo modo* – redarguiu a senhora – *você está despertando de um sonho demorado no corpo, a fim de adentrar--se na realidade maior da vida...*

Assustando-se, a jovem retrucou:

– *Digo sonho, porque você já morreu...*

– *Que palavra imprópria é morte* – respondeu, segura, a extremada benfeitora, dando oportuno toque de humor à expressão –, *em considerando que não existe o aniquilamento e sim o fechar-se de um ciclo restrito de vida, para abrir-se outro muito mais amplo.*

– *Eu sei* – confirmou, ainda com dispneia –, *mas sucede que você já não pertence ao número dos que se encontram na Terra...*

– *Por largos séculos* – esclareceu, didática – *pertence-remos à Terra,* nosso país *de origem, nossa bólide especial de viagem para o porto da felicidade. O corpo é frágil veste que se rompe, libertando o ser espiritual, que é indestrutível.*

Nas fronteiras da loucura

Fazendo uma pausa própria para bem situar as palavras e atingir resultados, tornou o semblante muito tranquilo e dúlcido, informando:

— *Você agora, filhinha, ficará comigo respirando novo ar, longe da doença, do medo, da aflição que logo baterão em retirada. Você está viva, não esqueça, e lúcida, sob o carinhoso amparo de Deus...*

— *Não quero morrer, vovó!* — interrompeu-a o Espírito, denotando receio.

— *Não morrerá, minha querida* — afirmou, com entonação de voz propiciadora de segurança. — *Você está livre, viva... Já venceu a morte.*

A moça pareceu desmaiar, mas balbuciou:

— *Eu quero ir para casa. Mamãe, papai...*

— *Irá, sim* — concluiu a irmã Melide, acarinhando a cabeça da neta. — *Iremos juntas. Tudo está bem. Encontramo-nos mergulhadas no Amor de Deus, que nunca nos desampara.*

Durma, esquecendo as aflições do mundo, para sonhar com as alegrias do Céu. Descanse, meu amor.

Colocou a cabeça de Ermance sobre a almofada, levantou-se e contemplou-a.

O sono era entrecortado de soluços.

O benfeitor começou a aplicar energias sedativas, que anestesiaram o Espírito, precatando-o dos sofrimentos e apelos vigorosos que agora e por algum tempo chegariam dos pais, duramente vergastados pela infortuna moral.

Posteriormente, fomos à residência da família de Ermance, seguindo à capela onde seus despojos carnais eram velados e o mentor, auxiliando os pais atoleimados, infundiu-lhes ânimo, robustecendo-os com forças que lhes propiciassem alento para os testemunhos purificadores.

Graças à vigilância da irmã Melide e de mais alguns cooperadores do nosso grupo, que passaram a assistir o corpo vencido, desde a hora em que se consumou o crime, este não foi vampirizado nas suas últimas energias por Espíritos inditosos. E porque tudo estivesse sob devido e salutar controle, retornamos à sede, o amigo e eu.

Nesse interregno, por solicitação de D. Ruth, estivemos acompanhando o processo de adaptação dos jovens acidentados.

Em momento próprio, o atendente Agenor comunicou-nos a retirada do veículo do mangue e a condução dos corpos para o necrotério.

O mentor permaneceu na enfermaria, pelo período em que tinha curso a necropsia para a identificação da *causa mortis* e outros comportamentos legais.

Observamos que os Espíritos, mesmo distanciados dos corpos que se faziam examinados, retratavam as ocorrências que os afetavam, provocando sensações cruciantes.

O motorista, por ser incurso em maior responsabilidade, manteve-se em sono agitado por todo o tempo.

Devido às fortes vinculações com a matéria, experimentava as dores que lhe advinham da necropsia de que o corpo era objeto. Embora contido por enfermeiros diligentes, sofreu cortes e serração, profundos golpes nos tecidos e costuras...

Recordemos que se encontrava sob amparo, não ficando, todavia, isento à responsabilidade pelos erros que a juventude estroina lhe facultara.

Em necropsias, muitos Espíritos que se deixaram dominar pelos apetites grosseiros e se fixam apenas no corpo, quando não fazem jus a assistência especializada,

Nas fronteiras da loucura

enlouquecem de dor, demorando-se sob os efeitos lentos do processo a que foram submetidos os seus despojos.

Desse modo, cada um dos jovens, apesar de todos haverem desencarnado juntos, no mesmo momento, experimentava sensações de acordo com os títulos que conduziam, de beneficência e amor, de extravagância e truculência.

As necropsias demoraram mais de uma hora, durante a qual a assistência do bem procurou diminuir os sofrimentos dos recém-chegados.

Fábio, por ser menos comprometido, recebeu mais alta dose de anestésico, vivendo o drama psiquicamente, algo liberado das dores *carnais* que os outros, em maior como em menor escala, haviam sofrido.

Passada essa fase, volveram ao sono, embora em agitação.

Correspondendo à hora do reconhecimento e translado dos corpos pelos familiares para as providências da inumação cadavérica, acompanhamos o despertar de quase todos, sob os duros apelos dos pais e irmãos, partindo, semi-hebetados, para os atender...

Explicou-nos o diretor amável:

– *As nossas providências de socorro não geram clima de privilégio, nem protecionismo injustificável. Cada um respira a psicosfera que gera no campo mental. Todos somos as aspirações que cultivamos, os labores que produzimos.*

O Senhor recomendou-nos dar a quem pede, abrir a quem bate, facultar a quem busca, dentro das possibilidades de merecimento dos que recorrem ao auxílio. Como não somos servidores da violência, o nosso é o albergue da paz para aqueles que sintonizem com os métodos da esperança e da resignação com vistas ao trabalho renovador.

Quando albergamos os nossos jovens, na condição de humildes cireneus, objetivamos ampará-los da agressão perniciosa das Entidades vulgares, portadoras de sentimentos impermeáveis à compaixão e à misericórdia... Mercê de Deus, conseguimos o tentame. A cruz, porém, é intransferível, de cada qual. Podemos ajudar a diminuir-lhe o peso, não a transferi-la de ombros.

Esperemos e observemos!

Calou-se e ficamos atentos.

A agitação era geral. Podíamos observar que rápidas *flechadas* de forte teor vibratório os alcançavam, fazendo-os estremecer, estorcegar.

O motorista subitamente apresentou uma fácies de loucura, ergueu-se, trêmulo, respondendo algo com palavras desconexas e como que envolto pelo fio de densa energia que o alcançava, pereceu sugado, desaparecendo...

– *Foi atender* – elucidou Dr. Bezerra – *aos que o chamam sob chuvas de blasfêmias e acusações impróprias.*

A família soube, pela Polícia, que ele havia ingerido alta dose de drogas, o que parecia responder pelo acidente, provocando, a informação, mágoa e revolta nos pais.

Em continuação, mais dois se evadiram do local de amparo obedecendo ao impositivo evangélico: "Onde estiver o tesouro, aí estará o coração".

Fábio e outro amigo, porque não se encontrassem muito comprometidos com os vícios e viessem de uma estrutura familiar mais digna, foram poupados à presença do cadáver e às cenas fortes que se desenrolaram antes e durante a inumação dos corpos.

Não se furtariam, é certo, ao mecanismo de recuperação, apesar da ajuda da antiga mãezinha, que o reembalava nos braços, na condição de avó.

Nas fronteiras da loucura

Desperta-se, cada dia, com os recursos morais com que se repousa à noite.

Além do corpo, cada Espírito acorda conforme o amanhecer que preparou para si mesmo.

13
EXPERIÊNCIAS NOVAS

No último dia do Carnaval carioca, aguardávamos maior soma de atividades, em razão dos excessos a que normalmente se entregam as pessoas, despedindo-se uns da festa e outros do corpo que enferma, sem possibilidade de recuperação.

Moléstias graves se instalam em oportunidades dessas; comportamentos morais se alteram sob o açodar dos apetites desmedidos; distúrbios afetivos surgem após tais ilusões que passam; soçobros financeiros ficam em cobranças demoradas como efeitos perniciosos da utopia.

Os homens, porém, sem dar-se conta da necessidade de espairecimento sem destruição da vida, da alegria sem o apelo à desordem, e do prazer sem o comprometimento moral, fixam-se nas fugas espetaculares à responsabilidade, permitindo consumir-se inutilmente e alongando por lago período a frustração não atendida, a sede e a fome não saciadas...

O movimento, em nosso plano de ação socorrista, foi contínuo.

Pôde-se recolher grande número de desencarnados em lastimável estado que, no fragor das festas, se dava conta da inutilidade dos caprichos que sustentava, chorando copiosamente, em arrependimentos sinceros, inesperados. Cansados da busca do fútil, despertavam para outros valores, recebendo imediato auxílio, desde que, onde se encontram as necessidades reais, logo surge o amparo próprio distendido em atitude socorrista.

A luta sistemática do engodo contra a realidade, na personificação do transitório mal contra o permanente bem, ceifa muitas esperanças naqueles que, fracos, nos embates, e sem segurança robustecida, nas ações, são vencidos pela debilidade que neles se sedia.

Não há como negar-se que o homem é o artífice do seu destino, sendo feliz ou desventurado conforme eleja o procedimento que se deve impor.

Certamente que a opção se faz de difícil vivência, quando escolhe a dignidade e o sacrifício dos interesses inferiores. Todavia, os júbilos que se fruem e as bênçãos que se colhem são maiores e mais compensadores, em relação às outras satisfações que se experimentariam.

Às 15 horas, fomos solicitados por dedicado companheiro, a um socorro de emergência.

Tratava-se do irmão Artur, eficiente médico de nossa esfera de ação, desencarnado há pouco mais de um lustro.

Aportara no Mundo espiritual caracterizado por incontáveis ações de dignidade humana e filantropia. Com menos de quarenta anos realizara uma obra relevante junto aos enfermos, como missionário da Medicina, em Clínica Geral. Não amealhara fortuna, em razão da bondade inata. Muito estimado, vivia com dignidade, sem ultrapassar os limites do equilíbrio social.

Deixara no campo de lutas a viúva, igualmente jovem, e uma filha adolescente por quem nutria entranhada afeição.

Nas fronteiras da loucura

A esposa fora-lhe uma provação bem suportada. Exigente e ambiciosa, rebelava-se por não alçar mais amplos, venturosos e infelizes voos morais.

Ele a ajudara com toda a franqueza do caráter diamantino, sem conseguir melhores nem mais proveitosos resultados.

Do *nosso lado*, prosseguira dedicado e constante, tentando mantê-la em harmonia, não conseguindo o quanto pelo que lutava.

Nas crises de revolta que a assenhoreavam, periodicamente, ela o inculpava, amaldiçoando-lhe as lembranças.

A filha sofria a incompreensão da genitora, que a não perdoava por cultuar a memória paterna.

Como efeito negativo, a jovem sensibilizou-se com a afeição sem profundidade de um colega de faculdade e consorciou-se, estimulada pela mãe, aos dezoito anos.

Porque o rapaz não dispusesse de recursos para a manutenção do lar, a sogra ofereceu a casa para que ali ficassem com ela, até que as circunstâncias melhorassem...

A convivência perigava a olhos vistos, muito embora todos os recursos que eram possíveis de canalizar emocionalmente, e que o irmão Artur os propiciasse.

Conhecíamos a sua cruz oculta.

Quando do estabelecimento do posto, ele ofereceu-se como voluntário para cooperar na emergência, de modo a poder visitar com mais assiduidade, naqueles dias, os familiares queridos.

— *Trata-se da filhinha!* — informou, transparecendo grande desconforto moral. — *Foi levada de urgência ao Hospital Souza Aguiar.*

Silenciou sopesando as palavras, para concluir, sucinto:

— *Noemi intentou o suicídio, há pouco...*

As lágrimas umedeceram-lhe os olhos.

– *Rogo providencial socorro para ela* – adiu, emocionado –, *conforme a vontade de Deus. Será um desastre se ela retornar nesta condição...*

Vi Dr. Bezerra concentrar-se, como recolhendo informações e diretrizes que nos escapavam, após o que se propôs a visitá-la, respondendo:

– *Sigamos para lá. Não há tempo a perder.*

Quando chegamos ao nosocômio, a movimentação era grande. Enfermos e acidentados, familiares em visita e profissionais agitavam-se em azáfama contínua.

O irmão Artur levou-nos a uma sala cirúrgica, onde a jovem recebia assistência competente.

– *Tentou cortar os pulsos* – informou contristado.

Recebendo oxigênio e transfusão de sangue, suturavam-se-lhe as veias, nervo e artéria quase que totalmente seccionados em ambos os braços, com maior comprometimento do braço esquerdo.

A respiração era débil, quase imperceptível pela brutal hemorragia que fora contida parcialmente com torniquetes providenciais.

Subitamente, um dos médicos que olhava o osciloscópio exclamou:

– *Parada cardíaca! Massagem, depressa...*

Naquele momento, o orientador apontou a jovem, quase totalmente desprendida do corpo, em agitação frenética, sob domínio de impenitente obsessor, que lhe gritava:

– *Quiseste morrer e assim será. Não escaparás. Não volverás ao corpo infame que desdenhaste. Agora é conosco.*

Não pude compreender bem o que se passava e não havia tempo para tanto.

Enquanto prosseguiam as massagens sem resultado, o cirurgião solicitou o cardioversor elétrico para a aplicação de choques, na esperança de reavivar o músculo cardíaco.

Vi Dr. Bezerra aproximar-se do algoz e deixar-se perceber na grandeza comovedora da sua humildade.

O Espírito cruel, defrontando-o, blasonou:

— *Ela é minha. Ninguém a tomará de mim. Veio às minhas mãos por livre e espontânea vontade. Não a deixarei!*

— *Não sou eu quem te tomará o ser que amesquinhas* — ripostou, sereno —, *senão o Nosso Pai, Senhor do todos nós. A hora não é chegada para que ela retorne. Desse modo, se a reténs, serás o responsável pelo crime de homicídio consciente... Além do mais, o acontecimento será como quer o Criador e não como desejemos nós. Esta é a tua vez de ceder...*

A voz era gentil, mas decidida; suave, porém segura, não dando alternativa a dubiedade de ação.

O carrasco impudente estremeceu e retrucou:

— *Não a cederei. Só à força. Venha tomá-la.*

O desafio chocou-nos. Era a primeira vez que eu defrontava uma cena de tal porte.

Entidades perversas e vagabundas que por ali transitavam foram atraídas e começaram a chacotear.

Sem qualquer ressentimento ou desprezo pelo malfeitor, o amigo dos sofredores silenciou, em prece de profundo recolhimento.

Enquanto isso sucedia, o irmão Artur semi-incorporava o médico, que aplicou a primeira descarga elétrica na área do coração. O corpo semimorto foi sacudido com violência, após o que recebeu a segunda dose...

À medida que se concentrava, Dr. Bezerra começou a irradiar poderosa luz que saía do seu *plexo solar*, inundando a sala de forte claridade espiritual.

– *Em nome de Deus* – ordenou então –, *devolva esta jovem ao seu corpo!*

O Espírito da treva ficou paralisado sem compreender a ocorrência. Soltou o Espírito, que sentiu o impacto das descargas elétricas e o forte apelo da matéria debilitada, parecendo, à nossa visão, que era violentamente sugado pelo invólucro carnal.

O coração voltou a pulsar, fraco a princípio, mais regular depois, permitindo a conclusão do atendimento cirúrgico.

Não sabia o que fixar: se o irmão Artur em comovido pranto de júbilo, se a justa entre o amor e o ódio, o perdão e a vingança, longe dos olhos terrenos, naquele santuário onde a vida física era decidida, em perfeito entrosamento: Espíritos e homens adestrados.

O diretor impertérrito, sem demonstrar vitória alguma, prosseguiu:

– *A vida é patrimônio de Deus e todos nos encontramos situados nela com propósitos superiores que nos estão reservados. Todos conduzimos enganos lastimáveis, que são frutos da nossa ignorância, igualando-nos, de certo modo, nos erros e diferenciando-nos nos acertos.*

A sua anuência, meu amigo, é abençoado acerto, que lhe descerra oportunidade nova, de que todos podemos gozar. O bem é inexaurível nascente, que flui sem cessar, sempre melhor para quem o distende aos outros.

Observe, agora, em nome de Deus.

Um grande silêncio se abateu sobre a sala.

As Entidades ruidosas calaram-se, atemorizadas.

Nas fronteiras da loucura

Permanecia a luminosidade.

O Espírito pareceu tornar à realidade. Antes de assumir a atitude habitual de maldade, viu adentrar-se e seguir na sua direção um ser espiritual que desencarnara com a idade física de oito anos, aproximadamente, acompanhado de veneranda Entidade.

A pequenina ergueu os braços e exclamou, entre soluços:

– *Papai! Paizinho, meu paizinho!...*

A surpresa aturdiu-o. Mas a pequenina atirou-se-lhe nos braços, enquanto a aconchegando de encontro ao peito, ele, por sua vez, respondeu:

– *Filhinha! Alma da minha alma! Mamãe!...*

...E afogou-se em pranto de emoção superior, desde há muito represado.

A anciã era sua genitora que lhe trazia a filhinha inesquecida, de quem ele estava distante pela própria incúria.

Todos nos comovemos, sinceramente felizes com o resultado da pugna...

A este tempo, Noemi, anestesiada, estava sendo removida para a Unidade de Terapia Intensiva.

Os três afetos recobravam o tempo da longa separação em demorado amplexo de ternura e saudade.

A genitora osculava o filho, a "ovelha que se extraviou" e agora "fora encontrada", enquanto ele, sem conter as lágrimas, não conseguia falar, sem saber a quem mais afagar: se à mãe ou à filhinha.

Naturalmente, o benfeitor retomou a compostura habitual, simples e nobre.

Nesse momento, a senhora interrogou o mentor do trabalho:

– *Poderíamos hospedar o meu filho no posto de socorro, para o tratamento inicial antes de o transferirmos para outra Estância?*

– *Com inefável prazer* – ripostou o jovial e respeitável Bezerra.

O irmão Artur retirou o pequeno *walkie-talkie* e comunicou-se com o acampamento, solicitando veículo e padioleiros para o transporte do novo paciente.

Ali mesmo, sob o carinho dos familiares, o antigo perseguidor foi socorrido com passes que o amolentaram, auxiliando-o na desintoxicação psíquica de que necessitava, adormecendo, para facilitar-se-lhe o transporte.

A genitora e a filhinha acompanharam-no, felizes e reconhecidas.

Posteriormente, soube que no instante da reflexão profunda do Dr. Bezerra, ao ser notificado do atentado suicida de Noemi, esse fizera uma consulta, cujo método me escapou, aos Centros de Informação de nossa esfera, a respeito do conteúdo obsessivo no problema, simultaneamente quem se encontrava envolvido e como alcançá-lo...

Enquanto nos dirigíamos ao hospital, mensageiros diligentes providenciaram a vinda dos familiares do perseguidor, que aguardavam, em oração e vigília no bem, por momento semelhante, a fim de atingi-lo para a própria redenção.

Fomos rever Noemi, na sala da UTI, acompanhados pelo venturoso Artur, que não ocultava a emoção, nem o reconhecimento.

Utilizei-me da circunstância e indaguei, objetivando esclarecer-me:

– *Se o nosso irmão persistisse no erro, no propósito nefasto, negativo, que recursos seriam utilizados?*

Nas fronteiras da loucura

O benfeitor, sem enfado, informou-me:

— *Não há força que suplante o amor. Recorrendo à fonte sublime do Amor sem Limite, através da oração, fomos visitados pela resposta superior do Céu, que o dulcificou, num átimo, fazendo-o recordar-se da própria filhinha, que um dia fora raptada da sua companhia.*

O amor que nele estava enfermo, escravo da revolta, rompeu as amarras e ele cedeu, o que lhe facultou sintonizar com os afetos familiares, convidados para aquele momento.

Noutras tentativas, em circunstância diversa, ambas estiveram próximas, buscando alcançá-lo, sem o conseguirem, porque ele se encontrava encerrado em si mesmo. Se a pessoa não se volta, não se descerra para o bem, deixando-se permeabilizar, fica atrofiada nos sentimentos nobres, deambulando nas faixas inferiores, sem que os registros captem os apelos mais elevados que lhe chegam.

Não nos esqueçamos do ensino sempre atual de Jesus: — Pedi e dar-se-vos-á... *É necessário pedir, saber fazê-lo e esperar com receptividade.*

Havia muito material para demoradas reflexões. Novas perguntas me afloraram à mente. Compreendi, no entanto, que o momento já não era próprio para fazê-las.

Estávamos ao lado de Noemi, reintegrada nos implementos orgânicos, repousando com dificuldade.

O diretor sorriu e afiançou ao irmão Artur, com bondade tocante:

— *Noemi sobreviverá. Deus seja louvado!*

14
O DRAMA DE NOEMI

O irmão Artur, constatando que o refazimento da filha se daria em longo prazo, quando nos dispúnhamos a sair, mostrou-nos a sua viúva e genro, que vieram com a quase suicida, acompanhando-a naquele momento difícil.

Fora Cândido, o esposo, quem lhe ministrara os primeiros socorros, após o atrito, que degenerara em discussão, de certo modo habitual.

Dessa vez, no entanto, os fatores que a motivaram haviam sido muito mais graves.

— *A minha pobre Noemi* — explicou o pai, apiedado — *renasceu em nosso lar, sob o impositivo de grave provação, com raízes no passado. Enalda, sua mãe, sofrera, oportunamente, penosa injunção em relação a ela, que ora a circunstância maternal deveria anular, através do amor e do perdão. Portadora, no entanto, de caráter débil e voluntariosa nos caprichos femininos, agravou a situação com sérios deslizes morais, por pouco não vindo responder pelo suicídio da filha necessitada.*

— *Enalda, minha esposa, não tem aprendido a valorizar o tempo que a vida lhe confere, trabalhando em favor da própria ascensão. Imatura, no que tange aos compromissos nobres, sonha com os prazeres extenuantes, a que gostaria de se entregar, pouco lhe importando as consequências perniciosas que adviessem.*

Na condição de esposo vigilante, era natural que lhe identificasse os anseios e trabalhasse por melhorá-los, o que, é certo, não consegui. Enquanto estivemos lado a lado no corpo, pude descartar-lhe as possibilidades de viver com dissipações, não poucas vezes, arrostando os efeitos que a minha atitude, gentil, mas firme, provocava. A minha desencarnação um tanto súbita pareceu liberá-la... De minha parte, não nutro qualquer sentimento negativo, por saber que ela se esforça, não o suficiente embora, tentando acertar. Lamento-lhe a perda da valiosa ensancha, o que lhe acarretará não menores aflições próximas e remotas...

O amigo silenciou, como revivendo fatos que desejava melhor situar, para oferecer-nos uma paisagem fiel, quanto possível, da situação do ambiente doméstico, que levara a filha a cometer o atentado quase fatal.

– *A nossa formação religiosa* – prosseguiu sereno – *não foi das melhores. Vinculamo-nos a uma doutrina ortodoxa, mais por praxe do que por convicção e sentimento, praticando o culto sem aprofundamento nas lições que ouvíamos. De minha parte, encontrava dificuldades para uma aceitação racional e profunda dos seus postulados, que me não pareciam responder às questões atormentantes que defrontamos no dia a dia. A filosofia do dogma, em caráter de fé cega, repugnava-me. Como, porém, afeiçoara-me de cedo ao estudo, ao trabalho e, logo depois de diplomado, ao exercício da Medicina, não me afligi com o que não concordava na religião, adotando um comportamento coerente com o mandamento maior, que recomenda* O amor a Deus sobre todas as coisas e ao próximo como a si mesmo. *Compreendi que ele sintetizava a Lei e os seus profetas, sendo a base dos ensinos morais de Jesus Cristo. A imortalidade da alma constituía-me,* tabula rasa, *uma realidade insofismável. A matéria, pura e simplesmente, não me explicava a vida, tampouco as finalidades desta.*

Enalda, por sua vez, aceitava o comportamento religioso, sem compromisso moral com a fé, indiferentemente... Agora, compreendo o porquê, ao considerar que ela reencarnou sob macerações íntimas resultantes da existência anterior que não pôde superar.

Nossa filha, de estrutura espiritual frágil, renascendo sob forte complexo de culpa, fez-se temente a Deus, *receosa de aprofundar estudos religiosos, e sensível ao bem, de que muito necessita para recuperar-se.*

Novamente o narrador interrompeu-se, concatenando os assuntos para uma síntese clara e justa. De imediato, continuou, sereno.

– O matrimônio de Noemi com o Cândido não estava nos planos do seu processo regenerador... Sentindo-se desamada no lar, um tanto só e carente, transferiu a afetividade, com que deveria ser educada para vivência no momento próprio, para o jovem, igualmente irresponsável. Sob o apoio de Enalda, que se fascinou com o rapaz, precipitou acontecimentos que o livre--arbítrio atraiu para a complicação deles mesmos.

Passados os primeiros meses da comunhão física, surgiram as desinteligências por coisas nenhumas em que os caprichos pessoais complicam a convivência doméstica, arrojando os nubentes, quando levianos ou imaturos, em problemas de maior gravidade. Pequenos arrufos, discordância de opinião, remoques de parte a parte tornaram-se habituais, passíveis de superações que poderiam ocorrer. Sem embargo, deixando-se fascinar pelo genro, Enalda sustentava-lhe as falsas razões, dando-lhe injustificável apoio, em detrimento da orientação e cuidados que lhe competia distender à filha.

A contínua aproximação entre sogra e genro, apesar da diferença de quase vinte anos que os separava, degenerou em relacionamento delituoso dentro do próprio lar...

O irmão Artur demonstrava sofrer à medida que narrava o intercâmbio sórdido do genro com a sua viúva.

Recompondo-se, a visível esforço moral, deu continuidade à narrativa:

– *Não pensem os amigos, que a minha dor seja decorrência de ciúme ou frustração. À proporção que eu acompanhava a deterioração da amizade entre aqueles familiares, transferi-me da situação de esposo desencarnado e sogro para a posição de pai preocupado ante o que poderia advir aos filhos, no que tange às atitudes levianas daquele porte. Procurei amparar os três, todos filhos da vida, que eu deveria compartir, necessitados de socorro e compaixão.*

Enalda e Cândido, entregues à licenciosidade, não se davam conta de que a Noemi não passava despercebido o comportamento da exagerada amizade de sua mãe com o seu marido. Agasalhou as farpas do ciúme e pôs-se de guarda, relacionando pequenos fatos que lhe consubstanciavam a suspeita...

Nessa tormentosa situação mental e moral todos atraíram os seus inimigos desencarnados, abrindo campo aos processos de cruel indução obsessiva que passaram a corporificar-se.

O amigo hostil, que acaba de ser resgatado da alucinação de que padecia, é antiga vítima de Noemi, que compactuara no rapto da filhinha, que vimos, quando na vilegiatura anterior...

Como sabemos, somente sucedem obsessões, porque existem endividados. Todo obsessor, por mais insensível e cruel, é somente alguém doente, que se viu traído e não tem sabido ou querido superar a condição de dor a que foi arrojado. Enquanto não luz o perdão na antiga vítima e a transformação moral do infrator, a problemática aflitiva prossegue, mudando apenas de forma ou de atitude de quem persegue e de quem é perseguido.

Essa a conexão entre ele e Noemi, que passou a inspirá--la, na maneira de surpreender os licenciosos. Naturalmente, magoada, era-lhe mais fácil aceitar-lhe a ideia infeliz do que o meu pensamento, encorajando-a à luta.

Nessa semana anterior, pude estar com minha filha e falar-lhe na esfera dos sonhos, *demonstrando-lhe que as vítimas são sempre mais felizes, senão hoje, mais tarde, e de que Cândido, sendo jovem frívolo, muito brevemente mudaria de* atitude em *relação à Enalda, que somente estava a despencar em abismo de difícil saída.*

Assim lhe expliquei, após ouvi-la relatar o drama que a dilacerava intimamente. Retrucou-me, informando que só uma atitude de dura vingança poderia lavar-lhe a honra ultrajada pelo esposo e pela genitora. Aquiesci, e apresentei-lhe a vingança *em termos de perdão e prosseguimento no reto dever, sugerindo que instasse com o marido para realizarem uma viagem e, na volta, assumirem a responsabilidade de ter a casa em que fossem viver as próprias experiências, com mais simplicidade, o que lhes era possível, sem outra, senão a tutela de Deus.*

Ela chorou muito e despertou sob a impressão de haver estado comigo no país de cá. *Falou ao marido, sem deixar transparecer as suspeitas, a respeito da necessidade de fazerem uma pequena viagem nesses dias, enquanto conversariam com calma sobre o futuro. Ele opôs-se a sair do Rio, no período momesco, desgostando-a e predispondo-a à ação maléfica que lhe induzia o adversário desencarnado.*

Outra vez o genitor fez uma pausa proposital no relato que nos apresentava. Bezerra ouvia-o com respeito e interesse, com o que eu compartia.

Na manhã de hoje – continuou o amigo, sofrido – *Noemi, duramente hipnotizada pelo inimigo, foi inspirada a armar uma cilada, na qual tombaria, como vimos. Planejou visitar amigos, prometendo retornar após o almoço e deixando os doentes morais desimpedidos, para que dessem curso às paixões dissolventes. O plano não poderia ter sido melhor urdido. Tão logo se afastou, sentindo-se sem vigilância, os levianos entregaram-se à desordem moral, sem qualquer escrúpulo...*

A pobre filha, porém, não se afastou muito do lar, demorando-se por um quarto de hora no hall *do edifício e retornando, sob a alegação de haver esquecido algo de que necessitava. Entrou com astúcia felina, sob a certeza de os surpreender em delito.*

Desnecessário detalhar os sucessos. Tresvairada, discutiu com os inditosos traidores e, porque o marido a esbofeteasse, correu, na direção do banheiro, que trancou por dentro e tentou seccionar as veias, conforme sabemos, agora sem a imposição mental do perseguidor, que desejava deixar sobre ela a responsabilidade do gesto louco, não obstante o desequilíbrio de que se encontrava possuída.

A minha carência de valores não pôde impedir os acontecimentos, demorando-me em prece até o momento em que vos vim rogar auxílio.

No silêncio, que se fez natural, Dr. Bezerra concordou com a atitude de confiança vivida pelo irmão Artur, agradecendo-lhe a gentileza da narração dos fatos, que poderia dispensar, reafirmando o prosseguimento da ajuda à filha enferma, profundamente magoada. Ato contínuo, liberou o pai afetuoso de quaisquer outros deveres, estimulando-o a dar assistência a Noemi, a quem ele visitaria em momento próprio.

– *Quanto ao seu adversário espiritual, não deveremos manter novas preocupações. Quando terminarmos os labores*

Nas fronteiras da loucura

extraordinários a que nos estamos dedicando, ele será encaminhado ao largo tratamento que se lhe faz indispensável, sob a carinhosa vigilância materna.

Nossas preocupações devem cingir-se, no momento, ao restabelecimento de Noemi e às providências primeiras para o seu futuro. Confiemos em Jesus e, embora agindo no bem, deixemo-nos por Ele conduzir.

15
RECORDANDO
VIDAS PASSADAS

O drama de Noemi possuía as tintas fortes das tragédias, que se tornaram clássicas nas técnicas das narrativas de Sófocles e de outros idênticos autores gregos.

Podíamos imaginar a dor da jovem decepcionada e as dificuldades que teria de enfrentar doravante.

O quase seccionamento do nervo do braço esquerdo deixaria alguma sequela, pelo que pude depreender, embora o enxerto e a sutura cuidadosos, que o cirurgião realizara...

Meditava nas dores que desfilavam naqueles dias, diante dos nossos olhos e a providencial interferência do amor em todas as ocorrências, lenindo-as, quando poderiam ser evitadas, caso as criaturas preferissem atitudes e comportamentos diversos.

Tudo em a Natureza convida à paz e ao amor, poemas vivos de beleza invitando à meditação e ao crescimento interior; apesar disso, o atavismo das paixões primitivas faz que o homem renuncie à glória da harmonia exterior que veste a Terra, abençoando-a, para viver os vulcões íntimos que estrugem violentos em erupções destruidoras.

Recordei-me, naquele momento, já no posto de socorro que, à véspera, antes de chegar o apelo de Angélica ao benfeitor, estivéramos, ele e nós, em suntuoso teatro, onde se daria o desfile de fantasias a serem premiadas.

Razões de emergência levaram-nos ali, no desempenho do ministério do auxílio a que nos vinculávamos.

Terminada a nossa tarefa, antes de nos retirarmos do recinto feérico, que exalava os mais variados odores de mistura com a forte impregnação de drogas e lança-perfumes com que se intoxicavam os foliões, ia ter início o desfile, no qual se misturavam o fantástico, o sonho, o exagero das alucinações.

Nos bastidores a luta era inocultável, em que as intrigas e diatribes confundiam-se com as promessas de agressões físicas e escândalos, entre palavras ásperas e vulgares.

As paixões afloravam, extravasando em torrentes de desequilíbrio.

Misturavam-se Espíritos de aspecto bestial e lupino, verdugos e técnicos de vampirização do tônus sexual em promiscuidade alarmante com inúmeros encarnados, que se compraziam, e reciprocamente, na situação *parasitária*, em *osmoses psíquicas* de avançado grau.

Em alguns casos tornava-se difícil dissociar o *parasita* espiritual do seu *hospedeiro*, tão profundamente enlaçados se encontravam.

Inobstante o brilho das sedas e pedrarias falsas, dos paetês e bordados fulgurantes, do oscilar das plumas coloridas, o ambiente dava mostras do baixíssimo teor de vibrações viciosas que ali tresandava.

Em nós, nenhuma censura ou crítica dissolvente. As nossas observações têm por meta o estudo do comportamento de homens e Espíritos no mesmo clima psíquico, para melhor compreender e recordar as terapias preventivas dos males que entorpecem ou anulam as aspirações superiores da criatura humana.

Nas fronteiras da loucura

Muitos dos foliões haviam-se afadigado por longos meses na confecção das fantasias, praticamente vivendo a psicosfera da ilusão, perseguindo vitórias vãs que esperavam alcançar naqueles próximos momentos. Diversos deles estavam exaustos, física e emocionalmente, havendo recorrido a fortes estimulantes para o instante definitivo, que anelaram com sofreguidão. Consumiram tempo e dinheiro, que poderiam ser aplicados no sentido de manutenção da vida e salvação de muitas vidas, não obstante, logo mais se transformariam em sorrisos e orgulhos injustificáveis, passageiros, ou em ódios, mágoas de largo curso, vinditas em programação, queda nos abismos do desencanto, da depressão...

Envergando indumentárias de reis e rainhas, nobres e conquistadores, clérigos e personagens de contos, artistas e dissipadores fariam inveja àqueles a quem copiavam, caso as vestes e coroas, os báculos e cetros, os mantos e as posturas não fossem todos falsos, quanto falsos e quiméricos eram as expressões e vitórias que ostentavam, bem assim, o próprio momento que já se esfumava, na realidade das horas que o sucediam...

Observamos o garbo e os maneirismos, a ânsia de dar-se autenticidade a cada gesto, a toda atitude, fazendo que os desfilantes, subitamente mergulhassem num mundo de sonhos, tão fantástico quanto tudo que imaginaram, conceberam ao longo dos dias e confeccionaram febris.

Acompanhando os irmãos embriagados pelo prazer e intoxicados pelo bafio da disputa doentia, fui advertido pelo benfeitor, que considerou, em apontamentos oportunos, alguns lances das pessoas e daqueles a quem buscavam imitar tão fielmente, quanto possível.

– *Muitos estudiosos apressados da reencarnação* – informou, consciente – *mantêm veleidades e ideias fantasiosas que os aguardam, em torno do passado espiritual. Identificam-se nas roupagens físicas de antigos nobres e generais, reis e conquistadores, prelados ilustres e de alta categoria hierárquica nas ordens eclesiásticas, de artistas famosos, perdendo tempo precioso em pesquisas e comparações de valor secundário, levantando o passado, para se satisfazerem no presente sem a necessária consideração pela oportunidade nova...*

Diversos desses precipitados e descuidados adeptos do reencarnacionismo não se querem dar conta de que, se viveram personificações célebres e ainda permanecem na Terra, é porque faliram dolorosamente nos empreendimentos com que a vida os convidou a exercer para crescimento moral e deslustraram por orgulho, desmedida ambição, desrespeito à bênção que não mereciam, mas a receberam como misericórdia de acréscimo.

Em se confirmando alguns casos como verdadeiros, isto tem a finalidade reeducativa, exigindo reparação urgente e não motivo de disfarçada vaidade pelo que foram com total olvido do que são.

Certamente, as desincumbências dos compromissos de elevação fazem-se muito mais difíceis nas altas esferas sociais do mundo, em cujas faixas enxameiam perturbações e convites à queda, tentações sem-nome, fraudes, tormentos, traições e responsabilidades enormes. Enquanto isso, os que lhes são fâmulos humildes, servidores ignorados, profissionais inexpressivos, suportando-lhes a mesquinhez e indiferença, a perversidade e o desprezo, elevam-se pelos degraus da paciência e da humildade que galgam na escada do progresso, esperando-os, generosos e liberados, após o umbral de cinza e lama em que todos se igualam, na consumpção cadavérica, mesmo que a

Nas fronteiras da loucura

tumba dos dominadores de um dia se levante em mármores e bronzes trabalhados, evocando cenas que não se repetirão!...

O mentor olhou, em derredor, silencioso de momento, exteriorizando uma expressão de grande piedade.

A música alucinante, a gritaria infrene ensurdeciam.

Sereno, como de hábito, explicou:

— *Alguns dos fantasiados, que usam hoje imitações dos trajes antigos, são as próprias personagens que retornam ao proscênio do mundo, falidos lamentavelmente, imitando com carinho e paixão a situação que indignificaram quando a exerciam. Muitos nobres que enlouqueceram na ociosidade, agora meditam em profundas frustrações que os tornam insatisfeitos; monarcas que vulgarizaram a investidura com que mergulharam no mundo para servir, repetem os textos do drama da vida, em situações ridículas, amarfanhados; religiosos que corromperam os altos compromissos, ora estão crucificados nos madeiros invisíveis de problemas íntimos que os amarguram; vencedores que se não venceram, neste momento revestem-se de não esquecidas indumentárias, servindo de bufos para as multidões que os aplaudem e criticam, que os invejam e perseguem com os seus preconceitos não menos nefastos; burgueses frívolos que expiam sob duras injunções morais o tempo perdido... Todos, dignos de respeito e consideração, sem dúvida, porém merecedores da compreensão, afeto e piedade de todos nós.*

As marcas de determinadas reencarnações não desaparecem, de um para outro momento, das tecelagens sutis do Espírito, que renasce no corpo sofrendo-lhes os efeitos.

Jesus escolheu os andrajos modestos, os convívios da dor e do sofrimento humano, as situações do proletariado sem esperança para dignificar a ascensão das almas que se retemperam nos testemunhos da pobreza e da simplicidade. Não desconsiderou os bens do mundo, nem os seus transitórios detentores, oferecendo-lhes, várias vezes, oportunidade de privarem com Ele e Suas lições, mas, não se deteve ao lado das suas transitórias posições e mandos...

Dignas são todas as conjunturas em que o Espírito renasce para a evolução, porquanto, afinal, são todos dons de Deus, colocados ao serviço do progresso de todas as almas.

Não desconsideramos, com esses apontamentos, a beleza, a arte, a alegria, nem os seus valorosos fomentadores, aprendizes da vida e trabalhadores do bem, estagiando nas mais diferentes e oportunas esferas de ação em que a escola terrestre se apresenta e de que necessita para a plenitude e a harmonia.

Houve pausa.

O desfile começava.

O locutor chamou o primeiro candidato da noite, descrevendo-lhe a indumentária ricamente trabalhada, evocando conhecido monarca, que se celebrizara pela vulgaridade e disparates, pela sensualidade e vandalismo.

Quando esse avançou para a passarela, emocionado e ansioso, sob o aplauso dos assistentes e os remoques ácidos dos desencarnados que pululavam no recinto repletando especialmente os bastidores, ouvimos o mentor encerrar as considerações arrematando:

— Guarde-o Jesus, bem assim a todos que aqui estão na sua passeata de ilusão. Por mais que se demore o sonho, será inevitável o acordar.

Da sala nobre e bela do palácio, em que fracassou e comprometeu-se, o irmão ressurge em travestimento brilhante, num palco de mentira, recebendo a homenagem de uma *glória ligeira*, com serpentinas, confetes e lágrimas de dor, numa triste e enganosa noite de Carnaval...

Aprendamos, desse modo, a escolher a *boa parte, aquela que nos não será tirada*, conforme o ensino do Mestre no diálogo mantido com Marta, no abençoado lar de Betânia...

16
Considerações sobre Sessões mediúnicas

Ao cair da tarde, acompanhando o diretor, fomos à enfermaria em que se encontravam Fábio e o seu amigo em recuperação através da terapia do sono.

Ambos se apresentavam agitados, demonstrando experimentar as dores acerbas que os faziam despertar, com fácies alucinada. Dois auxiliares atendiam-nos, pacientes, tentando infundir-lhes paz através de palavras amigas, que transpiravam confiança.

Quando nos acercamos, o experiente Dr. Bezerra identificou a razão do tormento e aclarou-nos:

– *É chegado o momento da inumação cadavérica. As famílias, em dor superlativa, lamentam o infausto acontecimento que as dilacera e chama-os, nominalmente, com exclamações de inconformismo, que se transformam em agentes mentais dilaceradores, que os alcançam. Eles ouvem e não entendem o que se passa. Não têm ideia do que lhes sucedeu, nem sequer possuem qualquer preparo para o retorno, nesta circunstância...*

Aplicou, em Fábio primeiramente, expressiva carga de energia anestesiante, que o acalmou, fazendo o mesmo com o seu jovem companheiro, que chorava, agônico, em perturbação profunda.

De imediato, elucidou:

– *Este é um dos instantes mais difíceis para o recém-desencarnado que perdeu o corpo, sem dele libertar-se. Há, como é natural, em casos desta e de ordem semelhante, um apego aos despojos físicos muito acentuado. Demais, os vínculos familiares são fortes cadeias que amarram as criaturas umas às outras, nestas horas mais poderosos, quando se percebe a nulidade de qualquer recurso que atenue a angústia de uma separação, que muitos ainda supõem eterna.*

A morte, em tais situações, transforma-se em fator preponderante de neuroses e psicoses mais profundas, que conduzem a loucuras, ao suicídio...

Lamentavelmente, as religiões tradicionais, embora o respeito e a consideração que nos merecem todas as Escolas de Fé, não lograram desmistificar a morte, tranquilizando os que ficam no mundo, e preparando, por antecipação, os que partem.

Ao Espiritismo, com a sua estrutura ético-religiosa firmada no Evangelho de Jesus, cabe a grandiosa tarefa de diluir das mentes o pavor da morte, educando os homens sobre a maneira de encará-la, ao mesmo tempo ensinando a valorização da vida.

Ressalvadas outras finalidades expressivas, as sessões práticas ou mediúnicas do Espiritismo assumem, igualmente, a função consoladora, pelo lenir de saudades e diminuir de dores que propiciam, através do abençoado intercâmbio espiritual, não somente das Entidades veneráveis, como daquelas que sofrem, ensinando pela dor a correta vivência do amor... Mas também, pelo facultar o retorno dos seres amados ao convívio afetuoso, pela palavra oral ou escrita, nas materializações ou nas fortes induções mentais de caráter intuitivo. Escola de bênçãos superiores, a sessão de intercâmbio é medicação para os Espíritos de ambos os lados da vida, estímulo e prova da sobrevivência, por cujo valioso concurso assumem-se responsabilidades morais e coragem para vencer as vicissitudes do caminho de ascensão...

Nas fronteiras da loucura

O amigo fez uma reticência proposital. Havia nele um entusiasmo sadio e grande respeito pelo ministério mediúnico, que lhe transparecia na face e ressaltava nas palavras. Imediatamente continuou:

— *De tempos em tempos, amiudadas vezes, surgem movimentos antimediunistas entre respeitáveis estudiosos e obreiros da Doutrina Espírita, que então sofrem inspiração negativa.*

As Entidades perversas, que se veem desmascaradas, desmanchadas suas tramas e conluios nefastos através da mediunidade digna, combatem, sistematicamente, essa porta de serviços, *tentando cerrá-la, ora pela suspeita contumaz, ora pela desmoralização e vezes outras pela indiferença geral, desfrutando, então, esses inditosos, de área livre para o comércio infeliz que estabelecem e o prosseguimento das ardilosas quão inclementes perseguições que promovem.*

No Tabor, o Mestre, acompanhado dos discípulos amados, procedeu a memorável sessão mediúnica, quando se transfigurou e parlamentou com Moisés e Elias totalmente materializados, examinando questões de alta relevância ao esplendor do dia. Logo desceu do monte, prosseguiu no mesmo clima, quando atendeu ao obsessor que atormentava um jovem, que convulsionava sob sua truculência, babando e gemendo com crises epileptiformes, ficando desmaiado e com filetes de sangue nos lábios. O Senhor repreendeu-o com a Sua autoridade e o expulsou, liberando o paciente, cuja prova terminava sob as bênçãos do amor...

Ali se realizara uma perfeita fluidoterapia com o obsesso, socorro ao obsessor e um intercâmbio superior com os líderes israelitas desencarnados, qual ocorre nos trabalhos espíritas práticos, sob os rígidos códigos da moral evangélica.

Inspirados, portanto, por mentes perturbadoras, ociosas, vingativas de diversas gamas, surgem companheiros ciosos da preservação do patrimônio doutrinário, investindo contra as reuniões mediúnicas.

Alguns alegam excesso de animismo, outros, exageros no mediunismo, mais outros afirmam que esse período está superado e não falta quem diga serem tais serviços prejudiciais ao equilíbrio mental e emocional de pessoas nervosas, de personalidades psicopatas.

Não nos parece que estejam com razão. É verdade que o animismo medra em larga escala, cabendo, no entanto, ao estudioso da Doutrina, ao invés de coibi-lo, educar o sujet, fazendo-o liberar-se das impressões profundas que lhe afloram do inconsciente, nos momentos de transe, qual oportuna catarse que o auxiliará a recobrar a harmonia íntima. Outrossim, da mesma forma que muitos se afadigam em doutrinar *os desencarnados, realizarão trabalho valioso doutrinando os companheiros do plano físico, portadores de mediunidade em fase atormentada.*

Os chamados excessos mediúnicos não são da responsabilidade das sessões, senão da desinformação dos experimentadores e pessoas que se aventuram nas suas realizações desarmadas do conhecimento doutrinário e da vivência das suas execuções.

Por outro lado, todo o monumento doutrinário do Espiritismo foi construído mediante as incomparáveis demonstrações e pesquisas mediúnicas a que Allan Kardec procedeu, oferecendo-nos uma obra insuperável, que depois de um século ainda é muito desconhecida, mesmo dos que a estudam com carinho e afinco. Nunca estarão ultrapassadas as realizações mediúnicas de proveito incontestável, além do poder que exercem para fazer novos adeptos que então passam a interessar-se pelo estudo da doutrina e seu aprofundamento.

Nas fronteiras da loucura

Por fim, a acusação de que afetam pessoas portadoras de desequilíbrios nas áreas mental e emocional, não tem qualquer fundamento. Primeiro, porque o bom senso, que deve orientar os que dirigem esse admirável mister, demonstra a impossibilidade de esses pacientes terem uma participação direta na reunião e depois, porque a orientação doutrinária ensina que a presença dos que se candidatam aos benefícios não é indispensável, já que para os Espíritos as distâncias terrenas têm outra dimensão, dispensando-se, desse modo, aquela participação física. Ainda aqui, é o despreparo de quem se arroga às condições de dirigente de sessões que responde pela incompetência. Não obstante reconheçamos a necessidade do conhecimento e preparação doutrinária, valorizamos muito as condições morais, que são fatores predominantes para os resultados das sessões.[1] Conforme as coordenadas mentais que defluem da vivência moral dos seus membros – como ocorre em qualquer atividade – estarão presentes Entidades equivalentes, oferecendo o que se merece e não o que se deseja. Indispensável, portanto, que o conhecimento, a cultura doutrinária tenham como suporte o esforço moral do aprendiz, a fim de situar-se em clima de paz e privar de convivências superiores.

Novamente calou-se, ensejando-me reflexões. Logo ampliou a argumentação:

– *"Declaro-vos* – afirmou Jesus, conforme anotou Lucas no capítulo dezenove, versículo quarenta – *que se estes se calarem, as pedras falarão,"* que podemos interpretar em linguagem espiritista como, ao se calarem os discípulos do Evangelho, por medo ante as conveniências mundanas, pelos preconceitos ou vitimados pelos interesses mesquinhos, como tem acontecido, as pedras que guardam os mortos rompem-se,

---

[1] Vide a Prolusão do livro *Grilhões Partidos,* de nossa autoria – Editora LEAL (nota do autor espiritual).

falam, *já que os desencarnados, não mais submetidos às conjunturas terrenas, proclamam a verdade sem peias nem conciliações com o erro.*

Respeitamos todas as criaturas nos degraus em que estagiam, no seu processo de evolução espiritual. Entretanto, valorizamos os trabalhadores anônimos da mediunidade, os que formam os círculos espirituais de assistência aos desencarnados e de intercâmbio conosco pelo sacrifício, abnegação e fidelidade com que se dedicam ao fanal da consolação e da caridade que flui e reflui nas sessões mediúnicas de todas as expressões sérias: de curas *ou fluidoterapia, de desobsessão, de desenvolvimento ou de educação da mediunidade, de materialização com objetivos sérios e superiores, favorecendo o exercício das várias faculdades mediúnicas para a edificação e vivência do bem.*

Esses trabalhadores incompreendidos, muitas vezes afadigados, estão cooperando eficazmente, no esquecimento a que muitos os relegam, com os benfeitores da Humanidade, na construção do Mundo Novo de amanhã pelo qual todos anelamos.

Os Espíritos recém-libertos permaneciam calmos.

Concluindo, o instrutor sábio disse-nos:

— A irmã Ruth está de serviço ao lado dos familiares, tentando acalmá-los. Nas horas porvindouras, quando do repouso físico deles, ela conseguirá sustentá-los, durante o encontro que lhes será propiciado do nosso lado *para esse fim. Tudo volverá à normalidade, enquanto amanhã é dia novo de realizações, que surgirá para todos nós.*

Saímos. A noite sombreava o crepúsculo que ainda representava o dia em retirada.

17
APONTAMENTOS NECESSÁRIOS

O último dia do Carnaval apresentava-se portador de excessos de toda natureza.

Pairava, no ar, uma psicosfera tóxica, de alucinação. A pândega tomava um aspecto surpreendente e os exageros haviam marcado encontro nas avenidas e clubes da cidade. Era como se tudo devesse consumir-se logo depois, o que estimulava à consumpção durante.

Festa dos corpos, dos sentidos físicos, as criaturas esqueciam-se dos escrúpulos, do pudor, confundindo-se numa linha comum de alienação.

Grupos de trabalhadores espirituais sucediam-se em assistência, como a cuidar de crianças inexperientes em situações difíceis. Nem sempre, é claro, as providências desses beneméritos amigos resultavam favoráveis ou exitosas, do nosso ponto de vista, o que também não representava fracasso, porquanto o contágio do bem, embora rápido, sempre deixa impregnação amena.

Perlustrando o caminho de acesso à entrada, encontrei o irmão Genézio Duarte, o consciente responsável por aquele setor.

Ele passava o encargo a simpático colaborador, despedindo-se, afavelmente.

Ao ver-me, falou, jovial:

– Ia ao seu encontro, logo daqui me afastasse. Desejava convidá-lo para participar da nossa reunião mediúnica, logo mais, na Casa Espírita onde mourejei durante a última etapa carnal.

Antes que eu respondesse, informou-me:

– O nosso benfeitor autorizou-me fazer-lhe a invitação e estará presente, participando como habitualmente o faz, na conclusão das tarefas mais delicadas. Trata-se de uma reunião de socorro aos desencarnados, dentro da programática que aqui nos mantém nestes dias, incluindo consolação a algumas pessoas aflitas pela perda *de familiares queridos e que ora laboram em nossa instituição.*

Aquiesci, prestemente, indagando, por minha vez:

– Será uma reunião medianímica de tarefas habituais ou extraordinárias, considerando ser num dia como o de hoje?

O amigo não se fez rogado.

– Está surgindo uma corrente – atendeu-me com o esclarecimento que eu desejava *– em nossos arraiais doutrinários, que vem apresentando inovações, apoiando-se em teses com que defendem os seus pontos de vista, cuja respeitabilidade não discutimos, mas com os quais não concordamos. Alguns afirmam a necessidade de cerrar-se as portas das Sociedades Espíritas, nos meses primeiros do ano sob alegação de férias coletivas, palavra que* aqui *não tem qualquer sentido positivo ou útil, já que o trabalho para nós tem primazia, no próprio conceito do Mestre, quando afirma: "Meu Pai até hoje trabalha e eu também trabalho".[2] Certamente que o repouso é uma necessidade e se faz normal que muitos companheiros, por motivos óbvios, procurem o refazimento em férias e recreações... Sempre haverá, no entanto, aqueles que permanecem e*

---

[2] João, 5:17.

Nas fronteiras da loucura

podem prosseguir sustentando, pelo menos, algumas atividades na Casa Espírita, que deve permanecer oferecendo ajuda e esclarecimento, educando almas pela divulgação dos princípios e conceitos doutrinários com vivência da caridade.

Um outro grupo advoga ser imprescindível fechar-se a Instituição espírita nos dias de Carnaval e de festas populares outras, por causa das vibrações negativas, para evitar-se perturbações de pessoas alcoolizadas ou vândalos que se aproveitam dessas ocasiões para promoverem desordens.

A sociedade espírita, que se sustenta na realização dos postulados que apregoa, tem estruturas que a defendem, de um como do outro lado da vida. Depois, cumpre aos dirigentes tomar providências, mediante maior vigilância em tais ocasiões, que impeçam a intromissão de desordeiros ou doentes sem condição de ali permanecer. Acautelar-se, em exagero, do mal, é duvidar da ação do bem; temer agir corretamente constitui ceder o campo à insânia. Nestes dias, nos quais são maiores e mais frequentes os infortúnios, os insucessos, os sofrimentos, é que se deve estar a postos no lar da caridade, a fim de poder-se ministrar socorro. Por fim, quanto às vibrações serem mais perniciosas em dias deste porte, não há dúvida. A providência a ser tomada deve constituir-se de reforço de valor e de energias salutares para enfrentar-se a situação.

Conta-se, que abnegado servidor da mediunidade queixou-se ao mentor dedicado, sobre as lutas que vinha travando, encontrando-se quase sem forças para prosseguir. As dificuldades sitiavam-no, em forma de familiares exigentes, amigos ingratos, conhecidos descaridosos para com ele, fragilidade na saúde, interferências espirituais negativas. Após relacionar os fortes impedimentos, rogou ao benfeitor que o orientasse no procedimento a manter.

O amigo, por sua vez, expôs-lhe: *"Um anjo ofereceu a um pupilo querido, que aprendia com ele santificação, em treinamento para vir à Terra, um guarda-chuva; tempos depois doou-lhe galochas de borracha; mais tarde ofertou-lhe um chapéu e uma capa impermeáveis sem dar-lhe maiores explicações. Repentinamente, começou a chover torrencialmente e o candidato à elevação gritou: "– Anjo bom, chove! Que faço?" O sábio orientador respondeu-lhe sem delongas: "– Use o material que lhe dei... Você tem recebido a luz e o discernimento do Evangelho, prosseguiu o guia, a revelação do Espiritismo, o apoio do Mundo espiritual, não como prêmio à inutilidade, senão como recurso de alto valor para os momentos difíceis que sempre chegam. Agora desaba a tempestade. Use esses tesouros ocultos que vem guardando e não tema. Enfrente as borrascas que maltratam, porém passam...".*

O caro Genézio Duarte sorriu, qual ocorreu comigo, e concluiu, bem-humorado:

– *O médico não teme o contágio do enfermo, porque sabe defender-se; o sábio não receia o ignorante, porque pode esclarecê-lo... Ora, o espírita realmente consciente, que se não apoia em mecanismos desculpistas, enfrenta as vibrações de teor baixo, armado do escudo da caridade e protegido pela superior inspiração que haure na prece, partindo para o serviço no lugar em que se faz necessário, onde dele precisam.*

A argumentação, pela sua lógica, dispensava considerações adicionais.

Aguardamos a hora regulamentar em que se dariam os trabalhos a que se reportara o irmão Genézio.

Às 19h30, dirigimo-nos os três para o núcleo, que ficava em bairro próximo do nosso posto, em cuja redondeza fora instalado também um subsetor de atividades especiais para aqueles dias, vinculado ao nosso acampamento central.

Edificação de linhas sóbrias, dividia-se em várias dependências com finalidades especiais. Parte do prédio era dedicada a meninas carentes que ali se educavam sob a carinhosa assistência, na condição de filhas. Nada que configurasse um orfanato tradicional, em que a rigidez da disciplina substituía o amor e a indiferença, que gera animosidades, conduzia o destino das infantes. Respirava-se a alegria infantil sem exageros da tolerância que é conivência, e a espontaneidade reinava entre todas, como num lar normal, com número expressivo de filhas.

Numa construção lateral, sediava-se a Casa Espírita reservada para os labores de ordem doutrinária. Tudo era simples, mas não desleixado, num ambiente agradável e ordeiro.

À entrada, Espíritos amigos saudaram-nos, corteses, afirmando que os labores a que se dedicavam, na vigilância e defesa da Casa, estavam em paz, transcorrendo em ordem.

O bondoso Genézio olhou-me como a confirmar pelos fatos o que me elucidara, há pouco, com palavras.

Adentramo-nos no recinto onde se realizaria o mister. Tratava-se de uma sala de seis por quatro metros com uma mesa e cadeiras, onde se poderiam alojar confortavelmente vinte a vinte e cinco pessoas.

Não havia qualquer decoração supérflua que desviasse a atenção.

Em volta da mesa estavam dez confrades, enquanto os demais sentavam-se em filas sucessivas de cinco cadeiras cada.

Diversos amigos espirituais já se encontravam no ambiente, considerando-se que os serviços deste porte, não raro, têm uma preparação antecipada de até quarenta horas, quando são trazidos os participantes desencarnados ou psiquicamente se faz a sincronia fluídica dos mesmos com os médiuns que os irão *incorporar,* transmitindo, em psicofonia atormentada, as suas necessidades que receberão o auxílio e a orientação competentes. De outras vezes, ali se demoram os que experimentam assistência prolongada antes de ser transferidos para os setores próprios do nosso plano de ação.

Dentre esses, sob fortes impressões, registramos dois jovens recém-desencarnados e um cavalheiro ansioso, que tentavam o intercâmbio com os familiares que ali compareciam, igualmente marcados por profundas angústias, que não dissimulavam.

Quiçá, sentindo a presença dos afetos, choravam, discretamente, enquanto fixavam recordações que nos surgiam em formas idioplasmáticas, retratando as cenas que prosseguiam vivendo.

O irmão Genézio, percebendo o interesse que me despertaram aqueles desencarnados, dentre mais de uma trintena que ali se encontrava, veio em meu auxílio, explicando:

– *São alguns dos que irão comunicar-se psicograficamente com os familiares. Os dois jovens aqui chegaram vitimados, um por acidente automobilístico, enquanto o outro o foi por moto. O cavalheiro teve morte natural, o que não os torna muito diferentes. Todos estão ansiosos por este encontro, que logo se dará, a fim de poderem repousar...*

A mente da família, neles fixada, vitaliza-lhes as lembranças que gostariam de esquecer. A recordação do instante da morte, que os aflige, pelo quanto de inusitado se lhes afigura, é sustentada pelos seres queridos que se prendem a tais lembranças, obrigando-os a reviver, o que já poderia ter amortecido em suas memórias.

Dessa forma, o intercâmbio que será mantido trará vantagens duplas: acalmará os que ficaram, recebendo notícias confortadoras e cientificando-se da sobrevivência, graças aos fatos que os tornarão identificados com segurança e permitirão que eles remorram, *tranquilizando-se.*

O verbo *remorrer* soava-me como neologismo com que não atinei.

– *Não estavam mortos?* – inquiri ao amigo. – *Como iriam* remorrer?

Sempre gentil, aclarou-me:

– *A morte do corpo não desobriga o Espírito de permanecer atado ao mesmo, em perturbação breve ou longa qual é do seu conhecimento. As impressões que se demoram, como no caso das partidas para cá, mais violentas, aturdem o ser espiritual que oscila entre as duas situações vibratórias, a anterior e a atual, sem fixar-se numa ou noutra. Chamado pelos afetos da retaguarda, condensa fluidos que deveriam diluir-se, sofrendo, e porque noutra faixa vibratória, tenta desobrigar-se dessas cargas afligentes.*

Terminado o atendimento aos familiares, estes reconfortam-se, rompem os elos que os prendem e, amparados, os nossos irmãos aqui repousam mais demoradamente, num sono de morte *com fins terapêuticos, acordando em renovação para iniciar a etapa que lhes diz respeito na vida nova.*

Os familiares sempre desejam que os seus amados cá *estejam bem, fruindo de felicidade e de paz a que nem sempre fazem jus. Serão confirmadas, certamente, estas situações, desde que as mensagens estarão necessariamente controladas, evitando-se lamentações injustificáveis como informações inoportunas... E, de fato, o estarem comunicando-se sob o paternal amparo dos instrutores já é uma grande felicidade e um clima de paz, porque livres de situações desesperadoras. Nem sempre poderão escrever com larga lucidez e veremos o que ocorre, mas os destinatários não se darão conta disso... O importante são as notícias tranquilizadoras e o conteúdo imortalista de que se farão objeto. Demais, para uma comunicação psicofônica ou psicográfica consciente exige-se prática e conhecimento da aparelhagem mediúnica que vai ser utilizada. Nem todos, bem se depreende, predispostos para o mister, possuem essas condições exigíveis, havendo, desse modo, soluções próprias, que resolvem a dificuldade.*

O amigo calou-se. A reunião tinha início. O diretor encarnado começou a ler um texto de *O Livro dos Espíritos,* após o que teceu oportunas considerações. Logo depois, pediu a outro membro da assembleia para ler um parágrafo de *O Livro dos Médiuns,* que igualmente foi comentado. Por fim, uma senhora leu uma pagina de *O Evangelho segundo o Espiritismo,* todas as três obras de Allan Kardec, que foram motivo de apontamentos de vários participantes.

Reduzida a claridade, foi proferida a prece de início e o trabalho, propriamente dito, começou.

18
CORRESPONDÊNCIAS DO ALÉM

Após a instrução psicofônica do orientador, que se utilizou de abnegado médium adestrado nos serviços de intercâmbio espiritual, iniciaram-se as comunicações dos irmãos excruciados pelas dores decorrentes da última jornada malsucedida.

Como é certo que nada ocorre e se repete igual, na questão do despertamento e conduta *post mortem*, cada ser é integralmente único sob as injunções que lhe são próprias.

Pudemos observar os resultados positivos de uma reunião mediúnica séria, em que os seus membros somavam esforços para colimar os resultados felizes.

Todos, médiuns e doutrinadores, irradiavam luzes que diferiam na cor e no tom, correspondendo ao transe em que mergulhavam e à sintonia com as Entidades que se dispunham às *incorporações*.

O diligente mentor supervisionava a nobre tarefa, encaminhando os mais difíceis de comunicar-se, produzindo imantações magnéticas e fluídicas entre eles e os sensitivos, expressivamente receptivos, comportamento esse que facilitava grandemente a operação delicada.

Os doutrinadores usavam da terapia da bondade, evitando a discussão inoportuna e transmitindo, com a palavra serena, as vibrações de amor e interesse de renovação, que os pacientes assimilavam de imediato.

Algumas Entidades calcetas, mais rebeldes, que insistiam em perturbar o trabalho tomando os preciosos minutos, eram *hipnotizadas* pelos diligentes trabalhadores do plano físico, no que se tornavam auxiliados com segurança por hábeis técnicos da nossa esfera de ação, ali operando.

Notei que as induções hipnóticas do doutrinador, porque carregadas de energias emanadas do cérebro físico, faziam-se portadoras de mais alto teor vibratório que atingia os Espíritos, por sua vez recebendo a onda mental através da cerebração do intermediário. De imediato, cediam ao sono reparador, sendo transferidos para os leitos que lhes estavam reservados, como primeiro passo para providências mais expressivas depois.

Nesse comenos, o irmão Genézio convidou-me a acompanhar a atividade do médium Jonas, que seria o portador das comunicações psicográficas mais significativas programadas para aquela noite.

O companheiro movimentava-se com relativa facilidade, no desdobramento lúcido, em nosso campo de ação, enquanto o corpo, em transe profundo, era manipulado pelos mensageiros superiores.

Entreteci com ele ligeira conversação, notando-lhe a timidez e as conquistas espirituais que ele procurava não deixar transparecer, quando o mentor nos trouxe o jovem acidentado na moto. Estava semi-hebetado, conduzindo cargas vibratórias enfermiças que o deixavam em deplorável estado psíquico. Antes de ali chegar, já fora atendido por abnegada tia desencarnada, ora também presente, que lhe ministrara as primeiras informações a respeito do novo estado em que o mesmo se encontrava.

Apesar disso, não conseguia conciliar os dois estados que o perturbavam, harmonizando-se, para escrever a carta familiar. Esclarecido do cometimento que logo teria lugar, afligia-se, em razão do muito que desejava dizer, desordenadamente, sem saber, no entanto, como proceder.

Vi, então, o diretor despertá-lo, quanto era possível naquelas circunstâncias, e aclarar-lhe que o momento se fazia chegado, recomendando serenidade e confiança em Deus. Aplicou-lhe recursos calmantes e, tomando-lhe do braço, sobrepô-lo ao do médium em perfeita sincronia, enquanto controlava os centros motores do encarnado para o ditado cuidadoso.

A carta começou a ser escrita com certa dificuldade, pela falta de treinamento do missivista. Na medida, porém, em que esse se concentrava, facilitava-se o cometimento que o mentor realizava, filtrando-lhe os pensamentos e desejos, ao mesmo tempo que lhes dava forma, corporificando-se nas frases que escorriam com velocidade pela ponta do lápis.

De quando em quando, havia uma mais forte irrupção de emotividade no comunicante, que o guia amigo controlava, facultando que escrevesse apenas o essencial, relacionando dados familiares e datas significativas que lhe afloravam à memória e completavam o conteúdo da mensagem, em linguagem edificante, diminuindo o impacto da morte e oferecendo aos pais esperanças, conforto na ação da caridade, encaminhando-os às atividades socorristas junto aos que carecem de família no mundo, como a melhor homenagem de amor que lhe dedicariam.

O momento da assinatura foi culminante, porque o instrutor assenhoreou-se mais completamente das forças nervosas do instrumento mediúnico, conduzindo o comunicante para autografar a página final, o que foi conseguido com êxito.

Ato contínuo, vi acercar-se o outro jovem, que perecera no acidente automobilístico e percebi que o Espírito encarnado do sensitivo servia de hábil intermediário, ele próprio escrevendo, com independência mental, a nova página de reconforto.

O desencarnado ditava-lhe o que desejava informar, ao mesmo tempo que somava detalhes novos e fatos de importância, que eram grafados no estilo de linguagem do próprio médium.

Ante o assombro que me tomou, o diretor esclareceu-me:

– *A grande sensibilidade do perceptivo, que é dotado de aparelhagem psíquica muito delicada, sofreria danos graves se ficasse sob a indução fluídica do comunicante que, no estado de grave perturbação em que se encontra e experimentando os sérios conflitos que o atormentam, destrambelharia esses sutis equipamentos de base nervosa, prejudicando a organização mediúnica e a saúde do cooperador humano.*

Tendo em vista a facilidade de movimentar-se entre nós e bem conduzir as suas forças medianímicas, o caro Jonas atua comandando o corpo com muita facilidade como se fora um desencarnado agindo sobre a estrutura mediúnica.

A comunicação é fiel tanto quanto seria uma carta que diligente escriba traçasse sob ditado de pessoa analfabeta, que lhe pedisse escrevê-la informando o que desejava noticiar...

Há muitas sutilezas, no fenômeno mediúnico, que estão a desafiar os observadores e os estudiosos sinceros.

No instante da assinatura, o mensageiro foi estimulado a firmar o documento de amor, o que fez com dificuldade compreensível, deixando, no entanto, traços gráficos que evidenciavam a autenticidade da caligrafia.

A terceira página, escrita pelo cavalheiro, igualmente atordoado, obedeceu a mecanismo diferente. Porque o leito de dor, em larga enfermidade, diluíra-lhe as energias mais grosseiras, a densidade vibratória era menos perniciosa ao médium, o que facilitou fosse o comunicante quem a escrevesse sob comando natural, no entanto, do venerável Dr. Bezerra.

Anotei que, durante as comunicações psicofônicas dos mais sofredores, a palavra de orientação dirigida aos que se manifestavam alcançava outros doentes, que sintonizavam na mesma faixa de necessidade espiritual.

Simultaneamente, o atendimento do *nosso lado* realizava-se com eficácia, diminuindo a soma de aflições dos que haviam sido programados para aquele serviço respeitável.

Médiuns passistas auxiliavam os portadores da psicofonia, revitalizando-os com as energias de que eram portadores, quando necessário, elementos aqueles preciosos no contexto dos misteres desse porte.

Perseguidores de alguns dos presentes foram atendidos, sem que as suas vítimas se dessem conta do ocorrido.

Alguns outros, dentre os atendidos no subposto de trabalhos especiais ali próximo instalado, foram também trazidos e beneficiados.

Os ponteiros do relógio, porém, avançavam e o cometimento chegava ao fim.

O mentor usou a psicofonia do médium Jonas, apresentando as instruções finais e deixando uma mensagem de alento e reconforto para todos, despedindo-se.

Às 21h30min os trabalhos foram encerrados. Acenderam-se as luzes e as páginas psicografadas foram lidas sob emoção geral e hinos íntimos de gratidão a Deus.

Enquanto os familiares enxugavam o pranto de saudade e alegria, rompiam-se naturalmente as anteriores amarras fortes, facultando aos missivistas adormecerem, sob a ação do nobre e infatigável mentor, que os preparava para *remorrer* e avançar na direção da felicidade que a todos nos aguarda.

Ficamos por mais algum tempo acompanhando os trâmites de encerramento da tarefa exitosa, fora das percepções físicas, quando voltamos ao posto central.

A alucinação carnavalesca prosseguia acelerada cá fora, no mundo das formas...

19
CONVITE AO OTIMISMO

Logo depois que eu retornara à vida espiritual, percebi haver, em torno da Terra, faixas vibratórias concêntricas, que a envolviam, desde as mais condensadas, próximas da área física, até as mais sutis, distanciadas do movimento humano na crosta.

Compostas de elementos que me escapavam, eram e são, no entanto, vitalizadas pelas sucessivas ondas mentais dos habitantes do planeta, que de alguma forma sofrem-lhes a condensação perniciosa. Não obstante, são permeáveis à força psíquica de mais elevada estrutura, que as atravessa, a fim de sintonizar com as de constituição menos densa e portadoras de mais intensa energia.

Por um processo de sintonia decorrente do comportamento que se mantém no mundo, os desencarnados imantam-se àquelas que lhes são afins, graças ao teor de valores morais que caracteriza cada um.

Constituem regiões densamente povoadas, as de condensações mais fortes, onde são fáceis de encontrar os núcleos de dor e aflições mais primitivas, em que os invigilantes e irresponsáveis se demoram.

Multiplicam-se esses redutos de pena a cumprir, nas áreas metropolitanas, onde são mais promíscuos os hábitos humanos, e as expressões morais desceram aos estágios primitivos sob os impulsos das paixões degradantes.

Dessas multidões que pervagam, desenfreadas e em demorado aturdimento, constituindo centenas de milhões de seres em trânsito, vivendo o estado de erraticidade inferior, são arrebanhados para lugares ermos, cavernas e pantanais do planeta, os culpados e os tombados nas armadilhas da leviandade, pelos seus pares e algozes desencarnados, que os exploram e seviciam em colônias específicas por sua maldade construídas, nas quais fazem supor tratar-se de purgatórios e infernos, governados por verdadeiros gênios do mal, embora transitórios, que se não dão conta de que foram criados para a glória do bem e para o amor...

A vida mental, nessas esferas de intranquilidade e nas suas colônias de terror, atinge inimagináveis expressões de vileza e primarismo, nas quais a crueldade assume proporções de insânia imprevisível.

Considerando-se forças diabólicas, os malfadados *governantes* atribuem-se o direito de exercer a justiça caótica, dentro dos padrões da perversidade e crueza, como se pudessem disputar tal privilégio com os soberanos códigos da vida.

Em muitos desses sítios programam-se atentados sórdidos contra os homens e elaboram-se atividades que objetivam a extinção do bem, assim como a instalação do primado da força bruta, no mundo, em que os sátrapas da impiedade, ali residentes, se transformariam nos senhores absolutos do planeta...

Alucinação desmedida essa do orgulho infeliz, que se não detém a examinar a própria origem do ser, que não pode negar haver sido precedida do amor de Deus, que não foi aproveitado por esse herdeiro dos dons da inteligência, transformado em instrumento da própria e da ruína alheia.

Lutam tenazmente contra os emissários da Luz, que eles não conseguem vencer jamais e que se adentram nas suas regiões em tarefas libertadoras, com imensa frequência e demonstrando-lhes a fragilidade do seu poder.

Na insânia de que padecem, são, por desejarem inconscientemente e não o saberem, os instrumentos da Justiça Superior que a todos alcança conforme as necessidades de cada qual, refundindo o metal dos sentimentos inferiores e moldando-o para as elevadas finalidades da existência.

Trabalhando nesses densos círculos de sofrimento em que se acrisolam incontáveis desencarnados, pois que, quase todos atravessamos por momentos ou séculos esse clima expungitivo, os operários da caridade, em nome e por amor a Jesus Cristo, se afadigam por amparar, libertar os que, de alguma forma, tenham condições para ser conduzidos a outros Planos vibratórios.

Postos de socorro cristão, núcleos de apoio, centros de atendimento multiplicam-se nesse *campo de guerra*, sustentados por abnegados agentes do bem, sempre dispostos à ação da misericórdia, quando não podem recorrer aos valores do merecimento dos que aí se detêm.

Graças às cargas mefíticas dos pensamentos vulgares que sustentam tais climas, os obreiros da fraternidade, ajudando, sofrem as condições da área de trabalho, empestada, que asfixiam e das descargas magnéticas violentas que agitam as vibrações condensadas.

São verdadeiros cireneus, que se sacrificam visando ao bem do próximo, em demoradas tentativas de benemerência sob o contributo da renúncia pessoal e do sacrifício. Muitos deles dispõem de títulos de enobrecimento que os promovem ao trabalho em outros campos mais elevados e pacíficos, todavia, preferem demorar-se onde a dor é mais aguda, não obstante para ajudar devam sofrê-la...

Agora, na última noite de Carnaval, era-me possível perceber, sem qualquer esforço de concentração, a densa e larga faixa de vibrações mais fortes sobre a cidade, numa espessura de alguns quilômetros acima da superfície...

Eu peregrinara, inúmeras vezes, com os trabalhadores do Evangelho, por *vias especiais* de comunicação nas cidades, e viajara por *estradas* próprias para os *veículos* que nos conduzem em determinadas circunstâncias. Mesmo nesse último caso, sentia os bruscos movimentos dos *veículos* quando penetravam nessas faixas de sombra, qual ocorre com as aeronaves quando, viajando, são atingidas por turbulências atmosféricas.

A grande concentração mental de milhões de pessoas, na fúria carnavalesca, irradiações dos que participavam ativamente, enlouquecidos, e dos que, por qualquer razão, se sentiam impedidos, afetavam para pior a imensa área de trevas, ao mesmo tempo que essa influenciava os seus mantenedores, por obnubilar-lhes os centros da razão ao passo em que lhes exacerbavam as ânsias do prazer exorbitante.

A sensação, que a paisagem escura nos dava, era penosa, fazendo-me meditar no tempo que ainda certamente transcorreria até que mudasse a configuração moral do planeta, dependendo, sem dúvida, da transformação do homem.

Como se percebesse a área perigosa de depressão em que me recolhia, sem o desejar, o vigilante amigo veio-me em auxílio, levantando-me o ânimo:

– *Não se esqueça, caro Miranda, que esta luta vem sendo travada com resultados excelentes, e o bem está sempre vencendo.*

Há milhões de pessoas envolvidas no bárbaro divertimento, que não censuramos, entretanto, há número muito superior de criaturas que lhe não oferecem culto, nem mesmo sequer experimentam qualquer interesse ante os apelos da folia momesca.

Quantos se utilizam desses dias em que o trabalho habitual sofre alteração, para buscar recantos interioranos aprazíveis, regiões serranas e praias para o refazimento? Pessoas mais amadurecidas utilizam-se dos feriados carnavalescos para estudos, meditações, encontros de renovação espiritual e lazer.

Há um grande progresso moral que viceja na Humanidade e não podemos desconsiderar. Jamais houve tão grande interesse dos homens pelos seus irmãos, em tentativa de ajudá-los a levantar-se e marchar com dignidade. As atividades que visam ao enobrecimento do ser humano multiplicam-se, abençoadas, fomentando a alegria e a paz. As minorias raciais recebem respeito; os preconceitos vão sendo varridos do planeta; os direitos do cidadão, embora ainda violados, são defendidos; a ecologia consegue adeptos afervorados; as classes menos favorecidas, que padecem miséria socioeconômica, já não são desprezadas, não obstante ainda não gozem das considerações que todos merecem; os proletários fazem-se ouvidos; cogita-se de multiplicar os órgãos de assistência social aos carentes de toda ordem; as leis são mais benignas, e estudiosos do comportamento estão identificando mais doenças na criatura humana do que maldade, mesmo naquelas que resvalam nos abismos dos crimes mais hediondos; a liberdade já sustenta os ideais de dignidade entre os povos... São inumeráveis as conquistas morais da Humanidade em pouco mais de cento e cinquenta anos, prenunciando aquisições ainda mais relevantes em relação ao futuro.

O que observamos são remanescentes do passado de todos nós, ainda não superado, que permanece retendo-nos na retaguarda das dissipações, embora a voz e o magnetismo do Cristo nos estejam arrastando das sombras para a luz, que já estamos entendendo e aceitando. Alegremo-nos, portanto, e observemos com otimismo o que desfila diante de nós. Ontem, aí estávamos mergulhados nos rios escuros da ilusão, enquanto, agora, cá nos encontramos na margem abençoada onde medram o equilíbrio e a paz. Nossos irmãos aqui chegarão, igualmente, marchando conosco, que nos propomos a auxiliá-los, a fim de realizarmos juntos a grande escalada.

Calou-se o amigo lúcido, por alguns momentos.

Ao impacto dos seus esclarecimentos lógicos, era-me possível vislumbrar além do presente, qual nauta aflito na noite, que percebesse além da neblina, vitorioso, o farol que aponta os recifes e sinaliza o canal por onde se pode passar com segurança.

– *O nosso Mestre* – deu prosseguimento aos ensinamentos – *foi o Mensageiro da alegria, da esperança e da paz. Todo o Evangelho é um hino de eloquente beleza à vida. Nos Seus passos, ficaram sementes que ora enflorescem o mundo, modificando a árida paisagem que Ele encontrou. Mesmo a tragédia do Gólgota, assinalada pelas Suas dores, é o prenúncio da madrugada da ressurreição em plenitude de luz e felicidade.*

Estas são horas muito importantes de transição moral da Terra e dos seus habitantes. Legiões que se demoravam retidas nestas faixas, ainda assinaladas pela barbárie, portadoras dos instintos agressivos em afloramento, vêm sendo trazidas à reencarnação em massa, obtendo a oportunidade de fazer a opção para a liberdade ou o exílio. Encontram corpos geneticamente sadios com excelentes possibilidades de que se podem

Nas fronteiras da loucura

utilizar para a grande escolha... O Amor do Pai a todos oferece oportunidades iguais, assim facultando que cada qual eleja o que melhor lhe aprouver, enquanto assim o desejar. Simultaneamente, as aflições de que se fazem portadores constituirão escarmento para os negligentes e retardatários, impelindo-os a assumirem responsabilidades, enquanto nos franqueiam ocasião de crescer pelo serviço que podemos distender a seu e a favor de nós mesmos.

Tenhamos em mente, também, que inumeráveis colônias de amor, nas proximidades da Terra, são de construção recente, fruto do trabalho de abnegados apóstolos do bem, que renunciaram às glórias estelares para iluminar a noite interior dos homens de ambas as esferas da vida, com a chama da caridade sustentada pelo combustível precioso e insuperável da fé. Na crosta, surgem novos postos de atendimento e em muitíssimos lares, bafejados pela mensagem espírita, a treva bate em retirada sob as claridades do estudo sistemático do Evangelho em família, num perfeito entrosamento superior dos homens com os Espíritos benfazejos.

Por enquanto, é noite densa, aparvalhante, dominadora... Todavia, a madrugada chega sutilmente e vai vencendo-a, até que raie, em triunfo, o dia. Confiemos!

Sorriu, generoso, pôs-me a mão sobre o ombro e convidou-me:

— O trabalho espera por nós. Visitemos a nossa Noemi, que deve estar despertando, neste momento.

Aquiesci, em júbilo, e rumamos na direção do hospital.

20
Causas anteriores dos sofrimentos

Quando chegamos à UTI do hospital, encontramos o irmão Artur assistindo à filha que despertava. A forte medicação que lhe fora ministrada e a brutal hemorragia que a enfraquecera respondiam pelo demorado período de sono, aliás, de muita utilidade na sua atual situação.

A jovem não se deu conta de imediato, pela turbação mental em que se encontrava, das ocorrências que lhe haviam sucedido. Compreensivelmente atordoada foi, a pouco e pouco, refazendo as lembranças, que culminaram na tentativa contra a vida.

Nesse comenos, passou a experimentar as sensações dos pulsos feridos e o estranho mal-estar do pós-operatório.

Havia silêncio, naquela Unidade, embora a presença de mais alguns pacientes, nos leitos a regular distância.

Sem a indução do infeliz perseguidor e carinhosamente amparada pelas energias fluídicas do genitor vigilante, Noemi experimentou um certo bem-estar.

Porque insistisse, porém, na recapitulação dos acontecimentos comoveu-se, deixando que a mágoa a assaltasse, afligindo-se sem necessidade. Com o aturdimento de que se via objeto, lamentava não haver morrido, dominada pela angústia de como seria o seu futuro, em face da embaraçosa conjuntura de que desejara fugir. As ideias negativas começaram a atropelar-se na mente e o desespero passou a tomar-lhe conta. Pôs-se a movimentar-se no leito, em crescente inquietação, dando lugar ao pranto exagerado e à revolta.

O irmão Artur, atendendo a uma sugestão mental do benfeitor, foi inspirar o médico para que a viesse ver, o que logo ocorreu, e porque a paciente demonstrasse estar fazendo um quadro de agitação, esse aplicou, no soro, uma medicação sedativa, para que o repouso prosseguisse sob ação calmante.

O genitor envolveu-a em ondas de refazimento e tranquilidade, conseguindo fazê-la adormecer.

Em Espírito, no entanto, a paciente prosseguia sob agitação. Ruminava, mentalmente, planos de vingança, o que lhe era pernicioso ao estado emocional.

— *Era de presumir-se esta reação* — acentuou o nosso diretor. — *Espírito comprometido, a nossa irmã não possui ainda a maturidade, nem o adestramento para reagir de forma conveniente numa conjuntura deste porte. A precipitação, que é irmã da revolta, responde por muitos males que poderiam ser evitados, caso as pessoas preferissem o clima da concórdia e da calma. A mágoa é outro fator dissolvente, no comportamento humano, pelos desastres íntimos que ocasiona. Sob sua ação desarticulam-se os equipamentos do sistema nervoso central, que sofrem a ação dos diluentes de ordem mental, interrompendo o ritmo das suas respostas na manutenção do equipamento emocional e, ao longo do tempo, de ordem fisiológica. Aí estão enfermos psicossomáticos cuja gênese dos males que sofrem encontra-se no comportamento psíquico, defluente da franqueza da vontade, como da acomodação moral. Por isso, cada qual elege e constrói o paraíso ou o inferno que prefere, no íntimo, passando a vivê-lo na esfera das realidades em que transita.*

Nas fronteiras da loucura

Atendamo-la, espiritualmente, chamando-a à responsabilidade, a fim de que não se lhe afigure a situação como de injustiça divina, que a torna desventurada.

Observamos, o irmão Artur e nós, a destreza com que o amoroso guia passou a emitir cargas mentais positivas, que alcançaram o Espírito em confusão, asserenando-o de imediato. Posteriormente, aplicou energias na área cerebral do corpo, liberando a consciência espiritual que jazia entorpecida, ao mesmo tempo em que repetiu o processo na esfera psíquica da jovem em parcial desprendimento, conseguindo despertá-la para a vida em outra dimensão. Como se estivesse acordando, ela vislumbrou o pai amigo e, num gesto mudo, distendeu-lhe os braços, ansiosamente. Parecia uma criança indefesa, suplicando a proteção que lhe não foi negada.

O comovido progenitor abraçou-a, acarinhando-lhe a cabeça e infundindo-lhe calma. Ela chorava, sem os complementos da ira nem da necessidade de vingança, porém pungida pela dor que se lhe afigurava insuportável, sem limites...

Quando pôde falar, interrogou ao paizinho, silencioso:

– *Onde está Deus, que permitiu tanta desdita? Por que não me acontecera um acidente antes de constatar tanta vileza, de que eram portadores minha mãe e meu marido? Não sou inocente, cumpridora dos meus deveres? Por que sofria dessa forma?*

Com muita serenidade, o bondoso pai respondeu-lhe:

– *Inicialmente, faz-se necessário que a dor não a faça blasfemar, levando-a a duvidar da soberana bondade de Deus. O seu gesto de fugir propositalmente, pela rampa falsa do suicídio, é atitude de rebeldia das mais vis. Não lhe poderia dizer quem está mais errado entre os três... Desde que eles se acumpliciaram num delito que a alcança, sem dúvida, muito incorreto, não menos infeliz foi a solução que você buscou... Deus, minha filha, não é portador dos humanos caprichos, fiscal e punidor dos nossos erros ou gratificador leviano dos nossos pequenos acertos, que não passam de um comportamento que nos faz bem. Agir corretamente, nos não credencia a louros nem a prêmios extras, por constituir, em si mesma, a ação digna e edificante, uma colheita de bênçãos. Da mesma forma o erro, o gravame delituoso, que se converte em espinho a cravar-se na consciência até o dia da extirpação, quando o infrator, pelo bem, restaurará a paz em quem prejudicou, por consequência, em si mesmo. Deus manifesta-se ao homem, interiormente, na consciência de cada um, onde estão escritas as Suas Leis. Daí, o grau de culpa ou de razão de cada ser é medido pela responsabilidade, pela consciência com que age. O certo e iniludível é que ninguém sofre sem uma ponderável razão, nem pessoa alguma que delinque fugirá de ser recambiada à justiça que nela própria vige, sob a ação da inderrogável Justiça Divina.*

O genitor fez uma pausa, a fim de que a filha pudesse apreender o sentido e o significado profundo do esclarecimento.

Logo depois, agregou:

– *A vida pode ser comparada a um rio de largo curso... Suas águas saem da nascente, descendo continuamente até alcançar o mar. Uma curva aqui, outra ali, um obstáculo à frente, lodo e areia no leito, calhaus e pedras largas que vão ficando para trás, até o desaguar no oceano que o aguarda.*

– *Muitas etapas são indispensáveis para a vida: ora no corpo, em várias experiências, ora dele liberada, em novas conquistas. Em cada fase, surgem impedimentos que devem ser superados de modo a que alcancem o oceano da paz.*

– *São assim as reencarnações em que todos nos encontramos submetidos, para evolver. Ao desejo e sob grande esforço pessoal podemos superar inúmeras repetições, vencendo os empecilhos à força de decisão e trabalho contínuo. Nem todos, porém, agimos com essa correção, o que nos leva a repetir a experiência malsucedida, refazendo-a até superá-la. Como efeito natural dessa nossa acomodação, quase indiferença pela vida reta, deixamos que se nos anestesiem os centros do discernimento e derrapamos na volúpia das paixões grosseiras, praticando arbitrariedades e loucuras, corrompendo o corpo, a mente e a alma... A partir desse momento, a nossa ascensão feliz fica a depender da liberação do presídio – o erro – em que nos fixamos.*

– O Senhor, porém, a todos nos faculta resgatar, dando--nos contínuas oportunidades abençoadas que, apaixonados e mesquinhos, não sabemos ou não nos interessamos por valorizar, muitas vezes complicando a nossa atuação, pela sistemática rebeldia em que nos fixamos ou por desconsideração aos códigos da ordem universal. Eis por que nos é importante a fé religiosa, racional e clara, influenciando o nosso procedimento honrado, mesmo que sob chuvas de incompreensões, problemas e dores físicas ou morais, dos quais sairemos, se agirmos com correção, para a paz e a felicidade. Mas, não é assim que normalmente ocorre...

– Vejamos o nosso problema, especificamente, porquanto não me posso dissociar da sua e da aflição de Enalda e de Cândido... Não pretendemos justificar as atitudes incorretas, mas nos não colocamos na posição de julgar os erros alheios e programar punições para os seus responsáveis.

– Para colhermos melhores elucidações, convidei nobre benfeitor de todos nós, a fim de que nos auxiliasse nesse cometimento de suma importância para a sua paz. Graças ao Senhor, você pôde ser socorrida a tempo, para prosseguir, considerando-se

que a vida física é sublime concessão que ninguém deve interromper, seja qual for a alegação em que se pretenda apoiar.

O mentor aproximou-se e permitiu-se ver condensando as suas energias na forma com a qual partira da Terra...

– *Trata-se do Dr. Bezerra de Menezes* – apresentou-o com simplicidade e respeito –, *que nos protege e ampara, em nome de Jesus.*

A irradiação de bondade e ternura do amigo espiritual fascinou Noemi, que exclamou, sinceramente comovida:

– *Sim, já ouvi falar dele... É um anjo de luz!*

– *Não se equivoque, filha* – interrompeu-lhe as referências encomiásticas, que não aceitava. – *Sou somente seu irmão, nas experiências da evolução, transitoriamente desvestido do corpo físico. Eu bem compreendo a luta que todos travam, na Terra, pela sua ascensão. Aí estive, da última vez, por um bom e útil período, aprendendo e trabalhando-me, a fim de errar menos e acertar, em definitivo, o passo com o bem, que ainda não logrei...*

A menina, como todos nós, vem de experiências muito ásperas, nas quais nem sempre agiu como deveria fazê-lo. Atuando com incorreção, atraiu animosidades e tombou nas armadilhas da insensatez, donde se deverá liberar na presente oportunidade.

Utilizando-se do seu cabedal de forças psíquicas e dotado da superior acuidade de penetrar nos arquivos mentais dos Espíritos, identificando-lhes as reencarnações, ele sugeriu a Noemi:

– *Vejamos se você recorda. Durma um pouco... Durma e sonhe com o seu passado, o passado próximo... Portugal de 1832, a cidade do Porto... Recorde determinado conciliábulo, em outubro desse ano...*

Nas fronteiras da loucura

A jovem, em Espírito, que dormia, subitamente estremeceu, agitando-se, como se, em sonho, voltasse a viver acontecimentos apagados na *memória anterior*, como realmente era o que acontecia.

As cenas que lhe ressurgiam, sob o convite do benfeitor, que nos solicitou fixar-lhe o centro da memória, passaram a ser registadas também por nós.

A noite era úmida e fria, embora a quadra outonal mal houvesse chegado. Numa aldeia da circunvizinhança da cidade, em um casarão circundado de bem cuidado pomar, vários cavalheiros discutiam como proceder para a tomada de uma vingança política, nos bastidores do ódio. Depois dos debates que não ofereceram qualquer solução, uma dama de menos de quarenta anos sugeriu: *"Raptemos a filha do infame e façamo-lo sofrer com a perda, demonstrando ao bandido, que nos infelicita, que nesta terra há justiça".*

Referia-se à linda criança de oito anos aproximadamente, que se lhe desenhou na recordação, tanto quanto ressurgiu em *clichê mágico* a figura do homem odiado.

Não tive dúvidas em identificar na mulher cruel, a atual Noemi, e na personagem detestada, o obsessor que fora liberado naquele mesmo dia, no lance a que nos referimos antes.

Eram aqueles os dias difíceis, em que a cidade estivera sitiada pelas tropas miguelistas, nas lutas rudes e graves entre os liberais e os absolutistas; os primeiros, liderados por D. Pedro IV, que no Brasil abdicara, pouco antes, como D. Pedro I e os segundos, pelo Príncipe D. Miguel, cujas lutas de partidos degeneraram em guerra civil, no país, somente terminada anos mais tarde, em 1847, graças à intervenção anglo-espanhola.

O cavalheiro enfocado era correligionário do Príncipe D. Miguel, do partido absolutista, portanto considerado traidor pelo grupo, que terminaria por tentar raptar-lhe a filhinha, numa escaramuça entre os dois grupos, na propriedade em que residia a família. No combate inglório morreu o Sr. Manuel Trindade, e ao ser sequestrada a criança, essa, igualmente veio a falecer em circunstâncias que não ficaram esclarecidas... Em verdade, o truculento raptor, enfurecido com o choro de desespero da pequenina, terminou por estrangulá-la, embora sem o querer...

As cenas desenrolavam-se com celeridade, captadas por nós, tanto quanto pelo irmão Artur, demonstrando onde se iniciavam as razões dos atuais sofrimentos da jovem.

Não se houvesse ela imiscuído nos ódios políticos e a muitas dores se teria poupado. Por sua vez, o Sr. Manuel, vitimado na luta, foi vencido pelo ódio que o cegou, lutando, desde então, por vingança.

A filhinha liberou-se da situação e cresceu em Espírito, aguardando, com a avozinha, o momento, que só agora se dera em bênçãos lenificadoras.

No grupo de apaixonados políticos, Noemi era uma dama de prestígio na comunidade, que enviuvara, herdando aquela propriedade, que se considerava um expressivo latifúndio.

Soberba e egoísta, terminou por seduzir o capataz das suas terras, que provinha da região montanhosa de Vila Real, terminando por estimulá-lo a liberar-se da esposa, mediante crime de que ninguém tomou conhecimento.

Ei-lo, agora, renascido na roupagem carnal de Cândido, e a esposa assassinada ressuscitada na pessoa de Enalda...

Nas fronteiras da loucura

– *A sabedoria das Leis* – explicou o diretor prudente – *reúne todas as personagens do velho drama, no cenário do mundo, a fim de que se elevem e, pelo amor, resgatem os delitos perpetrados. Desde que compliquem a situação, serão levados à compulsória do sofrimento, em expiação oportuna através da qual se reeducarão, crescendo para o bem.*

Portanto, minha filha, nenhum rancor, que é cultivo de urze na terra *do coração, nem programação de vingança, que constitui intoxicação venenosa em longo prazo. O perdão incondicional e a irrestrita confiança em Deus deverão tornar- -se as alavancas impulsionadoras dos atos a serem vivenciados doravante.*

Movimentando recursos próprios, fez Noemi retornar à lucidez.

A moça não ocultava a preocupação, ora diferente. Parecia mais serena. Utilizando-se da pausa, indagou, apreensiva:

– *E saindo daqui, para onde irei? É-me impossível retornar a casa, nestas circunstâncias...*

– *Concordamos que não será um pequeno esforço, no momento, impraticável. Todavia, a Divindade providencia. A filha será visitada pelo nosso Agnaldo, irmão de seu pai e tio afetuoso. Tomando conhecimento da tentativa de autodestruição e desconhecendo os motivos, ele a convidará para fazer a convalescença em sua casa, o que deverá ser aceito. Sem detalhar os infelizes sucessos, demonstre o interesse de desvincular-se legalmente do esposo e, ao ser por esse visitada, apresente-lhe a ideia da separação amigável, sem escândalo de qualquer natureza, o que facilitará as coisas para todos. O Senhor auxiliá- -la-á na reconstrução da vida e o tio ser-lhe-á desvelado amigo, contribuindo para o prosseguimento da sua existência com os olhos postos no futuro.*

– *E eles?* – inquiriu, com leves resquícios de ressentimento.

– *Cada um responde pelos seus atos. Eles viverão... E, vivendo, não ficarão indenes à reeducação que lhes chegará, quando for oportuno. Agora, repouse e prepare-se para recuperar a saúde e superar todos os problemas que são sempre desafios para todos nós, que os devemos transformar em lições vitoriosas, após resolvê-los. Durma em paz e acorde depois sem revoltas...*

A jovem, em Espírito, recebeu assistência conveniente, que lhe foi também ministrada ao corpo.

Após a operação fluidoterápica, tudo transpirava ordem e paz.

Chegou um enfermeiro do posto central para prosseguir assistindo Noemi e cooperar com outros trabalhadores sediados no nosocômio, nos socorros aos demais pacientes ali em tratamento.

21
ROGATIVA E SOCORRO

Enquanto retornávamos ao posto central, porque me bailassem na mente várias interrogações, indaguei ao paciente instrutor:

– *O Espírito Manuel Trindade vinculou-se apenas à dama que sugeriu o rapto da criança, no caso, a nossa Noemi?*

– *Não, meu amigo* – elucidou-me. – *Desencarnando em circunstância violenta, conforme vimos, passada a fase de mais rude perturbação, tomou conhecimento de toda a trama, inclusive da morte da filhinha, que não encontrava... Temperamento forte, razão por que escolheu o partido absolutista, dado a atitudes extravagantes, extremistas, já mantinha rancor contra a viúva, ainda quando reencarnado. Depois de tentar o desforço contra os cinco adversários que lhe invadiram o lar, mascarados, sob as sombras da noite, quando se defendera com alguns outros amigos que lhe guardavam a família, por temer represálias dos inimigos locais, vindo a perecer, inteirou-se de toda a conspiração, incluindo a nos seus planos de vingança.*

Quando a nossa irmã desencarnou, não foi alcançada por ele, senão pela esposa traída, a quem estimulara o marido matar, sofrendo por longos anos.

O irmão Artur, que lhe vem acompanhando o desenvolvimento como pai vigilante em muitas oportunidades, rogou recebê-la na carne e o conseguiu, prometendo amparo, também, à assassinada, que aceitou, na condição de esposa e mãe de Noe-mi, a fim de que o amor maternal vencesse o ódio passado... O demais já sabemos. Os antigos delinquentes não suportaram a prova e inverteu-se o quadro, que o tempo corrigirá com acerto. Tudo é perfeito na Criação. Todo desequilíbrio resulta de uma ação que logo será refeita, preservando a ordem, a harmonia que predomina em tudo.

Quando o benfeitor silenciou, encerrando o assunto, aproximou-se um cooperador do departamento de comunicações informando que o setor de registos de orações captara um pedido de emergência, partido de uma jovem que estava encurralada, em local ermo, próximo, por um grupo de atormentados sexuais, ameaçando-a...

Localizando mentalmente onde ocorria a agressão a ser culminada, partimos, Artur e nós, acompanhando Dr. Bezerra que, presto, inteirou-se do que estava a suceder, passando à ação urgente.

Concentrou o pensamento no Cristo e dirigiu a onda mental com alta carga vibratória sobre os agressores que tentavam imobilizar a moça, a fim de facilitar a tarefa dos outros violentadores, e descarregou-lhes enérgica vontade bem controlada. A jovem debatia-se, sem poder libertar--se nem gritar, quase totalmente dominada, não obstante o pensamento suplicasse, firme, apoio e ajuda do Alto, em cujo amparo se colocara nobre Entidade que a assessorava, dando-lhe forças.

Sob a imantação mental que os colheu de surpresa, os agressores afrouxaram os membros sem poder conter a vítima que se levantou do solo aonde fora arrojada, com as vestes rotas, chorando, copiosamente. Os outros dois, sem entenderem o que aconteceu, voltaram à carga...

Nas fronteiras da loucura

Nesse comenos, porque visse, à distância regular, em rua próxima, um veículo policial, o benfeitor recorreu a uma ação prática, própria para a circunstância. Sintonizou com o motorista do carro da Rádio Patrulha e chamou-o, mentalmente, com vigor.

Subitamente a sirene aberta anunciou a passagem do veículo, fazendo que os malfeitores desandassem a correr, quando os faróis do carro colheram-nos, iniciando-se uma perseguição, que culminou na detenção de todos, que foram recolhidos. A jovem foi socorrida, prontamente e, porque não apresentasse lesões e se negasse a formular queixa, demonstrando muito nervosismo, foi levada a um posto de saúde, onde recebeu medicação específica e depois conduzida ao lar.

Chamou-me a atenção o comentário do motorista com os colegas, enquanto conduziam os desordeiros à detenção:

– *Nunca entramos nessa travessa. Mas, de repente, eu* escutei *uma voz dizendo-me, vigorosa: "Venha aqui!", e obedeci prontamente.*

Os colegas chicanaram: – *Não me venha com essa de ouvir vozes, porquanto o único espírito que você conhece bem é o que vem do suco da cana...* E sorriram todos.

A moça continuou sob a assistência benfazeja do amigo espiritual, até quando foi levada ao lar sob o amparo do seu gentil protetor do mais além, que a estava acompanhando.

Enquanto ela se encontrava no atendimento, os policiais instaram para que fosse apresentada a queixa, a fim de reter os malfeitores no cárcere por mais tempo.

A vítima, porém, recompondo-se, explicou que fora um grande susto e convenceu-os, inspirada, que tudo estava bem, agradecendo, sinceramente comovida.

Os policiais foram levar os prisioneiros ao cárcere, para que completassem o Carnaval em recolhimento, impedindo-os de causar danos a outras vítimas indefesas.

No trâmite do atendimento médico da moça, o seu acompanhante espiritual revelou-nos que ela retornava da visita a uma enferma, a quem fora atender com a palavra amiga, confortando-a com a sua assistência fraterna. Tratava-se de uma anciã solitária, que lhe recebia ajuda financeira e espiritual. Sabendo-a doente, muito embora os perigos a que se exporia, por estar desacompanhada, orou e foi em seu auxílio. Levou-lhe o concurso de emergência e algum medicamento oportuno. Atendendo-a, demorou-se além do previsto. No entanto, espiritista convicta, buscou inspiração na prece e retornou ao lar, quando foi defrontada pelos rapazes, algo embriagados.

Ante a narrativa espontânea, não pude sopitar a indagação que me veio à mente:

— *Não estava a moça em tarefa relevante da caridade, envolvida pela força da oração? Como explicar a agressão de que fora objeto, quase redundando em prejuízos irreversíveis que, além dos danos físicos e morais, poderiam abalá-la profundamente, perturbando-lhe o sistema emocional?*

Foi o benfeitor quem me respondeu, gentil:

— *A oração imuniza-nos contra o mal, dá-nos força para suportá-lo, mas não muda os nossos necessários processos de evolução. No caso em tela, a irmãzinha afeiçoada ao bem e afervorada à oração recebeu a resposta ao seu apelo de forma positiva. Liberou-se dos perturbadores da ordem e, graças à rápida aflição experimentada, anulou grandes, porvindouros sofrimentos que lhe pesavam na economia da evolução, por erros graves cometidos na área da sexualidade e da prepotência*

Nas fronteiras da loucura

que a infelicitaram, gerando muito dissabor naqueles que lhe sofreram os desequilíbrios... Sinceramente consciente da necessidade de depuração, ante a luz do conhecimento espírita que lhe vitaliza o ser, dispôs-se à renovação pelo amor e pela ação do trabalho edificante, granjeando méritos para ter mudados os fatores cármicos da atual existência.

Pelo teor mental e alta dose de sincera unção da prece, os sensores de seleção de rogativas registaram o seu apelo, que mereceu atendimento e, porque de conduta reta, faz jus à assistência do protetor espiritual que a atendeu até nossa chegada. Sintetizando: num momento de provação bem suportada, graças aos valores que já lhe pesam positivamente, liberou-se de largos testemunhos de dor e sombra no futuro.

Observe, o amigo, que nem todos que são surpreendidos em circunstância desse teor conseguem sair ilesos, o que a situa em excelente condição.

O amor anula os erros e pecados, *preparando o ser para, testado, superar os impactos desagregadores do comportamento sadio. E ela, convenhamos, triunfou, não complicando a situação dos invigilantes, que não estão no pleno uso da razão. Ficarão impedidos até amanhã, quando, recuperando a sobriedade, sem prejuízos maiores, volverão ao trabalho, sob a circunstância da lição que receberam, acautelando-se, de futuro, da prática de novas, semelhantes atitudes.*

Eram muito lógicos os argumentos apresentados. Fosse diferente, a oração se transformaria em técnica *negocista* com a Divindade e não, conforme é, em recurso de intercâmbio inspirativo e providencial com as Fontes Inexauríveis do Bem.

Do homem sempre depende o resultado dos seus empreendimentos, mesmo quando sob a inspiração das forças negativas que tentam levá-lo à queda, ou dos emissários do bem que o propelem para a conquista da evolução.

Em verdade, nenhuma rogativa honesta dirigida ao Senhor fica sem resposta do socorro imediato. Quiçá não chegue na forma que se pretende, mas conforme é melhor para o necessitado, o que expressa o grau da sabedoria que responde.

Fosse de forma diversa e o caos se estabeleceria, desde que, ainda na infância espiritual, as criaturas não sabemos pedir, solicitando, não raro, o que nos é bom num momento, que deixa de ter qualquer valor, ou, às vezes, transformando-se em desagrado, logo depois.

Felizes os que pedem ajuda sem orientar o tipo e a forma de auxílio que desejam receber, orando, pura e simplesmente, numa confiante entrega total de amor e de fé.

Já nos dispúnhamos a retornar, quando o benfeitor foi reconhecido por simpática senhora desencarnada, que lhe rogou auxílio para a filha que acabava de chegar, após desmaiar em plena rua. Não era a primeira vez que tombava, vitimada por síncope de tal porte.

Atendida por consciente profissional de plantão, recebeu uma injeção de específico neuroléptico, ficando sob a observação do esculápio.

Dr. Bezerra examinou-a atentamente e esclareceu:

— *Trata-se do* pequeno mal, *a forma mais suave da epilepsia. Ela é portadora de disritmia cerebral e necessita de tratamento especializado, sob cuidados neurológicos, quanto de atendimento espiritual.*

A mãezinha não ocultou a aflição, que se lhe estampava na face.

Nas fronteiras da loucura

– *Tranquilize-se, minha irmã* – confortou-a, benevolente. – *O Pai jamais nos desampara.*

Tocou nas têmporas do médico atento, que lhe registou a vibração agradável.

Aquele homem, de formação ética relevante, prontificara-se para o atendimento, naqueles dias, quando a maioria, por muitas razões, prefere não o fazer. Desinteressado das grandes atrações, era um missionário anônimo da "arte de curar" e, portanto, portador de excelentes credenciais em nosso campo de ação.

Enquanto registava o pensamento do Dr. Bezerra de Menezes, aclarou o diagnóstico, sem maiores preâmbulos. Ergueu-se, procurou saber quem acompanhava a paciente e identificou-lhe o noivo, que se apresentou apreensivo.

Recomendou que a levasse para casa, evitando novas emoções, a fim de que ela repousasse e sugeriu que fosse submetida a exames eletroencefalográficos, para posterior tratamento especializado que a recuperaria, depois de algum tempo, sugerindo, também:

– *Não sou adepto de religião nenhuma... No entanto, tenho clientes com o mesmo problema, que obtiveram excelentes resultados participando de sessões espíritas. Não sei o que o senhor e ela acharão disso, todavia, seria de bom alvitre levá-la a um Centro Espírita bem organizado, que os há em boa quantidade por aí.*

E concluiu:

– *Daqui a trinta ou quarenta minutos ela poderá retornar a casa.*

A mãezinha agradeceu a interferência providencial do mentor e foi para o lado da filha adormecida.

Dr. Bezerra exteriorizou um semblante jubiloso, referindo-se:

– *É melhor, às vezes, lidar com quem diz não ter religião e ama o próximo, servindo-o, do que com aqueles que se dizem religiosos, não amando o próximo e explorando-o.*

22
ATENDIMENTO COLETIVO

Na paisagem dos sofrimentos, sempre luz, incessante, a Misericórdia de Deus socorrendo. Onde esteja a necessidade de qualquer porte, muito próxima está a ajuda do amor.

Preferindo, porém, fruir agora sem pensar no depois, muitos desperdiçam os melhores recursos da vida, imprevidentes, sem que se permitam a sabedoria dos investimentos morais para resultados mediatos, permanentes.

Busca-se o prazer do momento, que logo passa, esquecendo-se dos momentos que virão. Os gozos indevidos, apressados, portanto, são prévias das frustrações que chegarão, inevitáveis.

Sucediam-se as lições de imprevisíveis causas, nos labores socorristas em que nos encontrávamos. O inumerável rol de acontecimentos, naqueles dias, que haviam recebido apoio e ajuda do Plano espiritual, através do nosso posto de emergência, surpreendia mesmo aos trabalhadores mais experientes em tarefas dessa natureza. Isso, porque, na razão em que aumentam os problemas, surgem, igualmente, as soluções.

O Centro de Comunicações captava rogativas e distribuía mensageiros da paz, na direção dos suplicantes.

Dava-me conta de que nem sempre é o grau de gravidade do problema que desarvora a criatura, mas o valor que se lhe atribui.

Anotavam-se, ali, fatores de pequena monta que respondiam por distúrbios de alta expressão, como ocorrências de grande periculosidade que se faziam superadas com relativa serenidade.

A vida são, desse modo, as experiências, os acontecimentos que exercitam o Espírito e moldam-no na fornalha das realizações para os ideais de enobrecimento e de paz em plenitude.

A multidão, que desfilava pelas avenidas em festa, era surpreendente. Os bailes multiplicavam-se, ruidosos, e as pessoas, embriagadas pela ânsia das sensações cada vez mais fortes, apresentavam-se, num crescendo de loucuras, que superavam as anteriores. Sempre se tentará fruir maior soma de gozos até o exaurimento das forças, nos delíquios lastimáveis...

Fomos visitar algumas enfermarias, onde se recolhiam desencarnados daqueles dias e outros que foram trazidos para socorro, após os largos tempos em que se excruciavam, ignorando o que lhes ocorria.

Familiares reconhecidos, credenciados ao atendimento dos seres que lhes eram queridos, cooperavam na assistência dispensada pelo posto, diminuindo a carga de esforço dos trabalhadores especializados.

À medida que examinava os enfermos ali albergados, dispensando esperanças e consolações, diretrizes e medidas mais eficazes, um sentimento de amor espontâneo e gratidão, sem alarde de todos, envolvia o amigo espiritual num halo de suave, indescritível claridade, cuja diafaneidade não tem como ser explicada.

Na ala dos agitados sob controle, chamou-nos a atenção um homem que, embora medicado, gritava, tentando segurar o ventre, onde se notavam os sinais de tremenda hemorragia, que parecia permanecer, embora com menos volume.

As exclamações que lhe escapavam produziam compaixão, inspirando solidariedade.

Examinando-o com maior atenção, quanto o caso requeria, o enfermeiro explicou:

– *É uma vítima de homicídio cruel. Passeava com a esposa e a filha, observando os desfiles de blocos, quando dois mascarados passaram da brincadeira sem consequências à sistemática perseguição à moça e à senhora, sem qualquer respeito por ambas nem pelo esposo e pai.*

A princípio, o senhor tolerou a intromissão dos foliões no seu círculo, mas porque o excesso tomasse corpo, reagiu verbalmente, gerando um atrito cujas consequências lhe foram fatais. Um dos mascarados, indivíduo de má índole que se encontrava armado, enquanto o comparsa atracou-se com o cavalheiro surpreendido, esfaqueou-lhe o ventre, quase o estripando... Após o crime covarde que aterrou a multidão, que somente se deu conta quando do desfecho, aos gritos da esposa e da filha, os bandidos evadiram-se, barafustando-se pela mole humana, no pandemônio das músicas e da confusão das danças.

Alguns trabalhadores nossos, que pressentiram a tragédia, nada puderam fazer por falta de resposta mental às suas induções, sugerindo que se afastassem dos desordeiros ou recorressem à ação policial...

Ante o trágico sucesso, procuraram atender ao Espírito muito aturdido, em crise de loucura que o tomou, trazendo-o para aqui.

Dr. Bezerra pareceu penetrar-lhe o íntimo, enquanto eu conjecturava sobre a ocorrência infeliz. O passeio, de inocente recreação familiar, terminava em resultado infausto. Podia-se imaginar a soma de desespero que tombava de imprevisto sobre o lar, antes risonho e tranquilo. Automaticamente, recolhi-me em oração, suplicando pelo paciente ali conosco e sua família, que iniciavam rude experiência nova a partir de então.

O enfermo recebeu do benfeitor recursos pacificadores, detendo o fluxo sanguíneo com a aplicação de técnica hemostática. Sob a ação vigorosa dos fluidos superiores, o doente asserenou, silenciando e penetrando em sono profundo, reparador. Deu novas instruções ao enfermeiro e retiramo-nos.

Porque me notasse compungido com o drama que acabávamos de conhecer, obtemperou:

— *Esse é o campo onde devemos joeirar... Munindo-nos de compaixão, somos convidados ao auxílio, à educação das almas sem os caprichos de partidos ou interesses pessoais, sem deixar de amparar as vítimas, procedendo sem malquerença em relação aos algozes, a todos atendendo indistintamente, não obstante, a cada um conforme lhe seja melhor para o progresso espiritual...*

Como o amparo ao órfão é luminosa caridade, a reeducação, em estabelecimento próprio, para o delinquente juvenil, também o é.

O esclarecimento ao jovem constitui-nos dever imediato, no entanto, para o toxicômano, ao lado desse, faz-se-lhe preciso o internamento para terapia especializada.

O socorro ao tombado por mãos criminosas é de urgência, todavia, o homicida necessita do cerceamento da liberdade para ser reorientado e dignificar-se.

A caridade e o perdão não compactuam, dando-se as mãos, em convivência pacífica com o erro e a criminalidade. Antes, diagnosticando o mal, propõem hábeis, específicas terapêuticas para a correção e extinção deles.

Educar, reeducar são recursos de amor, terapias valiosas que fazem muita falta na Terra.

Recordemos que o único título que Jesus aceitou foi o de Mestre, que O era, demonstrando-nos ser a Terra um educandário onde todos, Seus alunos que somos, podemos optar por aprender com Ele ou com o sofrimento.

Houve uma pausa própria para reflexão. A seguir, concluiu:

– O irmão, que ora visitamos e aqui se hospitaliza, poderia ter evitado o acontecimento, que fazia parte do seu programa cármico, não em tais ou quais circunstâncias. Os seus compromissos negativos propunham-lhe o retorno ao Mundo espiritual sob acerbas aflições... Isso, porém, poderia ocorrer mediante acidente, enfermidade longa, homicídio, de acordo com a forma como aplicasse a vida, gerando dividendos de paz ou de sombra... Não pretendendo fazer um balanço dos atos do próximo, consideramos que a impetuosidade, que gera violência, quando mal canalizada, responde por muitos males. Evitar-se discussão e não passar recibos a desaforos, agressões de qualquer natureza, não revidar males são receitas de felicidade, às vezes oferecendo medicação de sabor amargo, quase intragável, no entanto, de resultados excepcionais. O silêncio aplicado na provocação do irresponsável é como algodão de tranquilidade posto na ferida dolorosa... A vida ensina que sempre ganha aquele que cede, que serve, que perde, por mais estranho esse comportamento pareça ao utilitarismo imediatista.

O nosso irmão, apesar da circunstância em que veio para cá, faz jus a socorros e assistência mais dilatada, com que se poupará a muitas outras aflições que lhe poderiam advir. Confiemos sem restrições.

Momentos depois, o amigo convidou-nos à tarefa nova, que nos aguardava.

– *Trata-se* – elucidou, prestimoso – *de atendimento a grande número de sofredores, fixados em região de punições a que se submetem, em área próxima daqui.*

Nosso grupo era expressivo, dessa vez, constituído de companheiros que conduziam redes especiais, padiolas e maletas com produtos farmacêuticos e instrumental para emergências médicas.

Estivéramos antes naquelas cercanias, quando fôramos socorrer Ermance. Agora, adentrávamo-nos pelo reduto do horror. Psicosfera difícil de ser respirada sobrepairava, cobrindo os edifícios que desapareceram aos nossos olhos, numa perfeita e poderosa sobreposição de faixas vibratórias, em que essas anulavam as físicas.

Era um mundo especial, primitivo, pantanoso e nauseante na grande área urbana.

Gemidos e imprecações misturavam-se em aterradora intensidade.

O benfeitor instruiu-nos para que avançássemos em fila indiana e não nos detivéssemos sob pretexto algum.

Caminhando, à frente, deixava marcas luminosas no marnel sombrio.

De quando em quando, surgiam-nos sombras humanas que se asfixiavam no tremedal, levantando-se, a gritar, para logo desaparecer no lamaçal pútrido.

O silêncio entre nós era total, enquanto o pensamento fixava Jesus padecendo a Crucificação e perdoando os algozes, com que cobrávamos ânimo e compaixão para alcançar êxito no empreendimento.

Depois de mais de meia hora de avanço lento e cuidadoso, paramos à borda de um despenhadeiro súbito, donde se via, com dificuldade, o abismo adimensional, naquelas circunstâncias, onde não lucilava qualquer chama, onde a esperança parecia não existir.

Utilizando-se de uma corneta de propagação de som, o benfeitor, profundamente concentrado, começou a falar:

— *Irmãos do sofrimento! A Misericórdia do Pai magnânimo chega até vós. Soa o momento da vossa recuperação e próxima paz. Aproveitai! Tentai o arrependimento e vinde, que vos esperamos!*

Levantou-se um clamor que ensurdecia... Blasfêmias e ameaças cruzaram o ar pestilento. Gritaria infrene estrugiu, repentina. Palavras grosseiras e epítetos desagradáveis foram atirados. Ladridos e uivos animalescos acompanharam a balbúrdia que se fez violenta.

— *Fora os infelizes capachos do Crucificado! Fora ou os crucificaremos também!*

Baldoavam acusações terrificantes e, enfurecidos, muitos que ali dominavam arremessaram, do paul, quanto encontravam...

Dei-me conta de que o mentor exteriorizava opalina claridade, na noite densa e macabra.

— *Salvai-nos, anjo de Deus!* — pediam diversos. — *Socorrei-nos do Inferno...*

Bordoadas e chibatadas estalavam, vingativas, obrigando as vítimas a afundarem no atoleiro imundo, asfixiando-se...

Havia uma lâmina invisível de força que nos defendia dos agressores e apedrejadores.

Ato contínuo, o mentor ordenou:

– *Atirai as redes!*

Os destros cooperadores, que estavam a postos e eram acostumados àquele tipo de socorro, lançaram as redes que, ao contato com a substância asquerosa, adquiriam brilho, lampejando sobre aquela parte do paul...

– *Segurai as redes* – propôs, enérgico – *se estiverdes resolvidos a mudar de vida, a crescer para Deus!*

Em azáfama desesperadora, sob imprecações e dominados pelo desassossego, dezenas de Espíritos agarraram-se às cordas entrelaçadas, com sofreguidão.

Observei que alguns dos encarcerados no pantanal não conseguiam segurá-las, pois que pareciam desfazer-se ao seu contato, o que provocava reações de ira e de zombaria deles mesmos, revoltados.

A operação demorou por quase um quarto de hora, retirando-se os que se amparavam, ao mesmo tempo que eram colocados em padiolas e repetindo-se os arremessos até que foram recolhidos.

– *Apiede-se o Senhor* – disse o benfeitor, compungido – *de vós todos!*

E, em meio-tom, acrescentou:

– *Partamos! A tarefa está encerrada.*

Sob chuva de impropérios, em que a obscenidade e as acusações infames se misturavam, ameaçadoras, retornamos, obedecendo à mesma ordem.

Quando já saíramos do charco sombrio, temerário, indaguei com todo o respeito o porquê de muitos que se amparavam nas redes não conseguirem sair do lodaçal.

– As redes – explicou, paciente *– são feitas de substâncias retiradas do fluido cósmico, fortes, porém delicadas. Registam as irradiações mentais daqueles que as tocam. Se o peso específico da sua exteriorização psíquica é negativo, elas diluem-se, nos casos contrários, enrijam-se...*

Ninguém ludibria as Leis. Em todo lugar, nem todos que requerem amparo desejam-no, realmente. Às vezes, querem liberar-se de situações que lhes desagradam, sem que mudem de comportamento. Choram e sofrem, mas não pretendem a transformação interior, necessitando de aprendizado penoso para que se modifiquem as estruturas íntimas do ser, quando se capacitarão para o renascimento em si mesmos.

Recebendo assistência imediata desde a hora em que eram colocados nas macas, por cujo concurso se lhes diminuíam as exteriorizações perniciosas, à base de recursos fluídicos e terapias especiais, os recém-liberados foram conduzidos ao posto, para onde tornamos, concluída a tarefa.

Calculando distâncias, deduzi que aquela área se dilatava pela região onde se sediavam uma penitenciária e a faixa do lenocínio mais hediondo da cidade.

Fiquei a meditar!

23
TRAMA NA TREVA

Haviam sido liberados dezoito sofredores que ali, na região de angústias inomináveis, recompunham a vida íntima que desarticularam sob os golpes dos camartelos do ódio, da dissolução moral, das arbitrariedades. Permaneceram nos círculos vibratórios da crosta terrestre, mergulhados nas densas faixas de desespero que eles mesmos liberaram e mantinham.

A mente plasma, no fluido cósmico, sob o império da vontade, o que mais ambiciona, vitalizando com as ações, que são decorrência dos desejos acalentados, o que lhe servirá de suporte para a elevação espiritual ou armadilha para a queda.

Em lugares onde o comportamento mental é pernicioso, idêntico em muitas pessoas pela gama de interesses vividos, surgem redutos de incúria e sofrimento espiritual, que se ampliam de acordo com a continuidade de exteriorizações psíquicas, como graças ao volume e teor delas. A recíproca é verdadeira: onde se concentram tônus psíquicos superiores, abrem-se vias de comunicação com as Esferas elevadas, surgem construções de paz e Espíritos benignos convivem com as almas que se lhes afinam.

A sintonia, no Universo, como a gravitação, é Lei da Vida. Vive-se no lugar e com quem se deseja psiquicamente, mesmo que se não o frua na esfera física. As respostas da vida são conforme o conteúdo dos pedidos, e não de acordo com a embalagem exterior... Há um intercâmbio vibratório em todos e em tudo, respondendo pela harmonia universal.

A festa atroante chegava a um dos seus vários momentos de clímax, como se não voltasse a repetir-se e exigisse o máximo frenesi dos que se locupletavam, em total e exaustiva doação.

Já passava de uma hora da manhã de quarta-feira, quando Dr. Bezerra foi notificado, por cooperador do Centro de Comunicações, de uma nefasta cilada que baldoeiros e sequazes da treva armavam, para alcançar e malsinar alguns foliões que se divertiam, quando retornassem ao lar...

Alguns desses Espíritos maldosos mantinham prebendas de vingança em relação às pessoas que espreitavam, desejando, nas circunstâncias que se apresentavam favoráveis, urdir um plano para desforço traiçoeiro, tentando anular-lhes a vida física.

As pessoas objetivadas iniciavam-se no estudo da Doutrina Espírita, qual ocorreria em qualquer outra escola de fé e de serviço ao próximo, vinculadas ainda aos divertimentos que lhes constituíam a razão de júbilos e emulação para a vida. Não se tratava de um grupo viciado sob dependência cruel de erros morais. Temperamentos joviais, extrovertidos, brincavam conforme os padrões da mentalidade da época, sem dar-se conta dos riscos inecessários a que se expunham.

Eram dois casais, pais dedicados, que juntos interessaram-se pela filosofia imortalista, em razão de mediunidade que aflorara numa das senhoras, de nome Júlia, oferecendo manancial de consolação e campo para estudos.

Nas fronteiras da loucura

Orientados por abnegado amigo espiritual a recorrerem à Casa Espírita, fizeram-no de imediato, e deixaram-se convencer pelo conteúdo da mensagem alicerçada na linguagem experimental. Adentraram-se pelo estudo e trabalho socorrista sem reservas. O esposo da médium, Dr. Otávio, era esculápio consciente e dedicado, logo prontificando-se ao atendimento gratuito aos enfermos, na sede da entidade, quanto no próprio consultório.

O outro casal, Marcondes e Raulinda, procedia da nossa Esfera, sob carinhosa recomendação de produzir bem na atual etapa reencarnatória. Ele, engenheiro civil, sonhava em realizar uma obra social de amparo menor, em moldes cristãos, embora, à época em que se lhe fixou a ideia, não estivesse vinculado a qualquer denominação religiosa. Raulinda concluíra o curso de Serviço Social e, sabendo do plano do marido, afeiçoara-se à ideia, que também a fascinava.

Júlia, com os registos mediúnicos em fase de educação e sem maiores reservas de conhecimento técnico da faculdade, tornava-se, compreensivelmente, instrumento das Entidades esclarecidas, mas também, e sobretudo, por motivos óbvios, dos portadores de perturbação ou maliciosos, com os quais é mais fácil a sintonia mental.

Como se pode avaliar, o período inicial de educação mediúnica sempre se dá sob ações tormentosas. O médium, geralmente, é Espirito endividado em si mesmo, com vasta cópia de compromissos a resgatar, quanto a desdobrar, trazendo matrizes que facultam o acoplamento de mentes perniciosas do Além-túmulo, que o impelem ao trabalho de autoburilamento, quanto ao exercício da caridade, da paciência e do amor para com os mesmos. Além disso, em considerando os seus débitos, vincula-se aos cobradores que

Manoel Philomeno de Miranda / Divaldo Franco

o não querem perder de vista, sitiando-lhe a casa mental, afligindo-o com o recurso de um campo precioso e vasto, qual é a percepção mediúnica, tentando impedir-lhe o crescimento espiritual, mediante o qual lograria libertar-se do jugo infeliz. Criam armadilhas, situações difíceis, predispõem mal aquele que os sofrem, cercam-no de incompreensões, porque vivem em diferente faixa vibratória, peculiar, diversa aos que não possuem disposições medianímicas.

É um calvário abençoado a fase inicial do exercício e desdobramento da mediunidade. Outrossim, esse é o meio de ampliar, desenvolver o treinamento do sensitivo, que aprende a discernir o tom psíquico dos que o acompanham, em espírito, tomando conhecimento das leis dos fluidos e armando-se de resistência para combater as más inclinações que são os ímãs a atrair os que se encontram em estado de Erraticidade inferior.

Ninguém, no campo da mediunidade nobre, que não experimente esse período de testemunhos silenciosos, em que a oração, o estudo e a meditação fazem-se indispensáveis para resguardar o iniciante, ao mesmo tempo pela ação do bem com que se faz respeitado, inclusive, pelos seus adversários ocultos.

Nessa fase, aprende a preservar o silêncio, a discrição, controlando os ímpetos e estados da alma, de modo a manter a linha do próprio equilíbrio sem as oscilações e variações de humor que tipificam estado de obsessão simples. Tão habitual se lhe tornará a disciplina no comportamento, que superará as agressões mais fortes, como não se deixará conhecer quando nos momentos de maior efusão de bênçãos. Certamente que, numa ou noutra situação, terá expressões faciais, emocionais diversas, mas não a ponto de viver ou apresentar-se incorporado, em estado de transe fora das horas e das tarefas que assim o exijam.

O exercício da mediunidade requer atenção e disciplina íntima, perseverança e assiduidade no exercício, estudo cuidadoso da Doutrina, da faculdade e de si mesmo, a fim de alcançar as finalidades superiores a que ela se destina.

Quem assim não proceda poderá ser, uma vez ou outra, instrumento de comunicações salutares, por necessidade de emergência, todavia, a Espírito responsável algum, apraz lidar com médiuns levianos, indisciplinados e vulgares, como é fácil de compreender-se.

Qualquer médium que fuja do estudo e do exercício correto das suas faculdades medianímicas, por mais empáfia com que se apresente, encontra-se em período de obsessão, sob comando equívoco... Permanece-lhe, quiçá, a mediunidade para o seu e o escarmento dos que afinem com tal disposição, no entanto, sob comando maléfico ou simplesmente alienado...

Júlia, que ainda se não firmara nos postulados e na gravidade da adoção do comportamento espírita, embora pessoa de excelentes dons morais e culturais, havia pressentido que muito na sua vida, a partir de então, iria mudar, como de fato ocorre.

Quem se acostuma com a beleza das paisagens ridentes e elevadas, vencidos os obstáculos da baixada asfixiante e erma, já se não adapta aos antigos sítios donde procede...

Assim, sob indução dos que ora conspiram como surpreender o grupo e atingi-lo, ela havia sugerido:

– *Divirtamo-nos a valer. Será nossa despedida do Carnaval, já que nos encontramos no pórtico de uma vida nova, a fim de não ficarmos, no futuro, frustrados. Teremos recorda-ções agradáveis, que nos darão alegrias...*

Otávio, porque de hábitos morigerados, obtemperara:

– Desde que não nos excedamos...

E foram distrair-se.

No ambiente convulsionado da orgia, naturalmente que a médium terminaria por assimilar altas cargas de flui-dos perniciosos, que lhe perturbariam o equilíbrio, tornan-do-se fácil presa de situações e influências nefastas.

As Entidades adversárias, que conhecem as fraquezas humanas, por as possuírem também, como quase todos nós, e que dão plantão ao lado das suas vítimas em potencial, a fim de melhor conhecer-lhes as debilidades, contavam, por antecipação, com esse trunfo.

Fomos, então, com uma equipe, ao local onde se encontravam.

Reuniam-se, esses desafetos, em reduto próprio, a ruí-na de uma casa dedicada à jogatina e ao comércio carnal ora transformada em local de ociosos e vagabundos de am-bos os lados da vida.

Eram seis Espíritos de terrível catadura, que não ocul-tavam as disposições infelizes que os animavam. Faziam-se dirigir por cruel e indigitado ser, que vociferava contra os a quem odiava.

Sob o vigilante olhar do mentor, acercamo-nos, sem ser percebidos, anotando alguns dos seus planos e argumentos:

– Convidei-os para ajudar-me numa empresa, de que todos nos beneficiaremos. Apenas eu e mais dois amigos presen-tes estamos envolvidos diretamente na questão. No entanto, ela pertence-nos a todos os injustiçados.

Nas fronteiras da loucura

— *Bravos!* — aplaudiram os ouvintes, confirmando com gestos e situando-se em posição injustificável de vítimas, cujos algozes não foram corrigidos.

— *É do meu desejo alcançar um casal, deixando o outro, que cairá junto, por conta de vocês.*

— *De acordo!* — anuíram todos.

E ele prosseguiu:

— *Irei utilizar-me de Júlia, que vocês conhecerão, atirando sobre ela um maníaco sexual, embriagado, para gerar confusão... Antes, inspirá-la-ei à bebida, a absorver o* agradável *odor do lança-perfume, para aturdi-la. Enquanto ela se entrega à libação, atuarei sobre Otávio, que relutará, cedendo aos apelos da mulher amada. O amor dessa gente é ótimo veículo para os nossos planos* — sorriu, sarcástico, galhofeiro. — *Vocês se encarregarão do atordoamento de Marcondes e Raulinda, a este tempo engajados na farra dos amigos. Nessa hora, quando se encontrem aturdidos, eu trarei o maníaco, que não será difícil de encontrado, criando uma situação que eles não suportarão, que se degenerará em discussão e agressividade...* — novamente gargalhou, escarnecendo. — *Farei que saiam precipitados, e tomem o carro...*

Fez uma pausa de suspensão do assunto, proposital, e concluiu, frio e calculista:

— *Com a mente desarvorada, sob a ação do ódio, tomá-lo-ei, arrojando o automóvel contra qualquer outro veículo, ou edifício, árvore ou abismo, o que me parecer melhor. Então os teremos...*

— *Perfeito! Ideal!* — bradaram os comparsas, eufóricos, selvagens.

— *Mãos à obra. Partamos!* — ordenou o macabro dirigente da empresa malfadada.

Nesse momento, quando se dispunham a partir, o nosso abençoado mentor fez-se perceber, o que lhes causou instantânea reação de desagrado, senão de revolta.

— *Irmãos* — falou-lhes, de imediato —, *já é tempo de cuidardes da vossa paz...*

— *Não o escutem* — reagiu o malfeitor-chefe. — *Ele é conhecido como perturbador dos nossos planos e serve do outro lado da linha...*

Referia-se à *linha do bem,* que distingue os propósitos de cada qual.

— *Não desejo interferir nos vossos planos, que vos pertencem. Ocorre que soa o momento de encontrardes a vossa paz. O desequilíbrio é ácido a queimar quem o transporta...*

— *Saiamos daqui, vamos!* — instou o sicário. — *Este é o nosso momento e o infame vem perturbar-nos?*

Os demais Espíritos, no entanto, mais pela irradiação de bondade do mensageiro do que mesmo pela força dos argumentos, pareciam imobilizados, ouvindo-o.

— *Examinai!* — continuou o Dr. Bezerra. — *Tendes sofrido muito até hoje, sem qualquer resultado; assim ocorre, porque o desejais. Revoltai-vos contra quem vos magoou e repetis o mesmo erro deles, que se rebelarão e volverão à cobrança. Até quando?...*

Só o amor ao próximo como a vós mesmos solucionará a dificuldade. Tende amor a vós mesmos, pensando em vosso progresso, na libertação do mal que teima por dominar-vos e, superada essa fase, o amor se dilatará na direção do vosso próximo. Não amanhã, porém, agora, neste momento. Jesus espera por nós, amoroso, sem qualquer exigência.

O vingador agressivo baldoava, inutilmente.

O mentor, com doçura e energia, nos quais o amor e a compaixão se exteriorizavam, insistiu:

– *Veneno com veneno mata mais. Só o antídoto da vingança, que é o perdão, liberta a vítima e felicita o cobrador. Aproveitai. Estamos convosco. Vinde à paz. Amigos nossos estão às vossas ordens.*

Seguíramos para aquele local com um grupo de cooperadores do trabalho, entre os quais se encontrava eminente sacerdote, que mourejara naquela cidade e ficara conhecido pela sua bondade e sabedoria.

Atendendo ao convite mental do instrutor, o abençoado religioso aproximou-se e distendeu as mãos aos atônitos sofredores que os contemplavam, sem saber o que dizer ou fazer.

No silêncio espontâneo que se fez, ouvimos o antes odiento obsessor exclamar:

– *Frei Arnaldo!...*

E, subitamente dominado pelo eclodir de emoções duramente represadas, tombou de joelhos, a suplicar:

– *Confessai-me, que sou um desventurado, a fim de que possa alcançar o perdão de Deus e consiga rever minha mãe...*

– *Confessemo-nos ao Senhor* – ripostou o sacerdote – *e arrependamo-nos sinceramente, dispondo-nos para a recuperação pelo bem que nos impusermos fazer.*

Dr. Bezerra trouxe, então, amorosa anciã que abraçou o revel, comovida, dizendo:

– *O Senhor ouviu as nossas preces, meu filho...*

Sem delongas, ele atirou-se-lhe nos braços, como se fora uma criança indefesa, a chorar.

Os demais, diante do inesperado, cederam ao apelo e pediram ajuda, que lhes foi ministrada, sendo todos conduzidos ao posto de socorro.

Só então vim a saber que fora a prece da genitora, em favor do filho em crise de loucura pelo ódio e sede de vingança, que se preparava para piorar a própria situação, que o Centro de registo captara, merecendo o atendimento, com o qual se liberavam os alegres jovens, que se não deram conta da trama na treva que os envolveria...

No pardieiro onde exalavam os fluidos pestilenciais, o amor fez brotar a felicidade para muitos com a esperança de paz futura.

24
OS SERVIÇOS PROSSEGUEM

Os atendimentos continuavam, ininterruptos. Desencarnados solicitavam apoio e socorro para familiares que se deixavam arrastar pelas extravagâncias dos momentos fugazes; outros eram recolhidos para transferência posterior de plano de ação; ainda outros se faziam liberados de obsessões selvagens por parte de adversários, igualmente sem as roupagens físicas... Grupos de auxílio especializado movimentavam-se nos vários misteres fora e dentro do posto central, o mesmo acontecendo nos subpostos.

As primeiras horas da madrugada da quarta-feira não amainavam o entusiasmo da multidão, nas ruas e nos clubes, que bebia, até a última gota, o cálice do prazer exorbitante.

O mentor permaneceu no acampamento central coordenando os serviços e detalhando a remoção dos pacientes, à medida que as circunstâncias o permitissem.

Ficara estabelecido que a *construção* permaneceria como núcleo de emergência para o cotidiano da cidade, à semelhança de diversos outros existentes e objetivando-se, também, os futuros Carnavais...

As tarefas receberiam tratamento específico, e companheiros diversos ali estagiariam nos serviços a que se entregavam, na face da Terra.

Funcionaria, igualmente, para treinamento de candidatos novos no labor do socorro espiritual, bem assim na condição de hospital para recém-desencarnados.

Sucede que o ministério do bem não tem limites e a ação do amor, através da caridade, é incessante.

Cansaço, adiamento, dificuldades para a atividade generosa constituem recurso de apoio à indolência ou à indiferença fraternal, quando defrontamos a dor.

Continuava muito densa a psicosfera em torno da cidade, particularmente nas áreas de maior agitação, quando o dia triunfou, em Sol dourado.

Pequenos grupos retornavam aos lares, um tanto desconcertados pela hora avançada, e a cidade parecia refazer-se da exaustão.

O benfeitor reuniu os cooperadores mais próximos no Centro de Comunicações, a fim de formular os agradecimentos ao Pai Criador e a Jesus, em face da etapa que ficava concluída na sua primeira parte. Os que se encontravam em serviços nas demais dependências participariam da oração coletiva através de aparelhos instalados adredemente nos diversos módulos, bem como sincronizados com os subpostos.

Havia em todos uma sensação de paz e júbilo espontâneo, que transparecia em cada semblante.

Dr. Bezerra assomou à frente do grupo e, sem maior delonga, usou da palavra:

– *Caros irmãos.*

O Senhor seja conosco!

Com a normalidade, que retorna à cidade, encerramos os compromissos de emergência neste posto de socorros.

Nas fronteiras da loucura

Os quatro dias de atendimentos especiais ensejaram-nos valiosas experiências de que não nos olvidaremos, pelas lições salutares que pudemos recolher.

Vivemos o dever fraternal, ao lado do próximo em sofrimento, sem que excogitássemos, em demasia, dos motivos e razões da aflição que o assaltaram. Candidatamo-nos ao socorro, e oportunidades nos não faltaram, como não nos serão escassas, se estivermos vigilantes e dispostos ao seu atendimento. Ao trabalhador cuidadoso nunca falta o que fazer.

É certo que nos poderíamos ter empenhado mais, no entanto, fizemos o que nos foi possível e damos conta, ao Senhor, da nossa escassa colheita de resultados, confiando na Sua Misericórdia e Amor. As deficiências pertencem-nos e os resultados bons decorrem das Suas mercês que nos não faltaram.

Por tudo, louvamo-lO e agradecemos.

Somos grato aos companheiros que se empenharam na ação do bem, sem exigências nem imposições, aprendendo com o Trabalhador Infatigável a jamais recuar ante o dever por mais necessário esforço, até ao sacrifício quando for o caso.

As horas passaram em festa de fraternidade, sempre breves quando amamos e longas quando nos deixamos afligir pelo desespero.

Raia dia novo, e compromissos interrompidos momentaneamente ou programados para o futuro aguardam por nós.

Jamais receemos ou estagiemos na indagação ociosa ou na justificativa desnecessária.

Há muito por fazer em favor do próximo quanto de nós próprios, que deveremos realizar.

Quem adia o momento da ação libertadora mais se algema à desdita, retardando, sem motivo, a própria libertação, e essa somente chega quando o homem se ilumina interiormente com a verdade, acionando os recursos do amor a benefício do próximo.

O nosso ontem é largo... Demora-se assinalado por escombros e sombras, que aguardam remoção. O amanhã, porém, é infinita concessão de esperança para a felicidade. O hoje, todavia, é o divisor do tempo, o momento decisivo, o convite imediato à ação que não pode esperar. Não o posterguemos, a fim de não perdermos o veículo da oportunidade correta, alongando penas e aumentando responsabilidades...

Houve uma pausa oportuna, após a qual deu curso às considerações:

— Quem conhece Jesus não tem como escusar-se, e quem O identifica, sobremaneira pela visão da Doutrina Espírita, já não Lhe pode resistir ao chamado para a transformação de si mesmo e do mundo em que vive, tendo-se em vista as provações excruciadoras que visitam a humanidade. Nós conhecemos as duas realidades da vida, honrados pela luz do discernimento que a fé raciocinada e experimental nos concede. Cabe-nos não defraudar, sob pretexto algum, o compromisso abraçado que é servir, servir mais, servir sempre sob a égide do Cristo.

Pairava no ar uma suave-doce melodia soprada por seres felizes, que partilhavam, a distância, daqueles momentos ditosos.

Todos concentrávamos os olhos no benfeitor, que se transfigurou diante de nós.

Com voz comovida e penetrante, então orou:

Senhor da Vida!

Nós que sempre Te pedimos, fazemos uma pausa para oferecer-Te o nosso reconhecimento.

Não obstante todas as concessões com que nos enriqueces, apresentamo-nos solicitando, na carência que preferimos, quando somente deveríamos louvar-Te e agradecer-Te.

Fazemo-lo, agora, com emoção.

Por tudo de mal que nos poderia haver sucedido e não ocorreu.

Pelos insucessos que experimentaríamos e não tiveram lugar.

Pelas dores lenidas e socorros prestados.

Pelas oportunidades não perdidas e pelas tentativas acertadas.

Pela sintonia mantida com os Teus Mensageiros e as instruções recebidas.

Pelo desejo de servir em Teu nome e a ação que foi conjugada.

Pela união de esforços de tantos que Te amam e se entregam à vivência da Tua mensagem.

Porque nos chamaste na desolação em que nos debatíamos, a fim de Te encontrarmos, na pessoa do nosso irmão, quando então nos encontramos, somos-Te reconhecidos.

Considerando o que ainda há por fazer e como necessitamos realizá-lo, agradecemos, desde já, por nos colocares na linha de ação.

E por aqueles que ainda não sabem ou não querem agradecer, muito obrigado por nos facultares conviver com eles e conquistá-los para o Teu amor.

Senhor, louvado sejas!

Lentamente o amigo retornou à sua feição habitual, enquanto suaves energias pairavam no ar, penetrando-nos docemente.

Os cooperadores aproximaram-se, expressaram os seus sentimentos à nobre Entidade, por sua vez agradecendo haverem participado daqueles dias de realização enobrecedora, logo retornando aos compromissos que não cessaram por completo.

Ficamos apenas poucos auxiliares, que o acompanháramos em alguns dos atendimentos especiais.

– *Façamos uma visita às enfermarias* – propôs, dinâmico e incansável – *antes que novos deveres nos chamem a outras liças.*

Revimos Ermance, que se encontrava em sono reparador, acolitada pela avó Melide, tanto quanto Fábio e o colega em repouso refazente, sob a assistência vigilante de D. Ruth, que informou sobre a família, em adaptação após o golpe que a alcançou.

Ouvindo ligeiras explicações da Senhora Melide, em torno da dor selvagem que se abatera sobre os pais de Ermance, esta perguntou da possibilidade de propiciar-lhes uma visita à enferma, por alguns segundos que fossem, de modo a asserenarem-se. Aduziu que a mãezinha, de alma estiolada, agasalhava a ideia da morte, num desejo de estar com a filha, que parecia tanto depender do seu carinho.

O amigo, todavia, obtemperou:

– *Compreendemos o carinho da devotada irmã Melide, no entanto, Ermance não pode, nesta situação, ser perturbada por qualquer ruído, necessitando desse repouso profundo. A visita dos pais perturbá-la-ia muito, em razão da zoada mental de que se encontram acometidos, no aturdimento e desespero, terminando por alcançar a jovem através de perigosos dardos de desconforto e saudade...*

Tomaremos, no entanto, as providências para que técnicos de comunicações propiciem-lhes sonhar *com a Senhora, já experiente nestes misteres, mediante o que os acalmará.*

Após alguns segundos, concluiu:

— *Somente lhe recordamos que os filhos, por mais amados, não são propriedade nossa, pertencendo antes a Deus.*

A veneranda avó sorriu e compreendeu, respondendo, jubilosa:

— *Tentarei não esquecer, buscando preservar os cuidados que a situação requer.*

Pensava na *zoada mental* que dispara dardos, quando o benfeitor elucidou-me:

— *Em nossa área de ação, o silêncio não é a decorrência da cessação da voz, a parada dos ruídos que ferem o tímpano, como ocorre na Terra. Sendo o pensamento o agente, é natural que, em descontrole, produza tal descarga magnética, especialmente em casos desta ordem, que repercutiriam na enferma como explosão de granadas, gritos, exclamações, o que, em verdade, está acontecendo no campo vibratório dos familiares, embora sem ressonância na árca física...*

De alguma forma, Ermance aqui está defendida desses petardos do desequilíbrio doméstico, o que não ocorrerá com alguém em desalinho nas suas imediações vibratórias. Outrossim, o impacto emocional dá surgimento a ondas que atiram flechas certeiras no alvo, produzindo danos lamentáveis, que devem e podem ser evitados.

No mundo é difícil, para muita gente, fazer silêncio oral, quanto mais de ordem mental.

Anuí ante os esclarecimentos e recordei-me dos males que produz a palavra leviana, qual labareda desprotegida ateando incêndio em palheiros próprios e alheios. Não descartei a meditação sobre os *ruídos mentais* desgovernados, dos que calam, quando não podem invectivar e agredir, reagindo com o pensamento em aluvião de revolta, desejos de soez vingança, despejando cargas de magnetismo dissolvente sobre os seus opositores ou desafetos.

Os primeiros deslocamentos estavam previstos para a madrugada seguinte e os preparativos faziam-se em clima de ordem sob os cuidados compreensíveis.

O mentor advertiu-me de que às 19 horas voltaríamos ao Hospital de Saúde Mental para as primeiras providências no caso Julinda.

25
TÉCNICA DE LIBERTAÇÃO

Chegando ao hospital fomos recebidos por Dr. Figueiredo que, atencioso, nos levou ao apartamento de Julinda.

Fomos encontrar a paciente sob alta dose de antidepressivo, adormecida.

Em Espírito, encontrava-se igualmente dopada. Ricardo, por sua vez, que fora adestrado por Elvídio nas técnicas da obsessão infeliz, encontrava-se vigilante. Percebia-se o semblante cerrado, numa expressão grotesca, em que se misturavam o ódio e o desprezo pela vítima, sem qualquer consideração pelo sofrimento que lhe infligia.

Apesar de ter a *casa mental* sitiada pelo fluido pernicioso do perseguidor, pude notar alguns pontos não dominados integralmente.

O mentor, percebendo as minhas interrogações silenciosas, explicou-me:

— *Como tomamos conhecimento por ocasião da nossa primeira visita a Julinda, o remorso foi a ponte de que se utilizou Ricardo para dominá-la. Ao natural sentimento de culpa que nela se instalou, o inimigo impôs a ideia da loucura, amedrontando-a e fazendo-a fixar o momento do aborto delituoso com que terminou por vencê-la, a pouco e pouco.*

Simultaneamente, porque desarmada dos valores espirituais, que relegara a plano secundário, não ficou indene às irradiações positivas do amor da mãezinha, portadora de credenciais de relevo no nosso plano, quanto das suas orações que a envolvem, ainda hoje, dificultando a ação plena do adversário.

A oração intercessória, realizada com unção, com sentimentos elevados, envolve aquele por quem se recorre, considerando-se que toda emissão mental, de acordo com a sua intensidade e o conteúdo que lhe dá frequência, termina por alcançar o que ou a quem se destina.

A prece é vibração poderosa de que o homem não tem sabido valer-se como seria de desejar.

Ricardo não nos pôde ver, sem embargo, pressentiu-nos, afastando-se, molesto.

Dr. Bezerra convidou-nos discretamente à concentração e aplicou passes refazentes em Julinda–Espírito, repetindo a experiência no seu corpo, atendendo, especialmente, aos campos cerebral e genésico. Sob a ação da energia benfazeja, a pobre enferma movimentou-se um pouco como a diminuir a torpe intoxicação fluídica e a das drogas ingeridas, acalmando-se suavemente, num sono, agora refazente.

Observei que o cuidadoso mentor imantou-a de fluidos especiais, que pareciam resguardá-la da ação perniciosa do perseguidor.

Mal terminara o processo socorrista, quando ouvimos um alarido estranho, a destacar-se no tumulto vigente, adentrando-se pelo quarto.

Ricardo fora recorrer ao chefe, que viera, pessoalmente, com alguns acólitos, ameaçadores, produzindo estrépitos com que atemorizam os que lhes caem nas malhas apertadas e cruéis.

Apesar da confusão que se estabeleceu, a moça não deu mostras de ser atingida. A camada protetora de fluidos, qual formasse uma redoma de força magnética, defendia-a das descargas emitidas pelos perturbadores.

Acurando observação, explodiu Elvídio:

— *Estamos sendo dilapidados em nossos direitos. Os enviados do Crucificado aqui estiveram e intentaram roubar-nos a presa, o que não lograrão facilmente. A partir de agora, deixaremos vigilantes dispostos e com recursos de enfrentá-los com nossas forças.*

Examinou a enferma e descarregou energias viciadas que nada lograram, nem sequer perturbar-lhe o repouso.

Porque conhecesse algumas das técnicas do magnetismo e da hipnose, explodiu colérico:

— *Ela absorverá essas forças, que se consumirão voltando a receber as nossas. Será questão de tempo e isso não nos falta. É somente esperarmos com calma.*

Ricardo pareceu não entender a ocorrência, que de alguma forma parecia-lhe dificultar a tarefa, asserenando-se ante as explicações de Elvídio, que se apresentava como governante dos destinos que por ali tramitavam.

Por minha vez, eu observava a grandeza das Soberanas Leis.

Estávamos no mesmo *espaço* em que se movimentavam os agressores e porque sintonizássemos em outra faixa vibratória, podíamos vê-los, sem que lhes fosse facultado o mesmo.

Transcorridos alguns minutos, Elvídio afastou-se, não sem antes prometer a Ricardo que tomaria providências compatíveis com o sucedido e tranquilizando-o quanto ao próximo desfecho.

— *Apressaremos sua volta, pelas próprias mãos. Pode confiar. Temos interesse no caso.*

Elvídio, iludido da situação, afastou-se com o séquito, deixando duas sentinelas de aspecto muito desagradável, à entrada do quarto.

A princípio, Ricardo apresentava-se receoso, agitado, movimentando-se de um para outro lado e olhando a presa com rude expressão de cólera.

Na tela mental, ouvi o benfeitor convidar-me à necessidade de união psíquica, em prece a Jesus, objetivando o atendimento aos envolvidos na trama do sofrimento que para si mesmos haviam engendrado.

A operação que ali se realizou, escapou-me.

Deduzi que o amigo espiritual, mediante a ação do pensamento identificado com o Mestre, canalizara reforços de energia superior para o recinto, modificando a psicosfera ambiente que afetou o inimigo de Julinda.

Vi-o lentamente aquietar-se e percebi que entrou em reflexão, ao império das ondas mentais que o atingiam.

– *Agora poderemos ir, levando-o conosco, no estado de sono, de que será acometido dentro em pouco.*

Começando a pensar, afrouxar-se-ão os vínculos de tensão e ele cederá ao repouso, que nos propiciará trasladá-lo sob indução hipnótica.

A nossa não é uma atitude de violência ao seu livre-arbítrio. No entanto, se desejamos auxiliar Julinda, somos convidados a socorrê-lo primeiramente, porque a sua insânia de hoje resulta de dores vigorosas de que padece desde antes, ocasionadas pela invigilância dela...

Magnetizado o ambiente e porque não mais acostumado a uma psicosfera menos densa, diminui-lhe a fixação do ódio, permitindo-lhe retroceder no tempo, inconscientemente, e sentir saudades da paz...

Teleguiado pelo nosso pensamento, ele sairá sem despertar suspeita nos vigilantes deixados por Elvídio e assim o conduziremos à Casa Espírita.

Assim sucedeu. Totalmente adormecido, sem levantar suspeição, Ricardo foi conduzido, psiquicamente, pelo mentor à Casa Espírita, na qual o irmão Genézio Duarte nos aguardava, adredemente cientificado que fora, para as operações que ali deveriam suceder a partir daquele momento.

A sessão mediúnica, propriamente dita, ia ter início.

O médium Jonas, por psicofonia inconsciente, transmitiu as instruções do diretor, enquanto os demais companheiros entregaram-se, no plano físico, em sintonia conosco, ao ministério do esclarecimento espiritual.

O doutrinador da Casa, que se encarregava de dirigir a reunião, por sua vez presidente da Sociedade Espírita, era um estudioso honesto, autodidata, que aprendera a Doutrina e a vivia, unindo a lucidez do conhecimento à limpidez do caráter diamantino. Respeitado pelos cooperadores em razão da conduta moral e doutrinária, inspirava confiança. Em palavras francas: o irmão Arnaldo era espírita, no sentido correto da expressão, lutando para superar as imperfeições e cada dia mais se esforçando por viver conforme as recomendações de Jesus e de Allan Kardec.

Portador de uma alta sensibilidade, muito embora permanecesse lúcido nas reuniões, sabia distinguir a verdade da impostura, recusando a mentira de que se utilizam os mistificadores de ambos os lados da vida.

Da mesma forma, não se permitia afetar pelos elogios destituídos de finalidade ou pelas críticas improcedentes.

Respeitava os outros e, mantendo-se em atitude humilde, sem deixar-se surpreender em falsas composturas de simplicidade desnecessária, fazia-se respeitar, inspirando confiança.

Era ele quem normalmente atendia as Entidades que se comunicavam através da mediunidade sonambúlica de Jonas.

Seria nesse campo vibratório de equilíbrio e amor que se encontraria, logo mais, o irmão Ricardo.

Havia grande cuidado por parte do benfeitor, no ajustamento do perseguidor de Julinda aos equipamentos mediúnicos de Jonas.

Ao contato mais direto da Entidade, o sensitivo recebeu mais forte descarga fluídica e estremeceu.

Psiquicamente, o instrutor despertou Ricardo, por efeito de indução mental, que estranhou o que se passava.

Após olhar em derredor, assustado, o Espírito pareceu sentir-se em desconforto.

Obsidiando Julinda, a sua era uma ação que ele provocava ao próprio talante, enquanto que, imantado a um médium educado psiquicamente, se sentia parcialmente tolhido, com os movimentos limitados, e porque utilizando os recursos da mediunidade, recebia, por sua vez, as vibrações do encarnado que, de alguma forma, exercia influência sobre ele.

Ao pensar em desvencilhar-se da incômoda situação, percebeu que acionava o corpo físico de que se utilizava, sem saber como. Pensou em reagir e ouviu a própria voz pelos lábios do médium.

– *Que faço aqui?* – indagara.

– *Visita-nos, por mercê da vontade de Deus* – respondeu o doutrinador.

– *E onde me encontro? Que se pretende de mim?*

– *O caro amigo está em casa, em nossa Casa de oração, onde todos nos preocupamos uns com os outros, pensando na felicidade geral.*

– *Mas eu não desejo ser feliz... Melhor dizendo, a minha é uma felicidade diferente, que logo mais alcançarei desde que nada mais me interessa além do que estou realizando... Por que me sinto preso?*

– *A felicidade, certamente varia de pessoa a pessoa e na mesma criatura difere de tipo e forma, de acordo com os diferentes períodos da vida. O que, numa ocasião, parece dita, noutra se apresenta como desgraça... Além disso, só é legítima quando faculta a todos um quinhão de júbilo, o que não me parece ser o seu caso. Demais, o amigo não se encontra prisioneiro aqui, exceto se se deixou aprisionar em si mesmo, no exercício das paixões infelizes, o que não deixa de ser lamentável.*

– *Tudo está muito bem; porém, o meu lugar não é aqui. Não pretendo ser examinado, porquanto não tenho satisfações a dar a quem quer que seja e vou-me de retorno para o hospital...*

– *Não ignora o irmão que tudo é relativo, especialmente o exercício da nossa vontade. Já que veio sem saber como, o que implica haver sido trazido, é possível que se não possa ir no momento em que o deseje...*

– *Não tenho irmãos, senão o ódio, o desejo de vingança, o desespero que convivem comigo...*

– *Mesmo que o não queiramos, somos todos irmãos, porque procedentes da Paternidade Divina, que é única... Tais sentimentos que apresenta, não lhe são irmãos, antes algozes impenitentes que o desarvoram.*

Ricardo encolerizou-se. Tomado pela crueldade que se lhe aninhara na alma, quis agredir o interlocutor, acionando o médium, mas não o logrou.

Na mediunidade educada, mesmo em estado sonambúlico, o Espírito encarnado exerce vigilância sobre o comunicante, não lhe permitindo exorbitar, desde que o perispírito daquele é o veículo pelo qual o desencarnado se utiliza dos recursos necessários à exteriorização dos sentimentos.

Num médium espírita como Jonas, vigilante e em sintonia com os diretores espirituais da reunião, os atos de violência e vulgaridade não têm curso.

Quando fatos infelizes de porte, qual esse planejado pelo comunicante, sucederem, o médium é corresponsável, o grupo necessita de reestruturação, a atividade não tem suporte doutrinário, nem moral evangélica.

Impossibilitado de levar a cabo o intento, estertorou, blasfemando...

Compreendendo que mais nada poderia ser feito naquela conjuntura e inspirado por Dr. Bezerra, que acompanhava a tarefa sob controle, passou a aplicar passes no médium, enquanto o mentor desprendia Ricardo, que se liberou, partindo na direção de Julinda, sob a força da imantação demorada a que se fixara, não se dando conta de como sequer retornava.

— A etapa inicial do nosso trabalho, no problema Julinda/ Ricardo, coroa-se de bênçãos.

Desejávamos produzir um choque anímico em nosso irmão, para colhermos resultados futuros. Que o Senhor abençoe nossos propósitos!

26
CONSIDERAÇÕES E PREPARATIVOS

A partir daquele momento, Ricardo passou a experimentar sensações agradáveis, a que se desacostumara. O *mergulho* nos fluidos salutares do médium Jonas propiciou-lhe uma rápida desintoxicação, modificando-lhe, por um momento embora, a densa psicosfera em que se situava.

O largo período de animosidade contra Julinda, a expectativa de um retorno, a fim de estar ao seu lado, no corpo físico, e a brutal decepção em face do aborto provocado, produziram-lhe choques violentos, perturbando-o profundamente.

O ódio sustentado pelo desejo de vingança amainara um pouco, ante a possibilidade de ser amado na condição de filho. Todavia, em razão do fracasso da empresa do renascimento, volvera em lava vulcânica destruidora, numa erupção candente.

Habituava-se à *alimentação*, igualmente venenosa, que absorvia da sua hospedeira na ultriz obsessão. Acompanhara-a, desde cedo, e maltratara-a perturbando-lhe o equilíbrio por largos anos.

O amor e a relevante posição espiritual de D. Angélica, genitora de sua vítima, tanto quanto a ternura e a afeição de Roberto, o esposo, formaram uma proteção que, de alguma forma, a defendia dos dardos mentais do adversário invisível.

Impelido por desejos inconfessáveis, como veremos, ambicionava o retorno que ela lhe negou.

Assim, desabituara-se a um clima psíquico de paz, monoideado pela fúria que o assaltava.

Retornando ao apartamento da enferma, comburia-se na revolta, por temer perder a presa.

Dera-se conta de que os acontecimentos não tinham curso ao talante das paixões de cada qual. Num átimo, percebera o que se negava considerar: "Ninguém é bom juiz em causa própria", como afirma o refrão popular, tampouco é senhor absoluto do próprio destino...

A revolta decorria do fato de identificar a divina ajuda atuando em favor de Julinda como dele próprio, somente que de forma diversa ao que ele desejava.

Outrossim, também resultava do receio que lhe adveio, subitamente, sem saber-se explicar.

Teria que ouvir Elvídio e concertar um plano. Sentia-se aturdido, cansado.

O *choque anímico*, decorrente da psicofonia controlada, debilitou-o, fazendo-o adormecer por largo período. Não era, todavia, um sono repousante, senão o desencadear das reminiscências desagradáveis impressas no inconsciente profundo, que ele vitalizava com o descontrole das paixões inferiores exacerbadas.

Sonhava, naquele momento, com os acontecimentos passados, ressuscitando os clichês mentais arquivados. O ódio era-lhe um comportamento agora habitual, sem que procurasse logicar diante das causas. Enfurecido pela frustração, deixava-se consumir.

Aquele estado, no entanto, fora previsto pelo mentor, ao conduzi-lo à psicofonia, de modo a produzir-lhe uma catarse inconsciente com vistas à futura liberação psicoterápica, que estava programada.

Concluídos, porém, os trabalhos, na Casa Espírita, no que tange aos compromissos dos companheiros encarnados, ali permanecemos, dando curso aos labores atinentes à nossa área de ação.

Equipes diligentes encaminhavam os que foram socorridos ao subposto de emergência, a fim de trasladá-los para lugar de assistência definitiva, em Colônias de socorro próximas da crosta terrestre.

Observei que, à medida que as horas avançavam, a instituição fazia-se visitada por pessoas de ambos os lados da vida, que vinham receber atendimento, apresentar solicitações e servir.

Realmente, o sono fisiológico, facultando o parcial desprendimento do Espírito, não deixa de ser um exercício para a desencarnação.

Bem poucos, senão raros, dentre os encarnados que ali se movimentavam, recordariam das atividades desenvolvidas durante aquele período de *morte* da consciência cerebral. Alguns experimentariam sonhos com caracteres estranhos, algo confusos no conteúdo, sem embargo, perceberiam as agradáveis sensações que os seguiriam durante o dia, defluentes dos trabalhos realizados e dos contatos mantidos com os benfeitores desencarnados. O inverso também sucede, quando a área de ação transcorre em outros lugares de psicosfera tóxica e de interesses inconfessáveis.

Passava da meia-noite quando vi adentrar-se Jonas, o médium dedicado, assistido por Genézio, que o fora buscar, facilitando-lhe o deslocamento. Pude sentir de perto, no companheiro dedicado, os frutos da abnegação que a fé espírita consciente lhe propiciava.

Dialogamos um pouco e não pude sopitar indagações ao companheiro Duarte, logo se me facultou a oportunidade.

Percebera que, aos quarenta e cinco anos, aproximadamente, o trabalhador afeiçoado esplendia de juventude física, sem denotar cansaço ou desgaste nos implementos da maquinaria fisiológica.

Transpirava paz no semblante jovial, sem contrações deformantes, ao mesmo tempo denotando madureza e responsabilidade.

Não lhe havia notado sinais de compromisso conjugal ou presença psíquica de filhos, assim apresentando-se mais livre e despreocupado.

O irmão Genézio não se negou a esclarecer-me que o operário da mediunidade reencarnara-se com graves compromissos no campo da afetividade, decorrentes de existências passadas.

– *Sabemos que o sexo* – aduziu-me o amigo – *é departamento divino, de que nos devemos utilizar com vistas à elevação, como, aliás, de toda a organização fisiológica com que a vida nos brinda, para o milagre da evolução. Bem poucos, porém, temos sabido valorizar a sexualidade com o respeito e a compreensão que nos merece. Não poucas vezes, temos derrapado, lamentavelmente, no exercício das funções genésicas, transformando-lhes o uso enobrecido em abuso degradante...*

O nosso Jonas não é exceção. Vem de experiências religiosas, muito recentemente, no sacerdócio católico. Não obstante o amor acendrado por Jesus, trazia profundas marcas de dissipações, que não conseguira superar. Duas vezes seguidas reencarnou com o compromisso de servir, para elevar-se moralmente. Poderia havê-lo realizado, num lar dignamente constituído, porquanto o matrimônio é bênção relevante e a família é campo superior de engrandecimento, onde se fomenta o amor, superando limitações e desenvolvendo experiências santificantes. Todavia, ele preferiu eleger o celibato religioso, disciplinando-se na castidade. O dogma clerical, severo, injustificável e imposto servia-lhe de cadeia, a que se prendeu espontaneamente.

Sucede, que os seus vínculos pretéritos eram muito fortes e um tanto negativos... À medida que os anos se passaram, reencontrou afetos e compromissos que esperava superar, mas, com os quais sucumbiu, lamentavelmente. Não possuindo uma força moral suficiente para assumir a responsabilidade que lhe competia, consorciando-se, como seria normal, deixou-se arrastar, de erro em erro, entre remorsos e novos delíquios, até piorar a própria situação.

Despertando, em definitivo, no último retorno, e inteirando-se das bênçãos que "O Consolador" esparzia na Terra, rogou treinamento e oportunidade para volver, em serviço de redenção, na mediunidade espírita. Portador de outros títulos de enobrecimento, foi encaminhado à reencarnação sob recomendações especiais para a manutenção do equilíbrio, a disciplina da vontade e a correção da conduta...

O amigo relanceou o olhar na direção do médium, que recebia instruções do Dr. Bezerra de Menezes. Ato contínuo, prosseguiu:

– *Jonas solicitou a provação da soledade, a fim de superar-se. Desejou fazer-se* eunuco, *conforme o conceito evangélico...*[3] *É certo que um matrimônio digno, em que a comunhão pela sexualidade não se tresvaira, não deixa de ser uma união casta, pela superior conduta que os cônjuges se facultam. Ele, porém, desejava a superação dos antigos condicionamentos, renascendo para uma oportunidade nova e definitiva de crescimento íntimo.*

Treinado no exercício mediúnico desde antes de seguir ao corpo, experimentou, de cedo, os aguilhões que o levariam ao dever reto.

A verdade é que lhe não faltaram, nem deixarão de escassear testemunhos dignificantes, numa como noutras áreas do comportamento. Convenhamos que a Terra é o campo de lutas e de aprendizagem no qual a dor exerce função significativa.

O nosso irmão está prosseguindo com acerto.

Intervim, então, de certo modo curioso, perguntando:

– *E tem reencontrado afetos antigos, companheiros de equívocos, tentações?*

– *Quem está isento disso?* – interrogou-me, por sua vez.

– *O terreno do progresso* – continuou – *está assinalado pelas dificuldades e os problemas se multiplicam a cada passo. Assim não fosse, e já não seria necessária a experiência, a prova.*

Jonas tem sido visitado por agressões de toda ordem... Adversários dele e do bem, que aqui permanecem, perseguem-no, atirando pessoas invigilantes sobre ele, até o momento em tentativas infrutíferas de perturbação e queda... Almas queridas se

---

[3] "Pois há eunucos que nasceram assim; há outros, a quem os homens fizeram tais; e outros há que se fizeram eunucos por causa do reino dos céus. Quem pode aceitar isto, aceite-o" – Mateus: 19-12 (nota do autor espiritual).

Nas fronteiras da loucura

acercam, restabelecem-se os vínculos da afeição, que ele vai transformando, ao longo do tempo, em amor fraternal, trabalhando os próprios sentimentos com silêncio e renúncia, assistência aos que sofrem e orações, exercitando a vigilância e a alegria de viver...

— *E sofre com esse comportamento?* — indaguei.

— *É lógico* — contestou-me, afável. — *Transforma, porém, a escassez em esperança de abundância e a carência, em hábito educativo.*

Não ficam, porém, aí as suas dores. Como se vive, no mundo atual, um comportamento alienado, o nosso amigo padece a suspeita injustificável dos que não acreditam na honestidade alheia, por não a possuírem, quanto a ostensiva ou discreta censura dos que aos outros fiscalizam com severidade, a si mesmos permitindo benevolentes concessões e extravagâncias. Epítetos injustos são-lhe aplicados por pessoas que lhe não conhecem os sacrifícios nem a dignidade, tanto quanto suspeitas infundadas surgem nos amigos invigilantes que lhe não compreendem a opção.

Sem haver alcançado a santificação, segue compreendendo uns e outros, hoje sofrendo menos do que ontem as flechadas com que o alcançam, de certo modo já indiferente às opiniões alheias a seu respeito, desde que infundadas.

Pelo espírito de dedicação à mediunidade voltada para o bem, ao desinteresse pessoal quando no serviço da Doutrina e pelos esforços que empreende por melhorar-se, vem granjeando, cada dia, maior número de amigos entre nós, que se inteiram das suas disposições e conquistas, passando esses a simpatizar-lhe a tarefa, utilizando-o no desdobramento dos compromissos abraçados. Desse modo, inspiram também, por sua vez, aos seus pupilos reencarnados, que amam o bem, a fim de que se acerquem do médium e auxiliem-no, oferecendo-lhe amizade superior e recursos para a prática da caridade nos seus variados aspectos.

O amigo reflexionou um pouco e concluiu, experiente:

– Ninguém transita numa praça de guerra em pleno combate sem sofrer, ao menos, a perturbação da fuzilaria alucinante, quando não se torna vítima de projéteis certeiros ou petardos danosos. Nesse clima, porém, revelam-se os autênticos heróis.

O amigo sorriu, prosseguindo no atendimento das tarefas que ali se desdobravam.

O vigilante benfeitor, após instruir Jonas, convidou-me a esclarecimentos.

– Conforme é do conhecimento do caro Miranda – explicou bondoso *–, o atendimento da problemática obsessiva Julinda/Ricardo exige-nos cuidados especiais, tendo-se em vista as complexas implicações em que se emaranham.*

Ao trazermos Ricardo à comunicação psicofônica, estabelecemos um vínculo entre ele e o médium Jonas, de quem nos voltaremos a utilizar ainda nesta noite, para o atendimento em maior profundidade que se faz indispensável. Como o nosso irmão ficou impregnado da energia do companheiro encarnado, neste momento dorme, o que nos facilita recambiá-lo a este recinto onde daremos curso ao labor desobsessivo.

Assim sendo, vamos buscá-lo.

Acompanhados por dois assistentes e o servidor da mediunidade, retornamos ao hospital, onde nos aguardava o Dr. Artur Figueiredo que, a partir desse momento, participaria das atividades programadas.

Percebi, depois, que dois outros cooperadores e o irmão Juvêncio, pai de Julinda, seguiram a buscar a Senhora Angélica e Roberto, a fim de que a reunião em família facultasse o deslindar dos problemas que os envolviam, ora ferindo-os gravemente.

Chegando ao apartamento da paciente, não nos foi difícil passar despercebidos dos colaboradores que Elvídio colocara como vigilantes, em tentativa de impedir-nos a operação em pauta.

Sob a ação dos medicamentos, a obsessa dormia, e porque, momentaneamente liberada da ação do adversário, por seu turno, prostrado, repousava.

Ricardo, conforme nos referimos, encontrava-se algo agitado, em face das recordações desagradáveis que o visitavam, naquele estado de torpor.

O benfeitor aplicou-lhe energias sedativas sob as quais tranquilizou-se, adentrando-se em sono profundo.

Por sua vez, Julinda recebeu passes que lhe facultavam liberar-se da conjuntura em que se encontrava, de modo a facilitar a sua condução. Em seguida, partimos sob uma cortina vibratória, produzida pelo benfeitor que nos tornava a todos invisíveis aos guardas de Elvídio.

Enquanto estivéramos fora, o irmão Genézio e outros cooperadores da Casa receberam os membros que participariam da tarefa, dispondo-os na sala mediúnica, nos seus devidos lugares, enquanto era lida uma página do Capítulo VI, de *O Evangelho segundo o Espiritismo*, de Allan Kardec, como preparação psíquica de todos e consolidação do ambiente espiritual.

Compreensivelmente, a senhora Angélica, Roberto e os dois pacientes que trouxemos, nada percebiam no momento.

– *A realização a que daremos curso* – elucidou-me Dr. Bezerra – *poderia ser executada durante as atividades habituais da Casa, com a participação dos membros que constituem o grupo de desobsessão... No entanto, damos a preferência a este mais cuidado labor, pela necessidade de irmos às raízes das causas que afligem os nossos irmãos necessitados, sem que corramos as desnecessárias contingências da distração dos encarnados, do cansaço que os toma, inclusive do sono a que muitos se entregam, certamente sem o desejarem.*

A pouco e pouco, trabalhadores dedicados do labor desobsessivo, no plano físico, têm sido vitimados por lamentável torpor mental, que os induz à sonolência de que se não logram liberar. Tombam, inermes, seja por desinteresse da tarefa, seja por invigilância, estabelecendo ou reestruturando ligações com as mentes perversas dos seus adversários espirituais que, desse modo, os bloqueiam, impedindo-os de aprender e servir ou com o objetivo de prejudicar-lhes o ministério socorrista...

Seria de bom alvitre que os membros de equipes mediúnicas, realmente responsáveis, conscientes da significação e gravidade do cometimento, se impossibilitados de repousar ao cair da tarde que antecede ao compromisso espiritual, descansassem, à noite de véspera, maior número de horas, precatando-se contra o desgaste natural das forças. Outrossim, procedendo dessa forma, ensejariam aos benfeitores prepará-los para a melhor cooperação, sincronizando com os portadores da mediunidade psicofônica os que se irão comunicar e com os demais permitindo encontros refazentes, instruções oportunas, durante o natural e prolongado desdobramento pelo sono fisiológico.

Constatei que, entre os convidados para o prosseguimento da sessão desobsessiva, além de Jonas encontravam-se duas senhoras, igualmente portadoras de mediunidade, o companheiro diretor, que se encarregava da doutrinação e apenas um jovem muito interessado no serviço.

Nas fronteiras da loucura

Apresentavam-se relativamente lúcidos, não obstante as limitações naturais em experiências desse porte.

O mentor, percebendo as silenciosas interrogações a respeito dos demais colaboradores que víramos horas antes, explicou-me:

— *Estamos diante de um grupo mediúnico de desobsessão, portador de qualidades superiores graças ao conhecimento espírita de que os seus membros se fazem possuidores, assim como à sua dedicação natural ao bem.*

Apesar disso, recordemos que as cadeias carnais são muito fortes, criando determinados impedimentos para uma dedicação maior... Passadas as emoções que a reunião propicia, quando diversos retornam às atividades comuns, são absorvidos por outras áreas de interesses, deslocando-se mentalmente e, buscando o leito, quase sempre sob as impressões penosas, excitantes ou desagradáveis que os tomam. Em casos dessa natureza, não se deslocam facilmente do corpo, mesmo quando sob nossas induções, debatendo-se nas urdiduras mentais que trouxeram para o repouso.

O advento da televisão, não nos cabendo aqui adentrar em mais amplas considerações, trouxe, para a intimidade doméstica, as altas cargas de informações, que nem sempre podem ser digeridas *com facilidade. Como esse recurso se transformou em poderoso veículo de recreação, em muitos lares encontra-se colocada na alcova, propiciando que dali se assistam a programas portadores de carregadas mensagens negativas, que despertam o interesse, prendendo a atenção. Quando vai desligada, o telespectador nem sempre se libera da película, de cujo conteúdo emocional participou, ou das últimas notícias que recebeu... Como é natural, agita-se durante o processo do sono, detendo-se nas cogitações não superadas ou partindo em direção das sugestões que foram captadas, com sérios distúrbios para o equilíbrio, a paz pessoal.*

Seria ideal que os cooperadores encarnados, após o encerramento dos trabalhos mediúnicos se mantivessem, quanto possível, no clima psíquico que fruíram durante a reunião, meditando no que ouviram, digerindo mentalmente melhor as comunicações, incorporando aos hábitos as lições recebidas, orando... Tal atitude, que lhes será sempre de alto alcance positivo, ajudar-nos-á a contribuir para que se melhorem moralmente por prosseguirem em ação edificante e aprendizagem, no desdobramento que os compromissos espirituais a todos nos facultam.

Como todos os preparativos estivessem concluídos, o benfeitor dirigiu-se a um ponto central, no semicírculo em que se encontravam todos os participantes de ambos os planos da vida, e proferiu a prece de abertura da reunião.

27
MERGULHO NO PASSADO

Havia uma superior concentração de propósitos que a todos nos reunia naquele momento. O interesse fraternal que nos motivava era o de auxiliar os implicados na problemática obsessiva, algo inverso da visão imediatista das criaturas encarnadas.

Para nós, o drama de Ricardo era o mais pungente. Martirizado por consecutivas aflições e desconfortos, ele padecia da loucura vingativa, necessitando, portanto, de urgente atendimento. É certo que as suas dores não lhe chegavam gratuitamente, porquanto, por seu turno, antes delas, fora um dilapidador das sagradas oportunidades que a vida a todos nos confere. Não obstante, era agora o necessitado de compreensão e ajuda, a fim de liberar-se da pressão interior que o levava a delinquir, dessa forma libertando Julinda.

A oração, ungida de amor e sincera confiança no Doador da Vida, canalizara vibrações poderosas para o recinto humilde onde os servidores de Cristo se congregavam para a vivência da caridade.

Visivelmente transfigurado sob suave claridade que o nimbava, o instrutor esclareceu-nos a todos quanto às finalidades especiais da reunião.

— *A irrestrita confiança nos desígnios divinos* — acentuou, ponderado — *deve conduzir nossos pensamentos, impedindo-nos de julgamentos apressados e injustificáveis. Em qualquer observação, guardemos a postura íntima da piedade cristã, em relação ao próximo, apresente-se-nos sob qual injunção for. Quando o amor sem fronteiras nos comanda o raciocínio, sempre logicamos com acerto.*

Todos somos necessitados do auxílio do Senhor, seja qual for a faixa evolutiva em que transitemos. Desse modo, auxiliemos!

Em prosseguimento, aplicou passes em Julinda, dispersando os fluidos pesados e as substâncias antidepressivas que a anestesiavam, mantendo-a em sono profundo, enquanto o irmão Juvêncio realizava operação semelhante na senhora Angélica.

A viúva despertou, quase de imediato, procurando assenhorear-se do recinto em que se encontrava. Relativamente lúcida, identificou o esposo desencarnado, que a envolveu em abraço de ternura e de reconforto.

Harmonizadas as primeiras emoções, disse-lhe o companheiro afeiçoado:

— *As tuas preces encontraram ressonância na amorosa acústica do Mestre. Aqui nos reunimos hoje com o propósito de socorrer nossa querida filha. Embora o amor que lhe devotamos, convém não nos esquecermos de que nos merece igual afeto aquele que a perturba. Assim, acautelemo-nos contra o favoritismo pessoal em detrimento da afeição generalizada...*

Como está igualmente conosco o nosso Roberto, despertemo-lo, a fim de que participe das nossas realizações sob as bênçãos de Jesus.

Roberto acordou mais lentamente, sem dar-se conta do lugar onde se encontrava. Identificou a sogra com alguma compreensível dificuldade, sendo apresentado ao irmão Juvêncio, a quem não conhecera no plano físico.

As suas qualidades morais positivas favoreciam-no com o equilíbrio necessário para aquele tipo de atividade. Amparado pelo sogro diligente, permaneceu aguardando os acontecimentos.

Julinda despertou atônita, revelando toda a gama de perturbação que a assaltava.

As fixações mentais negativas ressumavam com caráter de pavor. A presença do mentor afigurou-se-lhe como a de um severo juiz.

Prorrompeu em pranto de medo, rogando perdão, como se estivesse sob julgamento, aguardando grave condenação.

O benfeitor asserenou-a com aplicação de passes na região coronária e no epigástrio, acalmando-a com vigorosas cargas de forças positivas.

A paciente recobrou a tranquilidade, mantendo-se um pouco abstraída do ambiente e das pessoas que ali se encontravam.

Ato contínuo, foi a vez de Ricardo, que recuperou a claridade mental com outro tipo de agitação.

De pronto, percebeu-se sob controle e não tergiversou em blasfemar, agressivo, erguendo os punhos em atitude ameaçadora.

Não ocultava, na revolta que o dominava, a decepção e a mágoa, o desespero e o desejo de vingança.

– *Sou vítima!* – repetiu inúmeras vezes com o semblante congestionado e a voz roufenha. – *Confio na justiça e estou destacado para fazê-la cumprir-se.*

Dr. Bezerra, em silêncio, mantinha-o sob ação psíquica dirigida sem embargar-lhe a palavra, impedindo-o, porém, de atitudes precipitadas ou inconvenientes.

Manoel Philomeno de Miranda / Divaldo Franco

Ao concluir a operação de contenção da sua agressividade, falou-lhe com serenidade e amor:

– *Todos somos vítimas... de nós próprios. Os nossos mapas de ação apontam mais rumos infelizes do que roteiros de acerto. Concordamos com a tua assertiva, quanto à posição de vítima, conforme te encontras, porquanto o ódio é seviciador inclemente daquele que o gera, e a vingança é algoz oculto que termina por vencer quem a estima e cultiva.*

– *Não me refiro a isso* – retrucou, em pranto de ira. – *A Divina Justiça faz-me corrigir com o açoite do sofrimento a quem tanto me tem prejudicado...*

– *É o que iremos examinar, meu irmão* – justificou o amigo benevolente. – *Não te julgamos, nem temos a pretensão de impedir-te a execução dos planos em pauta. Pretendemos estudar juntos as causas dos males que te afetam, assim como aos teus desafetos, procurando soluções compatíveis que a todos nos felicitem.*

– *Não desejo felicidade* – desabafou, magoado. – *Sou um desventurado e assim prosseguirei, repartindo a minha desgraça com aqueles que me tomaram a ventura.*

– *Aqui nos encontramos* – expôs o benfeitor – *para estudos e conhecimentos que nos auxiliem no crescimento para a Vida e não para impor condições e agravos que nos não compete fazer, por nos faltarem os valores mínimos que justifiquem tal procedimento.*

Acalma-te e ouve. Somos teus amigos e participamos de tua problemática angustiante. Não nos tenhas em má conta, porquanto não estamos contra ti ou qualquer outra pessoa, senão a favor do bem que a todos nos deve amparar.

Mantém-te tranquilo e observa. Perceberás que os nossos são os propósitos superiores de paz e edificação da felicidade geral.

Nas fronteiras da loucura

O infeliz, recebendo as forças psíquicas harmonizadoras do mentor abnegado, pareceu aquietar-se, embora o semblante contraído denotando rancor e sofrimento.

Convidado a ocupar uma cadeira isolada, à frente do semicírculo onde todos nos sentávamos, o médium Jonas, de alguma forma habituado a esses labores, colocou-se em atitude de concentração profunda.

Nesse momento, adentraram-se dois cooperadores, trazendo em maca um Espírito em estado desesperador. Com a forma perispiritual gravemente afetada, possuía caracteres simiescos de avançada similitude com os chimpanzés.

Arfava, estorcegando, adormecido. Colocado ao lado do médium, a exteriorização psíquica desse, em suave tom opalino, parecendo absorver as cargas escuras que envolviam a Entidade, a produzir, no instrumento humano, estranha sensação de mal-estar.

Subitamente, como se magneticamente atraído pela irradiação poderosa do encarnado, o sofredor se lhe acoplou, ajustando-se com imensa dificuldade e sofrimento no molde perispirítico, produzindo um fenômeno de transfiguração atormentada.

O médium retratava fielmente o que experimentava o Espírito, o qual, desse modo, fruía a oportunidade de ter algo amenizadas as rudes aflições.

Não conseguia falar, embora agitadamente se sacudisse, movimentando Jonas, que passou a apresentar os seus caracteres deformados.

A cena era constrangedora, na sua exteriorização grotesca.

A custo, poderíamos identificar que a zoantropia ocorria num ser que viera de uma reencarnação masculina.

Os olhos avermelhados, miúdos, moviam-se nas órbitas da organização mediúnica, e os braços, alongados, balouçavam em movimentos desordenados. A boca larga, descomunal, numa face típica dos macacos, babava, denotando estado de avançada ferocidade.

Julinda e os demais companheiros do seu grupo familiar não percebiam totalmente a ocorrência.

Ricardo, porém, estampava, na face lívida, a máscara do horror.

O mentor, que se exercitara com acendrado amor no ministério de socorro aos infelizes mais infelizes, mantinha-se calmo, agindo com segurança, de modo que a comunicação de Espírito a Espírito ocorresse sem danos para o trabalhador encarnado, portador de excelentes qualidades de sacrifício pessoal.

Concluída a tarefa de fixação mediúnica do visitante com o sensitivo, este agora apresenta os traços e forma do *hóspede*, não nos permitindo distinguir se Jonas nele se acoplara ou se fora o inverso o que acontecera. Dr. Bezerra, sinceramente apiedado, falou:

– *Sê bem-vindo, irmão querido. O teu martírio começa a diminuir, anunciando-se próximo o seu termo.*

O Espírito não pareceu entender a frase, porém registou o pensamento, que lhe produziu uma grande reação de angústia, a exteriorizar-se em agitação e grunhidos indecifráveis.

– *Os longos anos de sofrimento* – continuou o abnegado médico das almas – *cessam, e ressurges como o dia em triunfo após a noite densa...*

Fortemente vinculado às reações mentais da Entidade, que perdera a faculdade da palavra, o benfeitor prosseguiu, como num diálogo de que ouvíamos apenas a sua voz, enquanto acompanhávamos as reações do ser agoniado.

– *O Amor de Deus não cessa nunca. Vê bem! Por mais dolorosa seja a nossa situação, a Misericórdia nos alcança, mesmo quando nos arrojamos aos abismos do ódio irracional, como aconteceu contigo.*

Hoje iremos recordar, pela última vez, toda a tua tragédia, a fim de que a esqueças, abençoando-a com o perdão.

O Espírito reagiu, estremunhado, readquirindo a ferocidade inicial. Contido pelo psiquismo do médium e pelo controle mental do instrutor, mesmo assim, extravasava desconcerto e fúria.

Era o ódio, o agente daquela situação dolorosa. O monoideísmo, por longos anos mantido, encarregara-se de *degenerar* a forma perispiritual da criatura, moldando-a conforme a aspiração íntima acalentada. O desejo irrefreável de vingança, a alucinação decorrente da sede de desforço não logrado respondiam pelo autossupliciamento que ela a si mesma se impusera.

Eis a razão da providência sábia, de que se utilizara Dr. Bezerra, produzindo-lhe a *incorporação* em Jonas. A medida, duplamente, propiciava benefícios: remodelava-lhe o ser, preparando-o para os processos futuros de crescimento pela reencarnação e equilibrava as reações, por cujo recurso impediam-se-lhe as atitudes graves quão danosas...

– *Aqui foste trazido* – aclarou o psicoterapeuta, consciente – *por amor... Os largos e tormentosos anos, que pareciam não se acabar, cessaram para ti. Recomeças a vida, numa etapa nova, em que o ódio e a vingança não desempenham papel nenhum. Nesta nova oportunidade, o perdão substitui o ódio e o amor sobrepõe-se à vingança.*

Quem te feriu não tem fugido da justiça, hoje vivendo sem paz. Por sua vez, expunge, em igual loucura, erguendo a falsa clava da cobrança, por acreditar-se inocente. Propõe-se a ferir, porque se supõe injustiçado, qual ocorre contigo. Chega o momento de interromper-se a cadeia sucessória da loucura que odeia e malsina.

A vida é amor. Toda vez que o ser delinque, ferindo o código de ética do Amor Universal, inverte a orientação de avanço, afundando nos fossos do primarismo do qual se deve evadir.

Não recalcitres, portanto, diante do aguilhão *da felicidade, que ora dói, porque te contraria os interesses inferiores, para abençoar-te depois.*

A Entidade, porém, desprendia lampejos de cólera pelos olhos avermelhados e redondos, enquanto espumava em abundância, traindo o que lhe sucedia no mundo íntimo, balouçando-se e grunhindo pungentemente.

Todos os participantes da equipe nos encontrávamos em perfeita comunhão mental de propósitos. Podíamos imaginar as acerbas dores que feriram o pobre irmão, a ponto de tresvariá-lo. Por isso, irradiávamos, em sua direção, amor e ternura, simpatia e piedade.

A um sinal, quase imperceptível, do Dr. Bezerra, os auxiliares que trouxeram o sofredor aproximaram-se de Ricardo, que se aturdia inquieto e postaram-se às suas costas, vigilantes.

– *Não me encontro aqui* – baldoou este – *para ouvir ladainhas e arengas de consolações. O problema dos outros é deles. O meu, é o que me interessa... Vou-me retirar...*

O comunicante foi atingido por aquela voz ou pela sua vibração. Ergueu o médium e passeou o olhar furibundo até encontrar aquele que falava. Mais se lhe modificou o aspecto, fazendo Jonas dobrar-se para a frente e mover-se, embora sem sair do lugar. Saltava, desconcertadamente, e levantava os braços, num tormento indescritível.

Víamos, agora, um perfeito fenômeno de transfiguração tormentosa, porquanto o sensitivo desaparecera, para dar lugar a um símile perfeito de símio primitivo com o avantajado porte.

Não estivéssemos convenientemente preparados e a cena rude quão chocante proporcionaria pavor, senão repulsa.

...E tratava-se de um irmão, que se arrojara no desespero, desfigurando-se e assumindo uma forma perispirítica dantesca.

Ricardo sentiu a flechada do ódio do infeliz, que, se não estivesse submetido a seguro controle pelo mentor, ter-se-ia atirado sobre ele. Quis erguer-se para sair, numa reação de autodefesa, no que foi contido pelos assistentes cuidadosos e começou a debater-se.

— *Que tem esse "animal" contra mim?* — interrogou, assustado. — *Não tenho afinidade com essa classe de seres. A minha área de ação é outra.*

— *Esse "animal"* — respondeu-lhe o mentor cordato — *é um irmão nosso, que a tua incúria levou ao desespero. Crês-te injustiçado, no entanto, encontra-se ante os teus olhos uma das vítimas das tuas ações malévolas, em passado não muito distante... Supões-te com direito a desforço sobre Julinda, mas olvidas-te daqueles que deixaste tombados no caminho, enquanto prosseguias alucinado...*

— *Não tenho relacionamento com* bichos, *especialmente com esses que se entregaram aos Falcões...*[4] *Trabalho noutro campo de justiçamento... E não me recordo, senão, do mal que me fizeram.*

— *Dizes bem* — retrucou-lhe o amigo paciente. — *Porque aqueles a quem ferimos ficam carpindo a dor que lhes impusemos, enquanto seguimos, irresponsáveis, semeando novas aflições. Além disso, tu sentes que te encontras vinculado a ele. Não poderás, todavia, prosseguir, sem que lhe distendas as mãos, as mesmas que o empurraram ribanceira abaixo.*

Desejamos, porém, que te não olvides de que aqui não nos encontramos na posição de juiz, como já o dissemos, mas sim de companheiro de lutas, em ajuda recíproca, em nome da fraternidade com que Jesus nos ensinou a exercitar o amor.

— *Recuso-me a continuar, porque me sinto mal* — revidou, contrariado.

— *E o demorado mal que ele sofre?* — indagou Dr. Bezerra. — *Por acaso, já não é suficiente o seu padecimento?*

---

[4] Os Falcões são um grupo de Entidades perversas, que trabalham mediante hipnose profunda, agindo nos centros perispiríticos, de modo a completar os fenômenos de zoantropia psíquica dos que lhes caem nas *garras*, vitimados pelo ódio. Constituem uma organização que se dedica à prática do mal, usurpando os códigos da Justiça, de que se dizem instrumentos, vampirizando as energias das suas vítimas, enquanto essas o fazem dos seus desafetos... Demoram-se em Regiões de infinito sofrimento onde, não obstante sem que o queiram, luz a misericórdia do amor, qual ocorrera com o paciente ali em comunicação, resgatado por diligentes especialistas nesse tipo de socorro, vinculados ao trabalho do incansável Dr. Bezerra de Menezes (nota do autor espiritual).

Não te poderás escusar, fugindo à verdade e à justiça que apregoas, na falsa justificativa de permitir-te direitos sobre Julinda, quando tens dívidas para com este nosso irmão, que nos inspira comiseração e caridade.

Atenta, Ricardo! *Este é o teu momento na* estrada de Damasco *da tua redenção. Qual Saulo, invigilante e enlouquecido, defrontas Jesus, simbolizado no amor, que deve renascer em ti mesmo, para a glória do teu bem e da tua paz.*

Recordemos. Acalma-te! Mergulha a mente no passado... Silencia as ansiedades. Esquece o mal de que te dizes vítima para pensar na bênção da tua libertação. Dorme, agora, e recorda...

Dois outros amigos e o irmão Genézio assistiam, com técnicas especiais de recursos magnéticos que manipulavam com habilidade, o irmão zoantropiado que, a pouco e pouco, devolveu o médium à cadeira, com expressão inteligente nos olhos fulgurantes.

Julinda, assustada pelo inusitado, sem compreender, em toda a sua extensão, o que ali sucedia, amparada pelo irmão Juvêncio e D. Angélica, que orava afervorada, percebia tratar-se de uma ação de alta magnitude.

A mãe da obsidiada mantinha-se confiante e, porque habituada à oração, facilmente preservava a paz, sintonizando com as faixas elevadas da Vida.

O diretor espiritual prosseguiu na indução hipnótica. Vimos, então, Ricardo relaxar, caindo em sono profundo.

Nesse estado e sob a forte vibração de solidariedade e fé, que de todos irradiava, Dr. Bezerra, com voz calma e enérgica, propôs:

— *Recordemos os primeiros dias de julho do ano de 1722... A azáfama da Bandeira, que deverá sair da Vila de Parnaíba, sob o comando do Anhanguera, na busca do ouro e das pedras preciosas, nos altos de Goiás, acelera os corações e agita os homens ávidos de aventura e de fortuna. As lendas que emocionavam a Capitania falavam do fácil poder e das glórias que se podiam usufruir na Corte lisboeta, fascinada pela opulência da Colônia distante...*

Amanhecera um dia úmido e frio.

Na fazenda, o Sr. Antônio José Taborda da Silva, que fará parte da aventura, havia estabelecido que alguns escravos o acompanhariam. Destacara um homem forte e sua mulher para o seguirem... Afirmava necessitar de ambos, sem recordar--se dos três filhos deles que ficariam na senzala, órfãos de pais vivos, não se compadecendo dos sentimentos dos genitores, que seguiriam estrangulados de dor.

O escravo Manoel suplicou ao amo que permitisse ficar a companheira, enquanto ele redobraria esforços para cumprir com os deveres na viagem ao desconhecido. Era jovem e sadio suficiente para suportar as refregas, mas a esposa...

O soberbo senhor, todavia, é frio. Suas ordens e paixões são indiscutíveis, não aquiescendo ante a solicitação pungente. E porque a mesma irrita-o, manda prender o infeliz no mourão do suplício e ordena que seja chibateado por desobediência...

Nesse comenos, Ricardo, em transe, começou a assumir a personalidade arquivada no passado, com toda a série de imperfeições que o assinalavam. O rosto se lhe fez congestionado; os olhos aumentaram nas órbitas e o cenho sombreado dava-lhe o aspecto do dominador apaixonado.

Após a pausa, o benfeitor sugeriu, indagando:

– Não ouves, Sr. Antônio José, os lamentos e blasfêmias do seviciado? A noite fria e o corpo lanhado, em exposição, como castigo pela rebeldia são, na voz angustiada do desesperado,

uma litania de dor e mágoa que te não sensibilizaram. Mas ele estertora...

Na senzala, os cantos votivos e as oferendas humildes aos deuses que trouxeram de longe, prosseguem.

A companheira vem suplicar-te pelo supliciado. À luz do candeeiro, ajoelhada aos teus pés, ela roga misericórdia. Trêmula e sofrida, suplica compaixão. Escuta-a!...

O hipnotizado denotou desconforto ante as lembranças que lhe ressumavam da memória profunda e começou a debater-se.

Subitamente, exclamou:

– *Eu tenho direitos sobre suas vidas. Comprei-as. Escravo não é gente... Animal para carga, não tem alma, não merece consideração.*

– *Equivocas-te, mais uma vez* – respondeu o mentor.

– *Todos somos filhos de Deus, em igualdade de condições. A escravidão é processo nefasto, que ninguém tem o direito de realizar. Dentro dos Soberanos Códigos, aquele que violenta sofre, hoje ou mais tarde, o dano causado ao seu próximo.*

Com qual direito poderias aspirar a corromper aquela alma?! Companheira dedicada do seu marido e mãe abnegada, cumpria com os seus deveres junto aos teus, na Fazenda. Porque jovem, anelavas submetê-la aos teus caprichos. Ela o percebia, na sua posição de submissa e evitava-te... Com o esposo a morrer, ao relento, dilacerado, vem suplicar-te misericórdia. Que fazes? Intentas subjugá-la, na tua hedionda sede de prazeres inferiores. Não fosse a inesperada presença da tua esposa, sempre sofredora e magoada...

– *Odeio a desgraçada, que me escapou* – rugiu, entre dentes cerrados. – *Um dia me vingarei.*

– *É tarde, meu amigo. Desencadeaste longa tragédia, que se arrasta há mais de dois séculos...*

A tua escrava ali se encontrava sob a imposição de um resgate imperioso, cuja dívida adquirira na civilizada e preconceituosa Inglaterra, de anos antes... Renascera em terras da África, programada pela Consciência Divina, para recuperar-se, no Brasil Colônia, na condição de apátrida, sem direitos, aprendendo a amar a carne alheia ao lado da sua, sofrendo para sublimar-se.

A tua insânia precipitou-lhe o crescimento, enquanto te afundaste no fosso da delinquência.

Surpreendido pela tua senhora, desconsiderada, em face dos teus desmandos, mais se abriu o abismo entre ti e ela.

D. Maria Joaquina, profundamente ferida, não esqueceria as ofensas e humilhações carpidas em silêncios homéricos e dores acerbas...

Joana dos Santos, a escrava, volveu à senzala e aguardou, apavorada, o nascer do dia. A bruma densa, a friagem úmida se encarregaram de matar-lhe o marido exposto ao tempo e vergastado. Não te comoves, porém, ante a tragédia. Pensas na viagem, em levar a mulher como pasto para os teus apetites. O destino, todavia, surpreende-te: a infeliz, de dor e medo, enlouqueceu, em menos de uma semana...

Maria Joaquina, tua esposa, que ora te odeia, apiedou-se da tua vítima e envolveu-a nos dons da compaixão que se converte em caridade...

Dobram-se os tempos... Um século e meio depois, ei-los de volta à Terra. O pobre escravo, que sucumbiu sob tua violência, renasceu contigo, no mesmo lar, a fim de que a fraternidade vencesse os sentimentos inferiores que se guardavam na alma... Reencontraste, noutra forma, Maria Joaquina, agora requestada pelo teu irmão, que te detesta, em surdina, sentimento, aliás, recíproco. Ao revê-la, a consciência culpada pareceu impor-te a necessidade de recuperação... Vitimado pelos vícios do passado e pelas dissipações do presente, apaixonaste-te pela diva, que te não correspondeu ao afeto. Sabias que o teu irmão era o impedimento, o rival que necessitavas superar... planejaste o meio de te libertares dele...

— *Mentira!* — interrompeu-o, o exasperado algoz. — *Nada planejei. Aconteceu por acaso. Ou melhor, teria que ser assim...*

— *Novamente falseias a verdade e interferes nas Leis. O ex-escravo reencarnara para abençoar a protetora de sua viúva antes desvairada, que ora retornou na condição de mãe de Maria Joaquina, que já se lhe vinculava desde muito antes.*

Não foi naqueles dias dos anos 90 do século anterior que teve início a história das suas vidas... Os laços que atam os Espíritos uns aos outros não se rompem com facilidade, seja na animosidade, seja no afeto. Enquanto não luz o amor, pairando soberano, o círculo das reencarnações se estreita em torno dos que se interdependem para evolver.

A verdade é que organizaste uma caçada e a vítima por ti escolhida foi o teu irmão...

— *É mentira!* — reagiu colérico, o Espírito em processo de recordação. — *Foi um acidente...*

— *Sem dúvida* — atalhou-o Dr. Bezerra —, *porém provocado, fazendo crer que fora uma infeliz circunstância. Teu irmão, todavia, perfurado pela carga de chumbo, antes de morrer, jurou vingança. Na tela da sua memória, nos momentos finais acudiram-lhe as lembranças passadas... E foi nesse estado de ódio inumano, que caiu no processo em que agora se encontra. Os sentimentos de vingança enlouqueceram-no... Ao longo dos anos foi sendo vencido pela fúria do desforço e, muito depois, tombou em abissal região de desespero, sentindo-se um animal, como tu o chamas. Ei-lo diante de ti... Fita-o!...*

Esse animal *é o nosso pobre irmão, a quem, por duas vezes seguidas, roubaste a vida física...*

A informação chocou Ricardo, que recuou na cadeira, na visão psíquica do século XIX. O horror substituiu-lhe a máscara de ira e desprezo.

O ambiente era de expectativa, embora o clima de oração e fraternidade.

– Avancemos no tempo – propôs o instrutor. *– Passado o efeito da lamentável ocorrência, instaste junto à família de Lavínia e lhe conseguiste a mão para o matrimônio, apesar de inspirares aversão à genitora da jovem e nenhum afeto à futura esposa, que te sofrera no passado...*

Como seria de esperar-se, o matrimônio foi um fracasso. Ela jamais te amou. Espicaçado pelo ciúme que te inspirava Alfredo, o irmão que assassinaste, num dia de embriaguez e agressão, confessaste o horrendo crime...

A pobre esposa não conseguiu sobrepor o perdão à mágoa, do que nasceu, sob a inspiração de Alfredo desencarnado, que interpusera, entre ti e ela, o pensamento de desforço. Numa noite de novo excesso de alcoólicos, detestando-te, e semidominada pelo agora teu adversário oculto, enquanto dormias intoxicado, ela asfixiou-te com uma almofada de plumas, rigorosamente aplicada no teu rosto... Também não houve testemunhas, senão as consciências de ambos e as Entidades desencarnadas presentes...

Julinda, que experimentava parte da indução hipnótica, assistida, como dissemos, pelo irmão Juvêncio, começou a gritar:

– Odeio o infame e o matarei mil vezes. Ele sempre me desgraçou. Não o albergarei no meu ventre. Eu sei que ele deseja vir, a fim de infelicitar-me outra vez. Matei-o e o aniquilarei novamente.

A pobre estava transtornada.

Alfredo, na sua transfiguração dolorosa, debatia-se no médium.

D. Angélica, assumindo o psiquismo da mãe de Lavínia, abraçou a filha das duas últimas etapas e buscou acalmá-la com carinhoso gesto de ternura.

A moça, porém, apresentava-se alucinada. Misturavam-se o medo e a raiva numa ação devastadora.

Controlando a situação geral, o mentor acercou-se da desorientada obsessa e falou-lhe:

– Julinda, Ricardo, o teu ex-marido a quem negaste o corpo, interrompendo-lhe a vida física, necessita recomeçar. Só o amor de mãe e o sentimento de filho poderão alterar esta situação danosa, que dura sem necessidade.

– Ele infelicitou-me! – exclamou.

– Quanto também já o infelicitaste por duas vezes – obtemperou o amigo espiritual. *– A justiça sempre se realiza, não, porém, conforme os nossos padrões. É necessário que alguém perdoe, a fim de que se recomece na marcha do progresso, na busca da paz.*

És amada; e ele? Roberto, teu esposo, convocado de longo período das tuas existências planetárias, veio em teu socorro. D. Angélica, após muito sofrer sem ódio nem ressentimento, a quem amparaste, quando louca, na condição de escrava, recebeu-te nos braços também duas vezes, e já te amava. O Sr. Juvêncio, que ficara no Além, acompanhando Joana dos Santos, na sua redenção, por gratidão ao teu carinho para com ela e graças a antigo afeto por ti, contribuiu para que esta oportunidade te fosse consentida.

Não malbarates o esforço de tantos, por capricho da mágoa que não se justifica, arruinando todas as esperanças de paz, num momento que poderá alongar-se por séculos de sofrimento sem limite, caso persistas na negativa.

Este é o momento de todos nós. O Senhor faculta-nos a hora de iluminação. Aproveitemo-la.

Julinda saiu da revolta para as lágrimas, repetindo:

— *Tenho medo. Não lhe suporto a presença.*

— *Confia em Deus, minha filha* – auxiliou-a o orientador. – *A proteção do pai não falta nunca. Não te serão escassos o carinho nem a ajuda. Ricardo deverá voltar, a fim de que todos se libertem do mal que os vem vitimando.*

Concede-lhe a oportunidade de redenção, a fim de que ele te faculte a bênção da paz. O teu gesto socorrerá Alfredo, que te inspirou ternura e agora se encontra dominado por terrível deformação. O amor é luz que suplanta toda sombra, e medicamento para todos os males. Serás mais feliz se facultares socorro, amparando-te no amor gentil que liberta. Medita e aquiesce.

A palavra do benfeitor, em doce inflexão, penetrava a alma em sombras da enferma, que cedia, dulcificada pela vibração poderosa do amor que dele se irradiava. A verdade é que Julinda não podia nem devia ver Alfredo na situação em que ele se debatia.

Dessa forma, indagou:

— *Onde anda, então, o pobre amigo?*

— *Está aqui, conosco, enfermo* – redarguiu Dr. Bezerra —, *necessitando de recomeçar, através da reencarnação com que o Senhor nos faculta a elevação íntima com vitória sobre nós mesmos...*

Temos pensado que ele deverá volver através de ti e de Roberto, na condição de irmão de Ricardo para que, sob a tua, a ternura do esposo e a de D. Angélica todos cresçam para o bem.

O Senhor espera muito de ti... Sabemos que não é uma empresa fácil para o teu coração. Todavia, estes não têm sido dias de paz, senão de infinitas amarguras e receios, quando te encontras nas fronteiras da loucura...

A maternidade é prêmio da vida, santificando os seres no seu processo de evolução.

A um olhar mais expressivo do diretor, D. Angélica compreendeu o apelo mudo e falou à filha:

— *Ajuda-os como me auxiliaste um dia. Socorrendo-me, no desvario em que eu me encontrava, proporcionaste-me a libertação de velhas dívidas que cometêramos antes. A pobre Joana dos Santos, escrava e doente, recebeu do teu coração amor e piedade, que não podes recusar ao Sr. Antônio José, o algoz, nem a Manuel, o escravo que me foi companheiro, e agora os desejo para netos... Seremos uma família feliz.*

Roberto, emocionado, abraçou a esposa e acentuou:

— *Nosso lar será mais risonho. Anelo por ter filhos. Dá-me a felicidade de ser pai...*

As lágrimas dominaram-no.

Julinda, algo receosa, mas sensibilizada, balbuciou:

— *Aceito a tarefa e peço a Jesus que não me abandone nesta árdua realização.*

Voltou-se para o Dr. Bezerra e pediu:

— *Anjo bom, ajudai-me na minha fraqueza e protegei o nosso lar!*

Havia profunda emoção no pedido. O benfeitor umedeceu os olhos e confirmou:

– Suplicarei a Jesus por vós todos e, na minha pobreza de irmão dos sofredores, procurarei estar convosco, quanto me permitam as possibilidades.

Foram aplicados recursos renovadores na enferma, que voltou a dormir.

A psicosfera ambiente exteriorizava paz e uma vibração de amor, que procedia da Esfera mais alta a que se ligava a sociedade, penetrou-nos a todos.

Ricardo silenciara, meditativo, e Manuel, na sua feição transtornada, acalmou-se. Percebia-se nos olhos brilhantes a cortina de lágrimas que traduziam entendimento e lucidez a respeito dos acontecimentos ali desenrolados.

A tarefa, porém, não estava concluída.

28

OS TRABALHOS DE RECUPERAÇÃO

D r. Bezerra acercou-se, novamente, de Ricardo e elucidou:

— *Quando planejaste o renascimento, na condição de filho da nossa Julinda, pensavas num desforço... Naturalmente, ela assimilava o teu pensamento e temia, preferindo um crime à oportunidade de padecer-te a ira, sem dar-se conta de que a vida, na sua indestrutibilidade, muda as cenas e as personagens de situação, sem que se modifique a realidade de cada qual. Somente quando se ama, é que se altera em profundidade a paisagem do existir, porquanto o ódio apenas piora o quadro emocional, sem que se transforme o panorama interior da criatura. Este é qual incêndio que combure sem destruir... Não te apercebias de que os fatos não sucedem ao capricho de cada um, à desordem. O teu renascimento está previsto pelos mensageiros que fomentam o progresso humano, não sendo, portanto, uma exigência caprichosa e infeliz de tua parte, tanto quanto a leviandade, que a conduziu ao aborto criminoso, não ocorreu sem que ela incidisse em novo, grave delito...*

Agora, sofrida e necessitada, dispõe-se ao resgate e será a Lei Divina que disporá dos processos e mecanismos reparadores de que ela precisa, sem a tua ingerência perniciosa. Cabe-te o dever de auxiliá-la, desde que também deves crescer, liberando-te da situação torpe em que te reténs, há demorado tempo. Não olvides que o ódio é o amor enfermo e que a vingança é a loucura do amor... Cura o desequilíbrio, mediante o pensamento da felicidade de que necessitas fruir, marchando para um futuro de bênçãos, ao invés de avançares para uma colheita de acúleos e dissabores.

Ferindo-a, maltratarás Roberto, que a ti nada fez de mal, portanto, enleado no mecanismo do amor, desejando a paternidade, sem excogitar das lágrimas e amarguras que venha a experimentar. Será lícito retribuir-lhe o sadio ministério com a bordoada da ingratidão e o veneno destruidor da maldade?

D. Angélica, por sua vez, que te padeceu a sanha perseguidora, perdoando-te, abre-te os braços acolhedores e afetuosos... Será justo feri-la, por desejar-te a redenção? Diante dela, onde a tua inocência? Sob a sua custódia, em que te sentes isento de culpa? Ela poderia ter resvalado na mesma condição de Manuel... Porém, perdoou-te.

Observa o nosso infeliz irmão, que caiu por culpa própria, no entanto, foi empurrado pelas tuas mãos. Se, por acaso, perseveras nos propósitos animosos e cruéis, poderás evadir-te das consequências que terminam por alcançar os dilapidadores dos bens da vida? Considera os dois caminhos que se te desdobram à frente. Não há violência no Senhor. A opção, desse modo, é tua. Renunciar à paixão asselvajada para conquistar a emoção libertadora é programa para todos nós, queiramos ou não, porque a nossa é a fatalidade do bem, concedendo-nos a vitória sobre nós próprios.

Não esperes, porém, um roteiro de flores e alegrias. Afinal, o maior devedor és tu, sem que, todavia, te desejemos julgar os atos passados. Como estamos no trânsito das conquistas humanas para as futuras aquisições angélicas, é-nos lícito examinar os acontecimentos e logicar com eles. Além disso, não nos podemos esquecer de Manuel, duas vezes seguidas vitimado pelas circunstâncias que te envolvem. Ele tem urgente necessidade de renascer, quiçá, mais imediata do que tu... Virá ao corpo, no entanto, mais tarde, assinalado por graves limitações orgânicas, solicitando-te apoio, amparo e compreensão, no que participará a mãezinha que, desse modo, se recuperará do mal que te fez, sofrendo por amor ao filhinho, frágil e dependente, motivo da indiferença de uns e do constrangimento de outros, para ela, assim mesmo, um tesouro...

O benfeitor, que apresentava, em sucinta explicação, as engrenagens da *Lei de Causa e Efeito*, fez uma oportuna pausa, para ensejar a Ricardo, quanto a todos nós, melhor assimilação do processo superior da Justiça, logo prosseguindo:

– *O* olho por olho e dente por dente, *da antiga Lei de Talião, foi substituído pelo* amor que cobre a multidão de pecados *com que Jesus nos concede a ventura, através da vitória sobre o mal pela ação contínua do bem. Quando agimos mal, a nós nos prejudica o que fizemos mal. Sempre a agressão é dirigida ao equilíbrio geral e não às criaturas, embora essas se encontrem de permeio. Assim sendo, será à harmonia geral que deveremos oferecer os sacrifícios, refazendo a ordem que antes desarticulamos. Ninguém deve, portanto, nada a ninguém, senão à vida, na qual todos nos encontramos mergulhados.*

Por fim, verás D. Angélica e Roberto envolvidos no programa destes sofrimentos... O amor deles, porém, fará que menores sejam as suas dores, por consequência, ressarcindo, no afeto, diferenças antigas do equilíbrio comportamental.

Nada fica olvidado nas superiores determinações do mecanismo evolutivo.

Ricardo despertava, então, para outra realidade, e novas reflexões passariam a povoar-lhe a mente aturdida.

É certo que não sucederiam os acontecimentos com larga fatia de facilidades. Os envolvidos no drama, como quase todos nós, encontravam-se marcados por feridas profundas no sentimento doentio. A cura e a cicatrização seriam demoradas, como é natural de prever-se. A programação terapêutica seguiria o seu curso, dependendo dos resultados de cada um dos envolvidos.

A um sinal sutil do mentor, o irmão Genézio Duarte passou a aplicar recursos fluídicos de desmagnetização nos centros coronário e cerebral de Manuel Alfredo *incorporado* em Jonas.

Aqueles largos minutos de intercâmbio psíquico e perispiritual com o médium beneficiaram expressivamente o irmão, de forma alterada. Ajustado ao molde humano do companheiro encarnado e assimilando as energias benéficas do ambiente, passadas as reações mais fortes das evocações dos acontecimentos pretéritos, modificaram-se-lhe um tanto o aspecto e a agitação incontrolada, diminuindo, ao mesmo tempo, a ferocidade acumulada e as densas vibrações da auto-hipnose, bem como das induções negativas de que ele fora vítima durante anos. O *contágio* do bem é de eficiência imediata, por isso que a vida resulta de um ato de amor do nosso Pai...

À medida que eram dispersas as energias perniciosas que se encontravam fixadas no centro cerebral do sofredor, víamos deslindar-se um fio negro de substância pegajosa que emanava um odor desagradável. Simultaneamente, exteriorizavam-se do centro coronário ondas vibratórias sucessivas, que se diluíam, à medida que abandonavam o fulcro emissor.

O técnico em passes permanecia inatingido pelas irradiações negativas, porque, em profunda concentração produzia, por sua vez, correntes de uma energia, que o envolvia em suave tonalidade prata-violácea.

A Entidade atormentada gemia pungentemente, como se estivesse sob uma cirurgia psíquica um pouco dolorosa.

– *As* forças deletérias *absorvidas* – explicou-me o Dr. Bezerra, à meia-voz – *impregnaram-lhe os centros perispirituais tão profundamente, que se condensaram, impondo-lhe a compleição simiesca, na sucessão do tempo. As ideias pessimistas e deprimentes, gerando nele mesmo a forma-pensamento que lhe era imposta pela hipnose de outros companheiros empedernidos no mal e impenitentes, atuaram no corpo de* plasma biológico *encarregando-se de submetê-lo à situação em que se encontra.*

Atuando-se em sentido oposto, através de movimentos contrários, rítmicos, circulares, da direita para esquerda, sob comando mental bem dirigido, podem-se extrair as fixações que se condensam, liberando o paciente da poderosa constrição que o submete.

Mesmo nesse caso, estamos diante de uma forma de obsessão por subjugação deformadora. Os fenômenos de licantropia, de zoantropia e monoideísmos diversos produzem a degenerescência da harmonia molecular do perispírito, que aprisiona a vítima a mentes mais poderosas, conhecedoras do mecanismo da evolução, embora profundamente vinculadas ao mal. Sucede que as inteligências cultivadas, que se esquecem de Deus e do amor, simbolizadas na figuração do anjo caído, *se ensoberbecem e pensam poder atuar na condição de pequenos deuses.*

Tornam-se Entidades infinitamente infelizes, que pululam nas regiões inferiores do planeta, atribuindo-se o controle de muitas vidas, que delas, infelizmente, necessitam, assenhoreando-se-lhes da condução mental e interferindo no seu comportamento.

São de transitório poder, certamente, mas, por enquanto, de resultados muito prejudiciais à economia moral-espiritual do homem e do planeta.[5]

Calou-se o amigo, enquanto prossegui observando.

O corpo do médium tomou a posição normal, na cadeira, enquanto a face da Entidade experimentava uma sutil remodelação. O queixo diminuiu, o sobrolho e as maçãs do rosto recompuseram-se, a testa fez-se mais larga, os olhos tornaram-se oblíquos e o nariz exteriorizou-se mais humanamente.

Estávamos diante de uma recuperação. A cirurgia psíquica era feita, naquele caso, no perispírito alterado, servindo de molde refazente o psicossoma do médium encarnado, em transe, por desdobramento parcial do corpo.

Quando o irmão Genézio terminou a tarefa, era visível a melhora do comunicante espiritual.

O mentor falou-lhe:

– *Recorda, agora, o amor. Inclina-te para o amor e desatrelarás a mente sofrida das cadeias do sofrimento que te oprime. Recorda-te de Joana, da sua ternura, da ama e protetora que a acolheu no desequilíbrio mental e deixa-te dulcificar por estas evocações.*

A benfeitora da tua esposa receber-te-á como filho, ao lado do teu adversário, que te protegerá, impedindo ambos que novos sofrimentos desabem sobre ti. As tuas dores os sensibilizarão e eles serão tua força e coragem para a luta. Será, porém, necessário, que te entregues a eles, sem receios, na certeza do triunfo que virá beneficiar a todos mais tarde. Esquece o mal. Desliga a tomada

---

[5] Vide *Nos bastidores da obsessão,* de nossa autoria, capítulo 6 – *No anfiteatro* – Edição da FEB.

da corrente do ódio e pensa na energia da gratidão. Não sofreste o golpe da escravidão sem a presença da culpa; não passaste pela traição do familiar, sem que estivesses incurso no processo do sofrimento. Houvesses procurado entender e seria diferente a situação. Serias tu quem agora auxiliaria... Preferiste, porém, a rampa da queda, à escada da ascensão. Sobe, agora, aceitando as mãos que se te dirigem, em socorro, e eleva-te.

Percebendo as indagações mudas do sofredor, impossibilitado de falar, pelas razões óbvias, Dr. Bezerra esclareceu:

— *A nossa Joana aqui está conosco. Ser-te-á avó desvelada. Nos últimos anos do corpo cuidará de ti, acompanhando e estimulando o teu crescimento para Deus. A reencarnação sublima os laços do afeto, ampliando a dimensão do amor, que deixa de ser a escravidão pelo desejo, a fim de transformar-se na libertação pela felicidade.*

O irmão Juvêncio compreendeu que lhe chegava o momento de conduzir a senhora Angélica e aproximá-la de Manuel Alfredo.

A dama gentil, sensibilizada, apesar de não compreender tudo o que lhe acontecia à volta, em razão dos atavismos religiosos que lhe eram peculiares e da circunstância de estar na carne, acercou-se sob a ação mental do esposo e do benfeitor e abraçou o antigo marido, *incorporado* em Jonas.

O Espírito sentiu o amplexo afetuoso e comoveu-se, arfando e chorando copiosamente. Enlaçou-a, por sua vez, a princípio com timidez, para depois estreitá-la com ternura imensa, no gesto algo canhestro.

Sem apresentar qualquer mal-estar ou desconforto pelo ser espiritual, o que me deu ideia da dimensão do seu valor moral, ela contribuiu para auxiliá-lo na próxima recuperação que se lhe fazia indispensável para os cometi-mentos do porvir.

Retornando-a ao lugar onde se encontrava, ajudada pelo abnegado Juvêncio, o benfeitor expôs:

— *Daqui sairás, meu amigo, para uma região diferente daquela onde foste buscado.*

Serás submetido a tratamento adequado, para a recom-posição das faculdades que foram adormecidas e das atividades que te propiciarão crescimento para Jesus.

Dentro de poucos anos serás recambiado ao corpo e ro-garei ao Senhor permitir-me a felicidade de acompanhar-te, à hora de iniciar-se a viagem, quiçá, assistindo-te, de quando em quando, desde aqui.

Nunca te olvides deste momento. Segue e não temas. Amigos afetuosos e sábios dar-te-ão assistência, cuidarão de ti... Agora dorme e sonha com o futuro. Repousa hoje, para desper-tares logo mais com esperança nova.

O Espírito adormeceu sem resistência, sendo provi-denciado o desligamento do médium, que recuperou a luci-dez com sinais de leve cansaço.

Por sua vez, Jonas foi atendido pelos irmãos Arnaldo e Genézio, logo se apresentando refeito.

Dr. Bezerra deu algumas instruções finais aos coope-radores presentes.

Antes, porém, de serem reconduzidos, Julinda ao hos-pital, por Dr. Figueiredo, e os demais participantes encarna-dos aos lares pelos demais cooperadores, concluiu:

— *Nossa irmã obsessa experimentará, em breves dias, uma grande melhora, podendo ser retirada do frenocômio e levada para o lar, onde serão providenciados recursos para o seu reequilíbrio total.*

O futuro abençoará os labores desta madrugada.

Os irmãos Juvêncio, D. Angélica e Roberto, comovidos, olhavam o abençoado Dr. Bezerra com a gratidão que as palavras não podiam exteriorizar, mas que alcançavam o coração magnânimo do nobre servidor de Jesus.

– *Oremos, encerrando nossas atividades* – recomendou-nos.

No silêncio e na paz do ambiente, inundado de vibrações superiores, ouvimo-lo dizer:

– *Senhor Jesus:*

Neste dia, que amanhece em oportunidade nova, nós Te louvamos pela dádiva de amor que ele significa.

Abençoando a nossa tentativa de serviço edificante, ele representa o Teu amor clarificando-nos as horas.

Vitória perpétua da luz contra a treva, é o símbolo do triunfo do bem sobre o mal transitório que se encontra no mundo em transformação.

Sob Tuas concessões altera-se a paisagem terrena e o trabalho desdobra as ações positivas para o engrandecimento da vida.

Ajuda-nos a valorizar o milagre das suas horas, no que podemos fazer a benefício próprio e do nosso semelhante, enriquecendo-nos de amor e coragem para a realização dignificante.

Confirma com a Tua autoridade superior as nossas disposições de crescimento e ampara-nos sempre, porquanto, sem Ti, jamais lograremos superar as paixões que nos escravizam, impedindo-nos a felicidade a que nos destinas.

Senhor, despede-nos em paz!

Na tranquilidade que se fez espontânea, percebemos a resposta do Alto.

Ondas de suave perfume varreram o ambiente, e flocos de sutilíssima substância luminosa começaram a cair no recinto, diluindo-se ao contato conosco e com os objetos ali dispostos.

Em clima de elevação, os trabalhadores desencarnados conduziram os seus pupilos, sob forte alegria interior, aos seus respectivos destinos e o trabalho foi concluído.

29
MECANISMOS DE RECUPERAÇÃO

A senhora Angélica despertou à hora regulamentar sob as fortes impressões do acontecimento. Sentia haver participado de algo extraordinário, que a envolvia, bem como à família.

No primeiro momento, telefonou a Roberto, que, igualmente, recordava-se de haver *sonhado*, que estava num curioso recinto, no qual se encontravam a sogra, a esposa e um médico que tratava de atender Julinda, que se apresentava calma e confiante. As demais impressões eram-lhe nebulosas.

Desse modo, o genro afeiçoado aceitou o convite de D. Angélica para o jantar, quando teriam oportunidade de discutir o assunto e tratar do problema da querida enferma.

A senhora passou o dia muito intrigada. A coincidência de ambos *sonharem* com a mesma coisa, envolvendo a enfermidade da filha e, mais do que isso, a recordação nítida de Juvêncio e do Dr. Bezerra constituíam-lhc algo inusitado, dantes jamais sucedido.

Ela conhecia o *Médico dos Pobres* através de uma amiga que frequentava sessões espíritas. Embora fosse católica convicta, não chegava ao extremo da intolerância que a ortodoxia religiosa impõe não poucas vezes. Essa tanto lhe falara da bondade do *Médico dos Pobres*, da ajuda que ele ministrava aos sofredores, em nome de Jesus, que ela se lhe afeiçoara de imediato. Além disso, recebera da gentil companheira uma fotografia do amigo espiritual, simpatizando com a sua expressão, doce e enérgica, memorizando-lhe o semblante.

Quando a filha enfermou, entregou-a a Jesus, o Divino Médico de todos, no entanto, passou a suplicar a intercessão da veneranda Entidade.

Como católica, sabia que os santos podem interceder pelos homens, na condição de *fiadores* dos seus afilhados. Parecia-lhe justo, portanto, suplicar a interferência do *apóstolo da caridade do Brasil,* na empresa difícil e mortificante, no que, certamente, lograra êxito como vimos.

Quanto mais pensava no fenômeno onírico, mais se lhe acentuavam os contornos, dando-lhe certeza da legitimidade do sucesso.

Resolveu telefonar à amiga Cibele, contando o que lhe ocorrera, e pedindo-lhe explicações espíritas sobre a questão.

Terminado o relato, a dedicada interlocutora não pôde sopitar a euforia, exclamando:

– *Louvado seja Deus! A minha querida irmã acabou de receber um chamado direto e especial para que estude a Doutrina Espírita, libertadora de consciência e clarificadora dos enigmas humanos.*

Pois saiba, que eu também participei dessa reunião espiritual sob a direção do Dr. Bezerra de Menezes.

Ontem foi dia dedicado a trabalhos mediúnicos, conforme ocorre todas as semanas e sabemos que, ao terminarem os compromissos na parte física, não se concluem os serviços em geral, que prosseguem além da esfera dos sentidos materiais.

Como é do seu conhecimento, trabalho na mediunidade bem conduzida, conforme as lições de Allan Kardec. Embora me encontre ainda na fase de aprendizagem e do treinamento das forças psíquicas, encontrei segurança e paz, entendimento para os acontecimentos da existência e alegria de viver... Na razão em que mais estudo a Doutrina e suas aplicações no cotidiano, mais se me dilatam os horizontes, oferecendo-me resistência para as lutas inevitáveis e aprimoramento dos sentimentos...

Fez uma pausa, e logo prosseguiu:

– Sabemos, também, conforme nos ensina o Espiritismo, que o sono físico faculta o parcial desprendimento do Espírito, que não fica inativo. Conforme os interesses que se acalentam quando em vigília, no período do repouso orgânico cada um prossegue na realização do que lhe apraz, partindo na direção do que mais o sensibiliza...

Saiba, a minha irmã, que o seu sonho foi um aconteci-mento real, no qual eu me encontrava também, e teve lugar na sede da nossa Sociedade.

D. Angélica não sabia o que dizer. Estava profunda-mente sensibilizada e acreditava nas informações da amiga, que era uma pessoa séria, de excelentes qualidades morais e cristã muito ativa no exercício do bem.

Muitas vezes lhe falara sobre a interferência dos Espí-ritos na vida humana e, quando da enfermidade de Julinda, embora com sutileza, opinara quanto à possibilidade de tra-tar-se de uma ocorrência obsessiva.

Fora ela quem lhe instara para que pedisse o concurso do mentor, o que fizera com unção, na última segunda-feira do Carnaval, quando a paciente intentara contra a vida, sendo socorrida em tempo...

D. Cibele estava com a razão, porquanto fora convidada a participar do evento, em companhia de outra médium, assim se adestrando ambas para futuras realizações.

Em face da mediunidade em desdobramento de recursos, era-lhe mais fácil recordar-se das atividades espirituais, por mais amplas possibilidades de movimentação fora do corpo.

No júbilo espontâneo em que se encontrava, informou:

– *Embora sem o seu consentimento, eu tenho colocado o nome de Julinda em nossas vibrações coletivas, de certo modo buscando cooperar em favor do seu pronto refazimento.*

Espírita, como o sou, estou esclarecida de que a dor tem uma função especial na vida de todos nós, e que tudo quanto nos acontece é sempre para o nosso progresso e crescimento espiritual. Não obstante, Jesus nos recomendou orar, pedindo, também, a ajuda de nosso Pai, que nos concederia o de que necessitamos.

Posso afiançar-lhe, boa amiga, o prenúncio de uma madrugada de paz. A nossa enferma sempre esteve sob superior proteção; neste momento, porém, encontra-se sob ação benéfica para o seu breve restabelecimento.

Peço-lhe licença para alvitrar, que continuemos orando e, logo que ela receba alta, nós e nossa Casa de Caridade estaremos de braços abertos, caso possamos ser úteis em alguma coisa.

D. Angélica agradeceu, tocada pela bondade natural da amiga, e assumiu, consigo própria, o propósito de conhecer melhor o Espiritismo, quanto antes.

Passou todo o dia entre os deveres domésticos e salutares reflexões.

Experimentava um bem-estar e uma paz interior, como lhe não sucedia desde quando partira o Sr. Juvêncio

Nas fronteiras da loucura

e ela penetrara no silencioso mundo das saudades e maiores responsabilidades em relação à vida, a si própria...

Sentia-se quase flutuando entre duas realidades: uma sutil e amena, repleta de ternura e esperança, onde gostaria de ficar, e a outra grave, mais densa, assinalada por preocupações, onde deveria estar...

À noite, recebeu Roberto com ânimo renovado, constatando o excelente estado psíquico do genro.

Não aguardaram terminar o jantar, para o relato dos acontecimentos de que se sentiram participantes.

Narraram, durante a refeição, as experiências, no que elas mais lhes impregnaram a memória.

– *Sonhei* – afiançou o jovem esposo – *com Julinda recuperada, prometendo-me a paternidade.*

Havia outras pessoas presentes e uma delas referia-se a um processo de aborto provocado por minha esposa, o que certamente não é verdade...

– *São os detalhes conflitantes dos sonhos* – atalhou-o a sogra, que também desconhecia o crime oculto da filha, desencadeador da obsessão de que padecia.

– *A senhora tem razão* – aduziu ele –, *porque eu via, também, um ser descomunal, animalesco, que me era indicado para ser meu filho. Imagine o absurdo! No mais, de quanto me recordo, tudo era lógico, comovedor... Despertei em lágrimas, como se estivesse retornando de um passado marcado por muitas dores com promessas de futuras e próximas alegrias.*

D. Angélica detalhou a conversa telefônica mantida com a amiga Cibele, que lhe dera reforço para acreditar que se iniciava uma fase nova e abençoada de suas vidas.

Depois de discutirem o assunto, repetindo a narrativa dos *sonhos* e tentando preencher as lacunas com evocações que lhes não chegavam à mente, despediram-se, assinalando uma visita à querida enferma, no próximo sábado, à tarde.

Enquanto isso sucedia, o benfeitor, nesse mesmo dia, zelando pelo reequilíbrio da obsessa, muito vulnerável às agressões espirituais a que estava sujeita, visitou-a, em horas vespertinas, convidando-nos a acompanhá-lo.

Dr. Figueiredo, sempre prestativo e vigilante, recebeu-nos e conduziu-nos ao apartamento da paciente.

Encontramo-la regularmente lúcida. Apesar da medicação que tomara, estava calma, sem a compressão fluídica perturbadora que lhe impunha Ricardo.

Denotava grande melancolia, na qual a recordação do aborto assomava, com sincero arrependimento.

...E recordando, debilmente, o compromisso assumido, reflexionava quanto à possibilidade de ser mãe, logo saísse dali...

O irmão Juvêncio, por orientação do Dr. Bezerra, assistia-a, evitando a malévola interferência de Elvídio e dos seus asseclas.

Telepaticamente, ele tentava alcançar-lhe o raciocínio entorpecido pela ação dos antidepressivos, aplicando-lhe, de quando em quando, passes de dispersão das cargas mentais viciadas que assimilara e das próprias construções deprimentes e perniciosas que ela produzia.

O genitor desencarnado recebeu-nos com alegria, narrando as melhoras que a filha experimentara, inclusive, surpreendendo a enfermeira, à hora da primeira refeição, quando aceitara o desjejum, sem a costumeira hostilidade, o que se repetiu, à hora do almoço, com real agrado para a cooperadora bondosa, que comentou com o psiquiatra a

Nas fronteiras da loucura

nova disposição da doente, convidando-o a fazer-lhe uma visita, o que se daria dentro de poucos minutos.

É certo que o mentor esperava os resultados favoráveis, não demonstrando qualquer surpresa, apesar de exteriorizar um semblante agradável, reconhecido.

Eu tinha, igualmente, a impressão de que ele sabia da visita do médico, a que se referia o irmão Juvêncio, por métodos psíquicos que me escapavam, havendo escolhido aquela hora, de modo a presenciar o exame do psiquiatra.

Logo depois, adentrou-se jovem esculápio acompanhado da prestativa enfermeira, que não ocultava o júbilo espontâneo, em face da melhora de Julinda.

Dr. Figueiredo falou-nos, então, a respeito do servidor da Medicina:

— *Trata-se de estudioso sincero da Psiquiatria, que seguiu do nosso Plano, com a tarefa de fazer uma ponte entre os conhecimentos acadêmicos e as manifestações paranormais, entre as quais tem destaque a mediunidade, ao lado de outros tantos com o mesmo mister, na Terra.*

No momento, ele se vem interessando pelas investigações parapsicológicas da Escola americana, também denominada "Psicocêntrica", que se opõe à soviética, que atribui todos os fenômenos à corrente "Cerebrocêntrica".

Não é infenso à comunicação dos Espíritos e teve oportunidade de ler uma velha e sempre atual obra, do Dr. Karl Wickland, denominada "Trinta anos entre os mortos", que muito lhe despertou o interesse.

Confiamos em que ele atingirá os objetivos para os quais se reencarnou, logrando desenvolver um abençoado programa com outros estudiosos do Espiritismo e da Psiquiatria, em favor das criaturas enfermas da mente, assinaladas por problemas obsessivos e outros.

O Dr. Alberto conversou com Julinda, que o atendeu com afabilidade, apesar da manifesta tristeza que a acometia, o que, sem dúvida, era sintoma positivo de recuperação.

Após alguns momentos de diálogo tranquilo, o médico lhe asseverou:

— Iremos diminuir-lhe a dose da medicação e confio que estará bem disposta muito antes do que prevíamos.

A enferma sorriu, enquanto as lágrimas lhe vieram aos olhos.

Manifestando timidez, referiu-se ao desejo de ver a mãe e o marido, com os quais disse haver sonhado.

O médico prometeu providenciar a visita dos familiares, rogando-lhe tranquilidade e confiança.

Outrossim, recomendou à enfermeira levá-la a passear um pouco, no dia seguinte, o que lhe seria de salutar efeito, retirando-a da reclusão forçada.

Os prognósticos, de ambos os lados da questão, eram favoráveis.

A psicosfera, no apartamento, ainda era desagradável como fácil de compreender-se.

O amigo espiritual convidou-nos à oração, após a qual teceu oportunos comentários sobre a obsessão, que põe o indivíduo nas fronteiras da loucura, facilmente derrapando para o descontrole dos centros da razão, de retorno muito difícil.

Entre os apontamentos com que nos enriqueceu o raciocínio, afirmou:

— Em toda gênese da loucura há uma incidência obsessiva. Desde os traumatismos cranianos às manifestações mais

Nas fronteiras da loucura

variadas, o paciente, por encontrar-se incurso na violação das Leis do equilíbrio, padece, simultaneamente, a presença negativa dos seus adversários espirituais, que lhe pioram o quadro. Estando em desarranjo, por esta ou aquela razão, endógena ou exógena, os implementos cerebrais, mais fácil se torna a cobrança *infeliz pelos desafetos violentos, que aturdem o Espírito que se não pode comunicar com o exterior, mais desequilibrando os complexos e delicados mecanismos da mente.*

Nas obsessões, todavia, o descontrole da aparelhagem mental advém como consequência da demorada ação do agente perturbador, cuja interferência psíquica no hospedeiro *termina por produzir danos reparáveis a princípio, e difíceis de recomposição ao longo do tempo.*

Processos obsessivos existem, como na possessão, em que o enfermo passa a sofrer a intercorrência da loucura conforme os estudos clássicos da Psiquiatria.

Seja, porém, em qual incidência estagie o doente, não nos esqueçamos de que este é um Espírito enfermo, porque enquadrado nos códigos da reparação dos débitos, com as matrizes psíquicas *que facilitam o acoplamento da mente perseguidora, esteja em sanidade mental, sendo levado à obsessão, ou em patologia de alienação outra, piorando-lhe o estado.*

A ação psicoterápica da Doutrina Espírita, aliada às modernas técnicas de cura, contribuirá, decisivamente, para a mudança do quadro mental da Humanidade.

Nesse tempo de entrosamento das terapias médicas, do espírito e do corpo, que não tardará, o doente mental já não sofrerá os eletrochoques desordenados, nem as substâncias e barbitúricos violentos, com toda a série de sequelas que, por enquanto, produzem.

À medida que o homem avance em conquistas morais, diminuir-lhe-ão as provações e expiações mais pungentes, ainda em vigência na Terra enriquecida de Tecnologia, porém carente de amor e de equilíbrio emocional.

Em ato contínuo, o mentor movimentou energias, dissolvendo as cargas condensadas negativas, a fim de que o ambiente ficasse respirável psiquicamente, amenizando a situação de Julinda.

Logo depois, Juvêncio convidou os dois vigilantes de Elvídio a uma conversação amena, elucidando que, ali, agora se instalava outro comando e passando a exercer o controle da situação, a partir daquele momento.

Porque as Entidades temessem o Chefe, preferiram notificá-lo, afastando-se, incontinente.

Com rapidez, o servidor das trevas compareceu com assessores e um séquito de perturbadores delinquentes, em atitude ameaçadora.

Dr. Bezerra os recebeu com doçura, sem demonstrar qualquer ressentimento ou temor e sem minudenciar explicações quanto ao paradeiro de Ricardo, dizendo, simplesmente, que ele mudara de planos e de comportamento, havendo sido encaminhado à recuperação moral e espiritual, que se lhe fazia indispensável.

A irradiação do Trabalhador de Jesus, serena quão afetuosa, mais irritou o chefete e sua súcia, que sem delongas, entre apupos e impropérios, retiraram-se tão bulhentos quanto chegaram.

O Dr. Figueiredo completou a tarefa do benfeitor, destacando dois auxiliares desencarnados do hospital para cooperarem com Juvêncio no atendimento e guarda da paciente em renovação.

Nas fronteiras da loucura

Nos processos de desobsessão passam despercebidas as atividades que têm lugar em nosso plano de ação, no qual a luta é mais tenaz, onde se deslindam os laços apertados das causas complexas da problemática alienante.

De bom alvitre, portanto, é que os membros das atividades desobsessivas resguardem-se ao máximo, na oração, na vigilância e no trabalho superior, na caridade, precatando-se de sofrer o desforço daqueles que se veem frustrados nos planos nefastos de perseguição.

Sabendo-se em desbaratamento, não poucas vezes, investem, furibundos, contra os trabalhadores de boa vontade domiciliados na matéria, agredindo-os, arremessando-lhes pessoas violentas, maledicentes ou cruéis com o objetivo de descoroçoá-los no ministério socorrista com que lhes facilitaria o prosseguimento do programa infeliz.

Vendo-se impossibilitados de impedir a ação benfazeja dos numes tutelares, recorrem a projetos escabrosos, desanimadores e prejudiciais, a fim de crucificarem os operários da caridade no mundo.

De uma coerente e contínua sintonia entre os cooperadores encarnados e os bons Espíritos, mental e moralmente, decorrem os resultados favoráveis da terapia antiobsessiva, abrindo canais de saúde e paz com vistas ao futuro de todos.

Nesse sentido, a prece é dos mais eficientes recursos de que todos podemos dispor, em face da ação dissolvente sobre as correntes negativas que envolvem o paciente, auxiliando-o na liberação dos fluidos que lhe são impostos pela força telepática e pela atuação contínua do adversário...

Gerando vibrações de alto teor, a oração modifica a paisagem psicofísica, não somente de quem padece a alienação obsessiva, quanto do agente causador, em longo prazo, despertando-os para realidades novas, a que se recusam submeter, caso a transformação não lhes ocorra antes, em razão de outros fatores terapêuticos. E, mesmo nesse caso, ela constitui eficaz mecanismo de libertação, por diminuir as cargas tóxicas que são geradas pela mente em desequilíbrio e de imediato reabsorvidas, num movimento vicioso.

Quando a prece é exercida num círculo ou grupo de criaturas afeiçoadas ao bem, mais expressivos são os seus efeitos, na assistência mediúnica aos que sofrem, beneficiando, igualmente, aqueles que mergulham nas suas correntes alternadas de alta frequência, exteriorizando-se como emissões de luz que atingem o fulcro a que se dirigem, fortalecendo o *dínamo* gerador que as disparam.

Afirmava Tiago, na sua epístola universal, conforme consta do capítulo V, versículo 16: "Orai uns pelos outros, a fim de que sareis, porque a prece da alma justa muito pode em seus efeitos".

30
REENCONTRO FELIZ

D r. Alberto cumpriu o que prometera a Julinda, entrando em contato telefônico com Roberto, dando-lhe as alvíssaras sobre o seu estado de franca renovação e liberando-a para ser visitada, comportamento esse que lhe seria muito útil.

Como o esposo já houvesse programado com a sogra ir ao hospital, confirmou-se, para o sábado, à tarde, a estada dos dois naquela casa de saúde, havendo o gentil psiquiatra anuído em também comparecer, pois desejava acompanhar as reações da paciente, naquele momento de convivência familiar.

À hora e dia aprazados, os familiares foram ao encontro da querida enferma, com insopitável ansiedade, anelando por encontrá-la bem-disposta.

Sem a presença psíquica de Ricardo, nem a psicosfera enfermiça que era mantida pelos partidários de Elvídio, o seu quadro era confortador. Renovara-se mentalmente, passando a cuidar da aparência, ante os estímulos de Palmira, a enfermeira afetuosa, e alimentando-se melhor.

A fim de cooperar com o programa de recuperação da ex-obsessa, o Dr. Bezerra convidou-nos para participar da entrevista familiar, o que nos ensejava aprendizagem abençoada, pelo interesse que nos movia, no acompanhamento do drama da jovem senhora e dos seus afeiçoados.

Assim sendo, quando chegaram os esperados afetos, ali já nos encontrávamos, em atitude de respeito pela sua intimidade e com carinho fraterno pelas suas existências preciosas.

O reencontro teve lugar em agradável sala de estar, por sugestão do médico, assim diminuindo quaisquer impressões penosas para os familiares ou constrangedoras para a internada.

Ao ver Roberto e a mãe, ainda denotando alguma debilidade orgânica e apresentando alguns tiques nervosos, Julinda abraçou-os em lágrimas incontidas, comovendo os visitantes.

– *Tenho sofrido, como só Deus sabe!* – externou, em pranto comovedor. – *Todos são bondosos comigo, mas padeço estranhos pesadelos e compressões que me enlouquecem...*

– *Compreendemos, querida* – atalhou-a, o esposo, inspirado pelo irmão Juvêncio. – *Podemos imaginar o que lhe sucede. Todavia, estamos unidos na mesma dor, embora em situações diferentes. Nós outros participamos, solidários, do seu calvário, que nos dará, também, libertação... Recorde que se não houvesse sucedido a crucificação do Justo, a humanidade não teria a glória da ressurreição, com que Ele nos acena liberdade e glória totais.*

A palavra oportuna do esposo acalmou-a, facultando ao médico um comentário feito com muita propriedade:

– *A lamentação* – aduziu, jovial – *é portadora de miasmas que deprimem a pessoa e intoxicam o paciente, mantendo-o em área de pessimismo. Otimismo, alegria, esperança de dias melhores são, também, psicoterapias oportunas, em*

Nas fronteiras da loucura

qualquer problema e muito especialmente na faixa do comportamento mental.

Por isso que as religiões preconizam a confiança e a coragem, o perdão e a fé, a humildade e a paciência, logrando êxito com os seus fiéis. Sem dúvida, essas técnicas de ação moral, ou virtudes, como se as queiram chamar, são excelentes processos de preservação do equilíbrio emocional.

Sabe-se, hoje, cientificamente, que a boa palavra proferida com entusiasmo faz que o cérebro e o hipotálamo secretem uma substância denominada de endorfina, que atua na medula e bloqueia a dor, tal como ocorre na acupuntura... Assim, ouvir e falar de forma positiva, sorrir com natural e justa alegria, fazem muito bem a todas as pessoas.

A carranca na face e o amargor contumazes denotam desconforto interior, desajuste emocional.

– Não sabia que o doutor é religioso – interferiu a senhora Angélica.

– E não o sou – esclareceu, delicadamente. *– Não o sou, se considerarmos que para ser religioso é necessário estar vinculado a alguma confissão de fé, a alguma igreja. No estudo da Psiquiatria, desde os tempos de acadêmico, vi-me induzido a reformular os conceitos de fé que havia trazido da infância e da juventude... Apurei, porém, mais reflexões sobre Deus, a vida e seus intricados* mistérios *que, afinal, nada mais são do que desconhecimento das leis que regem o equilíbrio geral e mantêm a ordem. O inusitado, tido por sobrenatural, o ignorado, posto como miraculoso, não passam de acontecimentos explicáveis numa mecânica não necessariamente física, sujeita aos impositivos materiais...*

Afinal, tudo é energia em diferente estado de apresentação.

Do mesmo modo, nem toda matéria pode ser tida como igual, variando na tecedura e contexto, graças à aglutinação de moléculas que lhe constituem a aparência. Assim, o pensamento é força que estrutura e modela formas, interferindo em áreas muito mais amplas da vida.

Mas não sou eu quem está sendo visitado... Não os pretendo desviar do objetivo deste encontro agradável.

As pessoas sorriram e passaram à conversação mais amena, abordando questões de interesse familiar e afetivo.

O médico, percebendo a necessidade de maior discrição, justificou-se para sair por um pouco, informando que voltaria mais tarde. Sentia-se gratificado com a reação da moça e com o brilho que tinha nos olhos ao receber as flores que o marido lhe trouxera, bem como os doces com que a mãe lhe brindara. Eram prenúncios seguros de reequilíbrio...

Os esposos e D. Angélica não ocultavam as alegrias, que se lhes desenhavam nos semblantes iluminados pela esperança.

Dr. Bezerra acercou-se de Julinda e aplicou-lhe forte indução mental que a moça recebeu como se fora uma inspiração, que a fazia recordar algo muito importante.

Com as mãos seguras pelo esposo, sentindo-lhe o calor do apoio e da solidariedade humana, ela relanceou o olhar pela janela aberta e alongou-o até o jardim, detendo-o um pouco além do retângulo iluminado, mergulhando num silêncio que se fez geral.

Logo depois, apesar de recebendo forças do instrutor, ela relatou com algum sofrimento:

— *Preciso confessar-lhes uma falta...*

A mãe, cuidadosa, tentou interrompê-la, não logrando resultado.

Nas fronteiras da loucura

— *Antes de eu adoecer, vinha-me sentindo muito angustiada, porque havia concebido... E como não desejava a maternidade... abortei... de que me arrependo, sinceramente, e rogo perdão a Deus e a vocês...*

O marido e a mãezinha foram colhidos por um forte impacto, que conseguiram sopitar. Compreenderam a magnitude, o significado daquela confissão mortificadora e controlaram-se, amparados que também estavam pelo mentor.

Influenciando a viúva, o irmão Juvêncio conduziu-a à palavra acertada:

— *É que você já estava enferma sem o saber, minha filha. Deus é todo bondade e perdoá-la-á, por meios que ignoramos.*

— *Eu sei, mamãe. E creio que já me está perdoando. O crime oculto é cruel, enquanto fica em silêncio, soterrado na consciência. Ao confessá-lo a você e a Roberto, que nunca mereceram ser magoados, é como se eu retirasse terrível peso que me esmagava, asfixiando-me a alma... Além disso, eu gostaria de dizer que estou disposta a ser mãe, logo Deus me permita, embora não seja totalmente do meu agrado... Será uma forma de reabilitar-me.*

E prorrompeu em lágrimas.

O marido beijou-lhe as mãos e a mãe abraçou-a, exclamando:

Senhor, louvado sejas! Minha filha está em paz. Ajuda-a a preservar essa paz!

E não pôde dominar, também, as lágrimas de justo júbilo.

O reencontro familiar atingia o clímax, quando, ainda sob a indução do benfeitor, Julinda esclareceu:

— *Esta mudança de atitude me sucedeu após um sonho que tive, há poucos dias. Foi tenebroso e feliz. Recordo-me de*

*pouco, mas eu tenho certeza de que foi durante a sua ocorrên-
cia que tudo se modificou em mim...*

A sogra e o genro entreolharam-se e disseram quase
ao mesmo tempo:

– *Os sonhos são acontecimentos, na maioria das vezes,
que estão sucedendo ou virão a ocorrer.*

Evitando preocupá-la, nada mais lhe acrescentaram.

D. Angélica, porém, indagou e sugeriu:

– *Você tem orado, minha filha? Não se esqueça da utilidade da oração e dos recursos que a prece nos faculta em
termos de paz.*

– *Antes* – respondeu-lhe –, *eu não conseguia orar, no
aturdimento em que me encontrava e também porque não tinha
condições de fazê-lo, em razão do crime que eu cometera... Agora
já consigo pensar em Deus e rogar-Lhe ajuda.*

Em verdade, quando mais se necessita da prece, receios, escrúpulos e tormentos que cultivamos, interferem,
impedindo a bênção da comunhão com o Alto, exatamente
nos momentos em que mais se faz importante a sua ação.

Nesse momento, o médico volveu, e interveio cortês:

– *Creio que não iremos regularizar todos os problemas
da família de uma só vez. Deixemos a nossa paciente descansar.
Não lhes parece bem?*

Sob essas condições despediram-se os familiares, re-
novados e otimistas, sendo convidada Palmira, que estava
em corredor próximo, para acompanhar Julinda de retorno
ao apartamento.

À saída, o médico acentuou:

– *Se prosseguir o quadro conforme agora nos é apresentado, poderemos dar alta à nossa paciente, nos próximos dez
dias. Iremos diminuindo a dose da medicação antidepressora,*

Nas fronteiras da loucura

deixando somente uma terapia de manutenção, que poderá ser supressa oportunamente, evitando-se dependências prejudiciais, desnecessárias...

Havia uma euforia espontânea, prenunciando resultados felizes, que a família agora agasalhava.

De certo modo, grande parte do êxito, em quaisquer processos desobsessivos, depende do próprio enfermo, após receber a ajuda superior, que o predispõe ao entendimento da problemática e ao discernimento das responsabilidades.

Conforme recordamos, Julinda era de temperamento difícil, e porque padecesse de injunções obsessivas periódicas, adaptou-se à situação rebelde derrapando em caprichos e extravagâncias tão inúteis quão perniciosos.

Sob a enfermidade que a amarfanhava, pôde, nos intervalos em que a reflexão a dominava, avaliar o significado da saúde, valorizando a forma como vivia, o que tinha e de que dispunha em afetividade e ocasiões de ser feliz.

Após o encontro espiritual e os benefícios dele resultantes, passou a aquilatar a vida dentro de uma nova escala de valores, ansiando por alcançar a saúde.

Consideremos, porém, que a ausência de Ricardo com a sua ação destruidora muito contribuiu para o novo estado mental e emocional dela. Não obstante, o desejo de recuperar-se e o esforço que passou a envidar para fugir ao remorso, pensando na reabilitação através da futura maternidade, bem como lutando contra a depressão, por anelar retornar à família, facilitaram grandemente a fluidoterapia propiciada pelo mentor e por seu pai, o nosso irmão Juvêncio.

Porque não existe violência de qualquer natureza, nos Soberanos Códigos da Justiça Divina, o livre-arbítrio assume um papel de alta relevância em todos os cometimentos humanos.

Na terapia do passe, por exemplo, a disposição do paciente exerce papel relevante para os resultados. A má vontade habitual, em muitos enfermos, que se agastam com facilidade, tornando-se exigentes e biliosos, gera energia de alto teor destrutivo que se irradia do interior da pessoa para o seu exterior, produzindo a anulação da força que parte de fora para dentro...

Julinda, inspirada e apoiada que fora, o que, aliás, acontece com todos nós, agasalhou a inspiração positiva, resolvendo-se por cooperar, o que muito facilitou o prosseguimento do socorro que lhe continuou sendo ministrado.

Mesmo assim, houve dias mais difíceis, em que o aturdimento interior, resultante da natural mudança de comportamento, provocava-lhe estranheza, consequência, é certo, do velho e arraigado hábito, que se lhe fizera atitude normal perante a vida.

Dona Angélica, no dia imediato, deu ciência à sua amiga Cibele do que foi o reconfortante reencontro com a filha, no hospital. Dizia-se eufórica e confiante em Deus.

A médium espiritista, igualmente confiante, pediu-lhe licença para apresentar-lhe e ao genro o Sr. Arnaldo, presidente da Casa que frequentava, caso lhes aprouvesse, a fim de que ele pudesse cooperar com o total reequilíbrio da jovem senhora enferma, tão logo essa retornasse ao lar.

A genitora de Julinda aquiesceu, mui prestamente, em recebê-los, naquele mesmo dia, caso o encontro pudesse ser programado.

Sem mais delongas, as senhoras entraram em contato, respectivamente com Roberto e o devotado espiritista,

Nas fronteiras da loucura

ficando combinada, para as 20 horas, a recepção fraterna, no lar de D. Angélica.

A senhora, que ignorava quaisquer postulados do Espiritismo e porque sinceramente ligada à religião católica, aguardou os visitantes com alguma apreensão. Tantas vezes ouvira comentários ácidos e deprimentes sobre a Doutrina dos Espíritos, que, por pouco, não se fez deprimida, agasalhando receios descabidos. Todavia, recordando-se do Dr. Bezerra de Menezes, cuja vida de amor e caridade a sensibilizava, recuperou a serenidade e aguardou a hora com a consideração que lhe mereciam os visitantes.

Sabendo do programa em elaboração, aliás, inspirado à Cibele pelo benfeitor, este convidou-me a estar presente, quando da conversação que se estabeleceria, a fim de auxiliar a família com informações e diretrizes para a completa recuperação da enferma, tão logo ela recebesse alta no hospital.

Assim sendo, antecipamos a nossa presença, em poucos minutos, antes que chegassem os visitantes.

O diligente irmão Juvêncio recebeu-nos cordialmente, deixando transparecer alegria espontânea e muita confiança.

À hora aprazada, chegaram Dona Cibele e o Sr. Arnaldo, que foi apresentado jovialmente pela intermediária do encontro.

Modesto e esclarecido, o irmão Arnaldo conquistou os anfitriões, logo depois de apresentado pela senhora Cibele. Irradiando muita serenidade interior, que o envolvia num halo de simpatia, produziu agradável impressão, que facilitou uma conversação franca e produtiva.

Roberto relatou-lhe a problemática da esposa, evitando minudenciar o drama do aborto, tentando situar a questão da enfermidade dentro do quadro da psicose maníaco-depressiva conforme o diagnóstico psiquiátrico, referindo-se às excelentes disposições que a paciente apresentava naqueles dias.

No informe, solicitou a opinião do visitante a respeito da colocação espírita sobre o assunto.

– *Para nós, espiritistas* – elucidou, com a voz pausada, o interlocutor –, *todos os problemas que afligem a criatura dela própria procedem. É o Espírito o agente dos acontecimentos que o afetam. Adquirindo experiências que o promovem à evolução, repara, numa existência, os erros noutra cometidos, encetando tarefas novas ou corrigindo as anteriores, e armazenando sabedoria, com que cresce para a vida em conhecimento e amor.*

Nesse largo processo de desenvolvimento espiritual, não poucas vezes compromete-se com o mal, atraindo animosidades ou gerando inimigos, que se lhe associam à economia espiritual, de que se liberta somente a pesados ônus de sofrimentos e testemunhos de arrependimento, de amor.

Em muitas situações dessa natureza, surgem obsessões de curto ou largo porte, mediante as quais aqueles que se consideram dilapidados nos seus recursos e posições investem, furibundos, em cobranças absurdas, criadas pela sua inferioridade moral, de que se não dão conta, convidando o infrator à reconsideração do comportamento e oportuno ajustamento emocional.

As obsessões, portanto, decorrem de faltas cometidas pela vítima atual, em oportunidades outras, que não foram convenientemente reparadas. A presença da culpa instala uma tomada psíquica no devedor, que lhe permite receber o plug *do seu desafeto, consciente ou inconscientemente, dando*

Nas fronteiras da loucura

surgimento ao intercâmbio psíquico dos envolvidos na mesma trama infeliz, aí nascendo o desconforto da criatura que, lentamente, vai sendo dominada pela força do agente agressor, que se lhe assenhoreia da casa mental.

Em casos outros, quando a falta perpetrada é muito grave, a ação corrosiva, de que se fez objeto o pensamento malévolo, desgasta as estruturas moleculares do perispírito – órgão intermediário entre o corpo físico e o espiritual, encarregado de modelar as futuras formas e equipamentos orgânicos para o Espírito –, dando gênese a processos de loucura ou alienações, ou deformidades mentais, limitações psíquicas, distúrbios fisiológicos, enfim, enfermidades reparadoras que lhe são abençoado escoadouro das imperfeições agasalhadas ou vividas...

Dessa forma, cremos, os espiritistas, que o homem é o autor do seu destino e que, em qualquer processo de evolução, pelo trabalho e redenção na dor, há sempre interferência dos adversários desencarnados, que aumentam a prova do incurso no resgate, quanto a inspiração e a ajuda dos bons Espíritos, que a todos nos amparam, auxiliando-nos na ascensão, quando nos permitimos sintonia com eles, atendendo-lhes as inspirações e diretrizes.

O irmão Arnaldo fez uma pausa oportuna e, ante o silêncio e a atenção dos ouvintes, prosseguiu:

– Pelo que me narrou, sucintamente, o caro amigo, peço licença para não descartar a hipótese de obsessão, no quadro da enfermidade da sua jovem senhora. Com isto, não nos atrevemos a negar o acerto do diagnóstico médico, tanto quanto do tratamento que a mesma vem recebendo.

Muito interessado no esclarecimento, Roberto, por sua vez, interrogou:

– *Em se tratando de uma interferência espiritual, conforme a sua propositura, como veio ela melhorar, se outra não foi a terapia acadêmica, que lhe tem sido aplicada?*

Numa conversação edificante qual aquela, que objetivava resultados superiores, o tema fluía sob inspiração, conduzido e canalizado para os fins que o mentor planejara.

Assim, então, sintonizado na *faixa mental* do Dr. Bezerra, o irmão Arnaldo respondeu:

– *A ação dos bons Espíritos não se dá apenas, como é óbvio, quando nas reuniões espíritas específicas. O Amor de Deus não tem limite e a Sua Misericórdia manifesta-se das formas mais variadas, de que esses Mensageiros da Luz não poucas vezes fazem-se intermediários. Uma prece ungida de amor; um pensamento de piedade ou de real interesse por alguém; uma atitude socorrista; um gesto de bondade atraem, entre outras manifestações de ajuda fraternal, os Espíritos Superiores, que nos guiam e amparam, facilitando-nos a tarefa de crescimento para Deus.*

No caso em tela, as orações sinceras de alguém, suplicando auxílio, certamente atraíram a atenção do Senhor, facultando o desencadeamento de todo um trabalho que foi realizado além dos limites do mundo objetivo, corporal.

A vida é de natureza espiritual e o homem é um Espírito encarnado, cujo mundo verdadeiro, donde procede e para onde retorna – mundo causal –, é o parafísico, *utilizando-nos de uma expressão ora em voga.*

Assim, a vida verdadeira é a espiritual, sendo a física uma cópia ainda grosseira ou, pelo menos, imperfeita, daquela que é a real.

Grande parte das atividades que cercam a criatura humana, lá tem curso e se desenvolve, por ser um mundo pulsante, com leis e organizações, com vida plena, enfim...

Acredito que a ajuda ministrada à senhora desenvolveu-se além da esfera física, sob salutar comando, desembaraçando-a das energias viciosas ou libertando-a de alguma interferência constritora, obsessiva, de qualquer adversário espiritual...

– *Parece-me lógico* – interferiu a senhora Angélica –, *considerando-se o fato de que, além de rogar a Jesus pela minha filha, passei a suplicar ao Dr. Bezerra de Menezes, de quem muito tenho ouvido falar, inclusive pela nossa Cibele, que a socorresse, que nos auxiliasse. A partir de então e especificamente numa das noites do Carnaval, pedi, em lágrimas, a sua intermediação junto ao Mestre, deixando-me dominar por estranho e agradável bem-estar.*

Após a prece, adormeci e sonhei com a minha filha, numa confusa situação constrangedora, despertando, porém, com serenidade e muita confiança interior.[6]

Posteriormente, numa mesma noite, tivemos sonhos idênticos, Roberto, Cibele e eu...

Seriam estes sonhos algo de real?

– *Enquanto dorme o corpo* – elucidou seguro –, *o Espírito desprende-se parcialmente da matéria, qual encarcerado que anela pela liberdade, ampliando as suas faculdades, percepções, indo encontrar-se com pessoas ou em lugares onde gostaria sempre de estar. Nessa situação, toma conhecimento de ocorrências e fatos, registrando impressões de acontecimentos pouco habituais e participando de atividades próprias aos sítios nos quais se encontra. Tem oportunidade de trabalhar ao lado dos benfeitores da Humanidade, pelo progresso pessoal e o da Terra, conforme o próprio grau de adiantamento, nem sempre*

---

[6] Vide O *Livro dos Espíritos*, de Allan Kardec. Parte II. Capítulo VIII. Questões 400 a 418 (nota do autor espiritual).

se recordando, quando desperta no corpo, das ocorrências e sucessos de que participou.

Muitos cientistas, artistas e pensadores, que ofereceram ao mundo os contributos valiosos para o progresso, aprenderam, antes do berço, quando em Espírito desprendido da matéria, o de que mais tarde se recordam e pelo que lutam a fim de realizar. Outras vezes, e mesmo nos casos referidos, quando parcialmente liberados do corpo pelo sono, estudam e laboram em inventos e produções que depois recompóem na esfera física, auxiliando e promovendo a evolução da Humanidade.

O inverso também ocorre, no que diz respeito aos que cultivam as paixões primitivas, deslocando-se na direção de regióes e Mundos inferiores, moral e intelectualmente, onde dão campo às tendências grosseiras, aí participando de espetáculos deprimentes e infelizes, nos quais se comprazem com aqueles que lhes são semelhantes, afins.

O sono, considerado uma forma de morte breve, propicia aos homens continuarem em contato com o Mundo espiritual donde procedem, de certo modo, recordando-os das suas origens.

Nem sempre, porém, guardamos a consciência do que sonhamos. Seja porque não nos convenha lembrar, havendo um automático bloqueio da memória, seja em razão da própria condição material um tanto grosseira, que nas pessoas menos adestradas impede a lucidez das ocorrências, entorpecendo-a.

Silenciando por breve momento, aduziu:

– No caso em pauta, acredito que a senhora Angélica, após orar, foi levada, em Espírito, a visitar a filha, ali mantendo um encontro com ela e tomando conhecimento dos sucessos que lhe estavam programados por algum Espírito bom.

Acredito mesmo, que a sua oração sincera atraiu o Espírito Bezerra de Menezes, que a deve ter auxiliado, passando a assistir a enferma, quanto a sua família, propiciando nova reunião, como é comum, para estudo e solução da problemática afligente.

Como se depreende, não se torna imprescindível a ação física unicamente, para que se colimem os efeitos morais, espirituais positivos. O intercâmbio entre Espíritos encarnados é muito grande na esfera dos sonhos, e muito maior destes com os desencarnados.

Apesar de o irmão Arnaldo ser conhecedor da Doutrina Espírita e homem esclarecido intelectualmente, naquele momento encontrava-se muito inspirado pelo abnegado mentor, que o induzia a encaminhar as questões de modo a aclarar o "caso Julinda e família" de forma otimista e confortadora.

– O senhor tem razão – retrucou Dona Angélica. *– No segundo sonho, eu tive a impressão de reencontrar Juvêncio, que se me afigurava muito atuante, na solução da enfermidade de nossa filha. Demais, a coincidência de Roberto e Dona Cibele experimentarem as mesmas impressões, naquela noite, leva-nos a concordar com os esclarecimentos que o amigo nos traz. Gostaria de fazer mais uma pergunta, que pode parecer ingênua, caso não o estejamos a cansar.*

Ante a aquiescência do espiritista, ela indagou:

– Por que Deus permite que os Espíritos maus perturbem as criaturas humanas, quais demônios vingadores?

– A Lei de Deus – considerou, tranquilo, o visitante *– é de amor, base da Criação. Todos os códigos do equilíbrio resultam da observância desse dispositivo estrutural da vida. Quando alguém desrespeita a harmonia que vige em toda parte e prejudica o próximo, tomba, incurso no processo de restauração da*

ordem, mediante ações dignificantes ou através do sofrimento que resulta do desconcerto provocado.

Como os Espíritos são as almas dos homens liberados do corpo físico, nem anjos, nem demônios, aqueles que foram ultrajados, que sofreram sem aparente justa causa, os prejudicados, por desconhecerem os códigos da Soberana Justiça e porque vingativos e infelizes, qual ocorre na Terra, resolvem-se pelo desforço covarde, dando corpo às obsessões, às perseguições sistemáticas com que afligem os seus desafetos.

É claro que a sua ação nefasta seria dispensável, tendo-se em vista os recursos naturais de que a vida dispõe para disciplinar e reeducar os seus infratores. A aquiescência do Pai, em sucessos de tal natureza, explica-se, por facultar à vítima de ontem o perdão e ao seu algoz o arrependimento, por cujo meio recomeçam experiência nova carnal, apaziguando-se e ambos trabalhando pelo progresso pessoal quanto de todos.

Normalmente, esses perseguidores sofreram nas mãos daqueles a quem ora ferem: traições, homicídios vis, infidelidade conjugal, roubos, calúnias soezes, abortos delituosos, hoje tão em moda...

Passam esses crimes ignorados da legislação humana, jamais da consciência pessoal e Cósmica.

Por causa da dureza dos vossos corações, referiu-se, certa feita, Jesus, às ocorrências negativas em que nos vemos envolvidos, é que têm vigência os sofrimentos desse e de outros portes.

A vitória, porém, do amor é inevitável.

Todos estavam agradavelmente surpreendidos e concordes com a lógica a ressumar das considerações apresentadas.

Nas fronteiras da loucura

D. Angélica e Roberto, ante o enunciado da palavra aborto, recordaram-se da confissão de Julinda e, de imediato, compreenderam haver sido aquele fato lamentável o desencadeador imediato do seu desequilíbrio.

No prosseguimento da conversação, descontraída e elevada, o irmão Arnaldo sugeriu a leitura, inicialmente, de *O Livro dos Espíritos,* de Allan Kardec, referindo-se à excelência da obra e ao trabalho de titã desenvolvido pelo sábio de Lyon.

Prontificou-se, inclusive, a participar de estudos em torno do livro, sugerindo que se instaurasse o hábito semanal de meditação do Evangelho no Lar, cuja realização ofereceria excelentes recursos terapêuticos à paciente durante a sua convalescença naquele domicílio.

Os anfitriões exteriorizaram real contentamento, aceitando a gentil oferta, que agradeciam, sendo servido ligeiro lanche e encerrando-se a oportuna quão salutar visita.

Dona Angélica, renovada, expressou o seu reconhecimento à amiga e, após a saída dos convivas, demorou-se entretecendo considerações com o genro, vivamente impressionado com as colocações ouvidas, reconsiderando as opiniões a respeito do Espiritismo, a partir daquele momento.

31
RETORNO AO LAR

A fluidoterapia continuava sendo dispensada a Julinda, ora pelo seu genitor e cooperadores do nosso plano, ora pelo mentor, nas visitas que lhe fazíamos com a assiduidade possível.

Afastada a causa da perturbação, os efeitos foram passando, a pouco e pouco, enquanto a paciente, inspirada pelos amigos espirituais, foi modificando a paisagem mental, adotando um comportamento de raciocínios mais profundos e positivos, enquanto anelava pelo restabelecimento, cultivando imagens otimistas.

O tratamento psiquiátrico, por sua vez, contribuía para a indispensável harmonização do sistema nervoso, facultando que, dez dias após a visita dos familiares, ela recebesse alta, retornando ao lar.

Porque ainda debilitada, Dona Angélica instou por tê-la em casa com o esposo, evitando sobrecargas de tarefas perfeitamente dispensáveis.

A aparência da jovem senhora era agradável, havendo permanecido ligeira contração facial, em forma de tique nervoso que o tempo eliminaria. Nada, porém, que recordasse a fase amarga e depressora, quando fora internada de urgência.

Havia transcorrido um período de quarenta dias, desde quando se iniciara o tratamento especializado. A assistência espiritual, no entanto, a partir da primeira visita do mentor, tivera curso a partir de menos de três semanas. Não obstante todos esses cuidados de ambas as esferas de ação da vida, o efeito duradouro dependeria da própria paciente, das suas atividades mentais e conduta moral, por cujo comportamento evitaria ou desencadearia futuras, lamentáveis perturbações.

A presença da obsessão no homem é síndrome de mediunidade nele presente. A direção moral e a atividade que se apliquem a essa faculdade responderão, de futuro, pelos resultados que se incorporarão ao *modus vivendi* da pessoa.

Regularizado o problema da obsessão, abrem-se as possibilidades mais amplas para o exercício das faculdades mediúnicas. Liberado do esquema de dificuldade pessoal, não implica, de imediato, haver-se resgatado a dívida. Além disso, nasce o dever de contribuir em favor do próximo envolvido em inquietações semelhantes ou de outra natureza. Eis por que a caridade é o caminho da paz e ao lado do conhecimento faz-se a fonte abençoada da autoiluminação.

Atendendo à sugestão do irmão Arnaldo e espicaçado pela curiosidade, Roberto adquiriu *O Livro dos Espíritos* e começou a lê-lo. Deteve-se na magistral *Introdução* da obra, considerando o esforço do codificador, os critérios adotados na elaboração do Livro, a gravidade do assunto... Sobretudo, sensibilizaram-no, favoravelmente, o caráter moral e o estofo intelectual, o discernimento e a austeridade do mestre lionês ante os desafios que se apresentavam ao iniciar o trabalho e que foram superados a golpes de perseverança e paciência, de análise fria e de coragem com que desbaratou as complexidades da má vontade de uns e as ciladas

Nas fronteiras da loucura

de outros, apresentando, num todo, uma filosofia capaz de elucidar as mais variadas interrogações do pensamento e as dúbias, quão acomodadas colocações éticas, então vigentes.

À medida que se foi adentrando no conteúdo profundo do trabalho, experimentava uma indômita avidez por conhecer as variadas questões; anotando as dúvidas e interrogações novas que lhe surgiam, de imediato, eis que em páginas seguintes, com clareza, lógica e robusta contextura, elas eram respondidas.

Desse modo, em uma semana de exame consciente defrontou um universo novo, fascinante, desmitificado, abrindo-lhe o entendimento para a fé raciocinada, abrasadora.

Nesse estado de espírito, realmente impressionado com a Doutrina que ia absorvendo pela razão, recebeu a esposa com inaudito júbilo.

Dona Angélica, por sua vez, em face do seu temperamento dócil e da sua formação religiosa, recebeu de presente da amiga Cibele um exemplar de *O Evangelho segundo o Espiritismo,* igualmente da autoria de Allan Kardec.

A leitura amena, de conteúdo cristão, elucidando os *ditos* do Mestre e cuidando, especificamente, do sentido moral da sua Doutrina, sem a preocupação de fixar-se nas palavras, tantas vezes, ao longo dos séculos, alteradas, substituídas, das frases mutiladas e adaptadas aos interesses de indivíduos, grupos e ortodoxias religiosas do passado e do presente, proporcionaram à neófita uma visão clara, bela e sem restrições da Boa-nova, em cujo teor Deus é amor, superando a colocação antropomórfica e arbitrária do Deus--temor tradicional, apavorante.

311

Desdobrando a Justiça Divina através da reencarnação, *O Evangelho* projetava-lhe luz de meridiana claridade nos textos que, de outra forma, seriam absurdos, melhor interpretando as palavras de Jesus e Suas diretrizes a respeito da vida, da imortalidade, dos renascimentos corporais e da ação da caridade, sem cuja vivência *não há salvação* para ninguém.

Assim, a psicosfera ambiente era agradável, salutar, propiciando renovação e entusiasmo à convalescente.

Passados os dois primeiros dias de cuidados recíprocos, em que não se falava diretamente sobre a enfermidade, evitando-se suscetibilidades, foi Julinda quem iniciou o assunto após o jantar.

Referiu-se ao pavor que a dominara naqueles dias, e à visão, que não podia definir se interna ou exterior, de um ser que a ameaçava, magoado, vingador. É certo, que poderia parecer uma alucinação. No entanto, tratava-se de um homem, não poucas vezes acompanhado de outros não menos cruéis e zombeteiros, que a crivavam de acusações e fraquezas, estimulando-a ao suicídio ou levando-a à loucura total...

Relatou que a ocorrência parecia-lhe, de alguma forma, antiga. Sentia-se, antes do internamento, atormentada, sem motivo aparente, o que lhe produzia as mudanças bruscas de humor, insegurança e certa, desconhecida mágoa contra a vida.

Após o aborto, que se sentiu impelida a praticar por um estranho, poderoso sentimento de revolta contra o ser em formação, é que tudo se modificou de chofre para pior. Demais, a consciência afligindo-a, como que propiciara uma ponte

Nas fronteiras da loucura

para que aqueles seres vingadores atravessassem a distância que ainda os parecia separar, alcançando-a, inexoravelmente.

Os seus sofrimentos eram inenarráveis. Nesse comenos, sonhou com um ser angelical, arrependeu-se do aborto e predispôs-se à maternidade, iniciando-se, então, fase nova...

A conversação amena, sem retoques, atraiu-nos, ao benfeitor e a nós, que passamos a participar do momento elevado, procurando alargar o entendimento dos familiares do irmão Juvêncio, igualmente presente e jubiloso, em torno das questões espirituais.

Desse modo, tocando as têmporas de D. Angélica, Dr. Bezerra passou a inspirá-la.

A gentil senhora, depois das palavras da filha ungidas de sinceridade, obtemperou:

– *Cremos na sua narrativa total...*

Estamos, Roberto e eu, adquirindo uma compreensão diferente e mais completa daquela que tínhamos anteriormente sobre muitas coisas. Estou lendo um livro e encontro-me num capítulo que aclara o que você acaba de dizer. Vou buscá-lo.

Levantou-se, tomou de *O Evangelho segundo o Espiritismo* e, com satisfação, abriu-o no Capítulo XII: *Amai os vossos inimigos*, passando a ler com calma o item número 6, detendo-se, mais particularmente, no seguinte texto:

– *"Outrora, sacrificavam-se vítimas sangrentas para aplacar os deuses infernais, que não eram senão os maus Espíritos. Aos deuses infernais sucederam os demônios, que são a mesma coisa. O Espiritismo demonstra que esses demônios mais não são do que as almas dos homens perversos, que ainda se não despojaram dos instintos materiais; que ninguém logra aplacá-los, senão*

Manoel Philomeno de Miranda / Divaldo Franco

mediante o sacrifício do ódio existente, isto é, pela caridade; *que esta não tem por efeito, unicamente, impedi-los de praticar o mal e, sim, também o de os reconduzir ao caminho do bem e de contribuir para a salvação deles. É assim que o mandamento: Amai os vossos inimigos não se circunscreve ao âmbito acanhado da Terra e da vida presente; antes, faz parte da grande lei de solidariedade e da fraternidade universais."*[7]

Ora, convenhamos que o texto explica, perfeitamente, o que lhe estava acontecendo, minha filha. Estou convicta de que os Espíritos interferem em nossas vidas, tanto os bons quanto os maus... Quantas vezes Jesus expulsou os maus Espíritos ou demônios, como eram então chamados, daqueles que lhes sofriam as perseguições?! Da mesma forma, vemo-lO, no Tabor, a conversar com dois outros Espíritos, estes, porém, bons: Moisés e Elias, por ocasião da Sua transfiguração. Estamos mergulhados num oceano de Vida, no corpo ou fora dele, cada qual prosseguindo como é e sintonizado com o que ou quem se afina...

– Muito bem! – interveio Roberto, eufórico. *– O progresso da sogra, em Espiritismo, é surpreendente. Bravos!*

Ouvindo falar a palavra Espiritismo, Julinda indagou um tanto contrafeita:

– Mamãe abandonou o Catolicismo e envolveu-se com essas coisas de Espiritismo?

– Não, minha filha, por enquanto. Necessito relatar-lhe o que nos vem acontecendo, a mim e a Roberto.

Com muita naturalidade, a genitora narrou-lhe as experiências oníricas, a *velha* amizade com D. Cibele, seus comentários, culminando com a visita que havia recebido

---

[7] 52ª Edição da FEB (nota do autor espiritual).

Nas fronteiras da loucura

do Sr. Arnaldo, bem como das suas palavras esclarecedoras e oportunas.

A convalescente ouviu-a com sincero interesse, após o que externou o desejo de conhecer, pessoalmente, o irmão Arnaldo, desse modo, dele recolhendo informações que lhe completassem os raciocínios, preenchendo algumas lacunas, que se demoravam sem esclarecimentos.

Roberto expôs as próprias surpresas, referindo-se à leitura em que estava empenhado e como o Espiritismo respondia, realmente, às incógnitas e interrogações da vida.

Alongaram-se em comentários positivos sem qualquer carga negativa de preconceitos, com os quais se deturpam os fatos, convencionando-se convidar o Sr. Arnaldo e D. Cibele para um encontro, no domingo próximo.

Nesse clima, D. Angélica propôs que pronunciassem uma oração de graças, o que, ela mesma, inspirada pelo amigo espiritual, fez com unção, produzindo indizível bem-estar em todos.

Iniciava-se-lhes um novo roteiro, que deveriam percorrer ao longo do tempo, crescendo no bem e liberando-se dos compromissos negativos, anteriormente assumidos.

No dia combinado, os convidados compareceram joviais, sendo que D. Cibele estava acompanhada pelo esposo, igualmente militante espírita, iniciando-se uma amizade duradoura, estabelecida nas bases da verdadeira fraternidade e do bem.

O mentor convidou-nos a comparecer e lá estivemos, acompanhando-o e observando a grandeza da fé nascente naquelas criaturas, que não a tinham, Roberto e Julinda, e aprofundando-se na sensibilidade e raciocínios de D. Angélica.

A conversação alongou-se, entremeada de bom humor sadio, enquanto se examinaram questões de magna importância como obsessão, imortalidade, comunicabilidade dos Espíritos e reencarnação...

O interesse crescente pelo conhecimento da Doutrina facultou aos neófitos comprometer-se em participar das reuniões de estudos, na Casa Espírita, com que se preparariam para futuros cometimentos, inclusive na educação das faculdades mediúnicas de Julinda...

O clima geral era de promessas de paz e de trabalho em favor de cada qual, tanto quanto da Humanidade em geral.

Ao encerrar-se a visita, D. Angélica solicitou ao irmão Arnaldo que pronunciasse uma oração antes da despedida.

O trabalhador dedicado ergueu-se, concentrou-se e, sintonizando psiquicamente com o amoroso benfeitor, passou a orar:

Divino Médico de todos nós!

Espíritos enfermos que reconhecemos ser, aqui nos encontramos buscando a terapia da Tua misericórdia, a fim de que nos libertemos das causas geradoras dos males que nos afetam.

Da mesma forma que disseste à mulher equivocada, que "não voltasse a pecar", a fim de que não lhe acontecesse algo pior, ajuda-nos a agir corretamente, para que nos não sucedam novas quedas, propiciadas pelo egoísmo e o orgulho que ainda nos conduzem as ações.

Somos herdeiros dos próprios atos e a dor tem-nos sido o legado de maior destaque, o que nos revela a condição de indigência em que nos encontramos.

Conhecedores da Tua palavra e dispostos à renovação, colocamo-nos ao Teu serviço conforme somos e com o pouco de que dispomos.

Favorece-nos com a medicação preventiva do amor ao próximo e auxilia-nos com a terapêutica do perdão das ofensas, a fim de curarmos as viroses da alma que nos infectam o corpo, após nos contaminar os sentimentos, as emoções.

Agora entendemos melhor os Teus desígnios e candidatamo-nos a ser discípulos atuantes no campo da caridade, do bem.

Não nos deixes recuar, nem estacionar, impelindo-nos ao avanço sempre, no rumo da Grande Luz, e ampara-nos, na fragilidade em que estagiamos, favorecendo-nos com a certeza plena da vitória sobre nós mesmos e a liberação consciente de nossas faltas.

Senhor! Conduze-nos, calvário acima, com os olhos pos tos na formosa madrugada da ressurreição vitoriosa, que a todos nos espera!

Quando silenciou, tinha os olhos umedecidos pelas lágrimas, fenômeno da emoção que se manifestava em todos.

Enquanto os encarnados despediam-se felizes, Dr. Bezerra nos informou:

— *Partamos! Novas tarefas nos aguardam. A parte que nos dizia respeito, imediatamente, foi realizada. Aqui tornaremos conforme as circunstâncias futuras, quando do retorno de Ricardo e de Alfredo. Agora, os nossos queridos amigos têm a Doutrina Espírita como guia seguro para acertar no bem e crescer para a vida.*

Fez uma pausa mais larga e concluiu:

– *A oração de D. Angélica foi atendida, mercê de Jesus. Julinda retornou ao lar.*

Que Deus os abençoe!

O irmão Juvêncio agradeceu-nos, ali permanecendo um pouco mais.

Fora do lar, as estrelas cintilantes no zimbório da noite falavam-nos, em luz, sobre os Mundos felizes que nos aguardam, embora as sombras que ainda se demoram na noite moral da Terra, onde nos encontramos em serviço de edificação interior do "Reino de Deus".

Anotações

Anotações